Neue
Kleine Bibliothek 83

Gerhard Feldbauer

Marsch auf Rom

Faschismus und Antifaschismus in Italien –
Von Mussolini bis Berlusconi und Fini

PapyRossa Verlag

© 2002 by PapyRossa Verlags GmbH & Co. KG, Köln
Alle Rechte vorbehalten
Umschlag: Willi Hölzel
Satz: Volker Hirsekorn
Druck: Interpress

Die Deutsche Bibliothek – CIP-Einheitsaufnahme

Ein Titeldatensatz für diese Publikation
ist bei Der Deutschen Bibliothek erhältlich

ISBN 3-89438-248-1

Inhalt

Einleitung	7
Kapitel I: Lehren der Geschichte	12
1. Die Geburtsstunde des Faschismus	12
2. Marsch auf Rom	21
3. Die Matteotti-Krise - vom Parlamentsfaschismus zur offenen Diktatur	23
4. Auf Expansionskurs	34
5. Hitlers Vorbild	38
6. Palastrevolte stürzt Mussolini	41
Kapitel II: Die Resistenza	48
1. Hitlerdeutschland okkupiert Italien	48
2. Rommels blutige Rache	51
3. Das Marionettenregime der Salò-Republik	54
4. Die Wende von Salerno	56
5. Mussolinis Ende	61
6. Der letzte Sieg	63
Kapitel III: Die Kontinuität der faschistischen Bewegung	67
1. Die Südflanke der NATO	67
2. USA verhindern Entfaschisierung	70
3. MSI - Die Wiedergründung der Mussolinipartei	74
4. Bürgerlicher Staat und Faschismus	78
Kapitel IV: Die Sozialisten	84
1. Zwischen Marxismus und Bakunismus	84
2. Die Gründung der Italienischen Sozialistischen Partei (ISP)	87
3. Die Reformisten	90
4. Gramsci und die „Neue Ordnung"	92
5. Aus der Aktionseinheit in die bürgerliche Regierung	94

6. Craxis Sozialismus à la Berlusconi 101
7. PSIUP und PdUP - linke Alternativversuche 107

Kapitel V: Die IKP – Von Livorno nach Rimini 113
1. Keine Auseinandersetzung mit dem Reformismus 113
2. Umstrittene Kompromisse 116
3. Das Attentat auf Togliatti 123
4. Der Historische Kompromiss 126
5. Heimkehr zur Sozialdemokratie 130
6. Ankunft bei den Agnellis 132
7. Reformismus begünstigt faschistische Gefahr 136
8. Rifondazione Comunista – die Neugründung der KP 138

Kapitel VI: Kommt ein neuer Mussolini? 143
1. Der Zusammenbruch des alten Parteiensystems 143
2. Der Mann der Putschistenloge P2 147
3. Aus Movimento Sociale wird Alleanza Nazionale 155
4. Die Lega Nord 165
5. Die zweite Regierung Berlusconi 168
6. Eine chilenische Nacht 172
7. Nie gekannter Demokratie- und Sozialabbau 175
8. Strategische Expansionsziele 177

Schlussbetrachtungen 180

Anhang
Ausgewählte Kurzbiografien 192
Parteien, Organisationen, Institutionen, politische Begriffe 197
Häufig verwendete Abkürzungen 202
Anmerkungen 203
Literatur 216
Personenregister 220

„Historische Vergleiche beginnen immer zu hinken, wenn man sie zu sehr ins einzelne verfolgt. Trotzdem, gewisse Parallelen sind nicht zu übersehen."
Sebastian Haffner: Im Schatten der Geschichte. Historisch-politische Variationen

Einleitung

Im Oktober 2002 waren es 80 Jahre, dass in Italien Mussolinis Marsch auf Rom und damit die faschistische Machtergreifung stattfand. 17 Monate vor dem berüchtigten Jahrestag gewann bei den Parlamentswahlen im Mai 2001 eine von Silvio Berlusconi, mit einem Betriebsvermögen von 30 Milliarden Euro der reichste Kapitalist des Landes, angeführte Koalition aus seiner eigenen autoritär-autokratischen Partei Forza Italia, der faschistischen Alleanza Nazionale Gianfranco Finis und der rassistischen Lega Nord Umberto Bossis eine Mehrheit und löste die bis dahin regierende Linke Mitte in Senat und Abgeordnetenkammer ab.

Hat in Italien ein neuer Marsch auf Rom stattgefunden? Die in der italienischen Öffentlichkeit bereits 1994 nach der ersten von Berlusconi mit Faschisten und Rassisten gebildeten Regierung aufgeworfene Frage hat einen sowohl historischen als auch aktuellen politischen Inhalt. Dabei wäre es ein Fehler, abstrakte Personenvergleiche anzustellen und, wie der international bekannte italienische Marxist Domenico Losurdo schrieb, „den Horizont nach Anzeichen für den neuen Hitler abzusuchen",[1] Berlusconi erfüllt entsprechende äußerliche Kriterien kaum und selbst AN-Führer Fini, treffend als Faschist in Nadelstreifen charakterisiert, entspricht diesem Bild nicht.

Trotzdem: Analysiert man die von Berlusconi nach dem Wahlsieg gebildete Regierung in ihrer personellen und parteistrukturellen Zusammensetzung, ihrer Programmatik und politischen Praxis, dann zeigen sich bei den Koalitionspartnern alte und neue Formen von Faschismus, Faschisierungsprozesse, faschistoide und autoritäre Herrschaftsmethoden, die Rassismus einschließen. Diese Komponenten kommen ineinander verflochten und teils offen, teils verdeckt zum Ausdruck. Ob es sich um soziale Demagogie oder Terror, Expansionsziele oder beispielsweise den erreichten Massenkonsens handelt, die historischen Parallelen sind nicht zu übersehen. Neu ist, dass Berlusconi eine Personalunion von Kapital und politischer Exekutive verkörpert, was die von dieser Regierung ausgehende Gefahr noch vergrößert. Hinzu kommt, dass er über seine Mediendiktatur bereits ohne ein mit Hitler oder Mussolini vergleichbares Regime einen Masseneinfluss ausübt, der den aller bisherigen herkömmlichen Exekutiven übertrifft.

Das aber berührt unmittelbar die Frage, wie in Italien eine derartige Entwicklung nach 1945 möglich wurde? Wie der Faschismus, der über Italien wie ganz Europa so ungeheures Leid brachte, wieder sein Haupt erheben konnte? Die Antwort ist ebenso einfach wie schwer wiegend. Das war möglich, weil seine wirtschaftlichen und sozialen, seine politischen und ideologischen Wurzeln nicht beseitigt wurden. Sie blieben unangetastet, weil der Imperialismus in der von den USA angeführten, unmittelbar nach dem Ende des Zweiten Weltkrieges begonnenen weltweiten Auseinandersetzung mit dem Sozialismus den Faschismus brauchte. Er wurde gebraucht - und hier zeigt sich bereits eine grundlegende historische Parallele, die Sebastian Haffner anspricht -, um Kommunisten und Sozialisten, die führenden Kräfte des bewaffneten antifaschistischen Widerstandes, niederzuhalten, die sich an der Spitze der revolutionären Arbeiter- und demokratischen Bewegung anschickten, eine antifaschistisch-antiimperialistische Umwälzung durchzuführen. Um diesen Prozess zu verhindern und die angeschlagenen Machtpositionen des Kapitals wiederherzustellen, verbündeten die führenden Kreise der italienischen Bourgeoisie sich mit den USA, denen es darum ging, ihre Vorherrschaft und die Südflanke der entstehenden NATO zu sichern. So wurden in die von Pentagon und CIA angeführte Allianz die Faschisten einbezogen, die sich unter den Augen der Besatzungsmacht bereits im August 1945 in der Sammlungsbewegung Uòmo Qualunque (Jedermann) und im Dezember 1946 in der Movimento Sociale Italiano [2] organisieren durften. Nur dank dieser Hilfe konnte sich der italienische Faschismus als Bewegung weit gehend intakt über seine Niederlage hinwegretten und unter den Bedingungen des bürgerlich-parlamentarischen Systems wieder aktiv werden.

Knapp ein halbes Jahrhundert später wird diese Partei, die sich bis heute nicht vom Bekenntnis zum Duce und seinem faschistischen Erbe gelöst hat, zum ersten Mal in der italienischen Nachkriegsgeschichte in die Regierung aufgenommen, und zwar von Berlusconi; 2001 das zweite Mal. Zweiter Partner in der Regierung des Forzachefs ist die rassistische Lega Nord Umberto Bossis, deren Expansionismus in kaum verhüllter Form die hitlerfaschistische Blut- und -Boden-Ideologie zugrunde liegt. Berlusconi und seine Forzapartei selbst zeigen in den verfolgten Zielen, die zügig in die Praxis umgesetzt werden, mehr oder weniger offen faschistische Züge. Es genügt daran zu erinnern, dass Berlusconi die Mitgliedschaft in der Führungsspitze (Dreigestirn) der Putschistenloge P2 des Altfaschisten Licio Gelli aus Mussolinis Salò-Republik nachgewiesen wurde, die per kaltem Staatsstreich ein Regime faschistischen Typs an die Macht bringen wollte. Regierungskritische Zeitungen verwiesen nach Genua darauf, dass das Vorgehen der Regierung in vielem den von der P2 verfolgten Planungen entspreche.

1989/90 erlitt der Sozialismus mit dem Zusammenbruch der Warschauer Vertragsstaaten die bisher schwerste Niederlage in seiner Geschichte. Sie gab weltweit reaktionären und Rechtskräften Auftrieb. Imperialistische Ideologen kreierten den Slogan von den „Siegern der Geschichte", Wie anderswo melden auch die italienischen Faschisten ihren Anspruch auf einen Platz in der ersten Reihe der angeblichen „Sieger" an. Zum Anlass nimmt Gianfranco Fini den 70. Jahrestag des Marsches auf Rom. Während der in einer Atmosphäre der Verherrlichung des Faschismus und Mussolinis stattfindenden Feiern, die unter der bezeichnenden Losung „Es lebe die faschistische Revolution" stehen, erklärt der „neue Duce", es sei „notwendig, es auszusprechen: Nur dank Mussolinis ist Italien 1922 nicht kommunistisch geworden."[3]

1992/93 bricht das von den Christdemokraten angeführte alte bürgerliche Parteiensystem in einem riesigen Korruptionssumpf erdrutschartig zusammen. In der einsetzenden schweren politischen Krise ergibt sich für die Linke die Möglichkeit, die Regierung zu ergreifen. Berlusconi, Fini und Bossi zimmern in dieser Situation unverzüglich ihre rechtsextreme Koalition zusammen. Ihr Wahlsieg wird zur realen Gefahr. Doch die 1991 aus der IKP hervorgegangene sozialdemokratische Linkspartei (PDS) lehnt ein Zusammengehen mit der kommunistischen Neugründung (PRC) ab. Sie ignoriert die Lehren der Resistenza, die besagen, dass die Aktionseinheit die Grundlage des erfolgreichen Kampfes gegen den Faschismus bildet. Ihre Verweigerung führt zum gegenteiligen Effekt: Die profaschistische Allianz gewinnt im Frühjahr 1994 die Wahl und übernimmt die Regierung.

Die verschiedenen Erscheinungsformen des Opportunismus begünstigten besonders nach dem Zweiten Weltkrieg in verhängnisvoller Weise die faschistische Gefahr und schließlich den Regierungsantritt der rechtsextremen Koalition unter Berlusconi. Ihnen muss deshalb im Rahmen einer Abhandlung über Grundzüge des Faschismus und des Kampfes dagegen ein entsprechender Platz eingeräumt werden. Dazu muss man von den in Italien besonders komplizierten Entwicklungsbedingungen der Arbeiterbewegung ausgehen. Das betrifft nicht nur die Rolle des Bakunismus und die frühen Erscheinungen des Reformismus als Ausdruck der bürgerlichen Ideologie, sondern ebenso den Einfluss des Katholizismus und sein fragwürdiges Wirken bis zur offenen Unterstützung des Faschismus, die mit dem Aufruf 2001, die Koalition Berlusconis zu wählen, bis in die Gegenwart reichen. Einzubeziehen waren ebenso Aspekte des in der KPdSU und anderen kommunistischen Parteien des sozialistischen Lagers seit den 50er Jahren um sich greifenden neuen Revisionismus, der sich auf das Handeln kommunistischer Parteien in den westlichen Ländern, darunter die Italienische Kommunistische Partei (IKP), auswirkte.

In den ersten Wochen nach ihrem Amtsantritt konnte sich die profaschistische Regierung Berlusconi-Fini noch mit einem demokratischen Outfit vorstellen, welches ihr die christdemokratischen Parteigrüppchen CDU und CCD oder parteilose Politiker wie Außenminister Ruggiero durch ihren Eintritt in das Kabinett verschafften. Auch das übrigens eine historische Parallele, denn in Mussolinis 1922 gebildeter erster Regierung gehörten von 15 Ministern nur vier der faschistischen Partei an. Sie stellte formal gesehen eine herkömmliche bürgerliche Exekutive dar.

Die Polizeiorgien während des G8-Gipfels in Genua im Juli 2001 zeigten dann erstmals offen faschistische Praktiken, die an den Terror

Mussolinis und die Folterkeller der SA im Deutschland von 1933 erinnerten. Vizepremier Fini und Innenminister Scajola von der FI reagierten auf die Entlarvung ihrer faschistischen Praxis wie einst Göring und Goebbels, als sie von sich gaben, „die Demonstranten haben bekommen, was sie verdienen", oder die Polizei habe ihre „Aufgabe mit Würde erfüllt", Der Lack blätterte weiter, als der konservative Chefdiplomat Ruggiero wegen „ernsthafter Meinungsverschiedenheiten" mit seinem Premier im Januar 2002 zurücktrat.

Nicht zuletzt aufgrund der Sympathiebekundungen, die der Machtantritt Berlusconis bei Rechtskräften in der Bundesrepublik auslöste, ist es geboten, die Ereignisse in Italien aufmerksam zu verfolgen. Drückte doch die CDU/CSU die Hoffnung aus, mit der Berlusconi-Fini-Regierung möge in der EU die Ablösung der sozialdemokratisch geführten Regierungen beginnen. So übermittelte der CSU-Vorsitzende und bayrische Ministerpräsident Stoiber Berlusconi unmittelbar nach dessen Amtsantritt eine Einladung zum Staatsbesuch nach München. Eine weitere zum Besuch des CSU-Parteitages in Nürnberg im Oktober 2001, die demonstrativ nach den faschistischen Ausschreitungen in Genua erfolgte, wurde nach entschiedenen antifaschistischen Protesten vorerst zurückgestellt. Erinnert sei unter diesen Aspekten an die „FAZ", die bereits 1994 nach der ersten Aufnahme der AN-Faschisten in die Berlusconi-Regierung auf die Vorbildrolle Italiens für das Entstehen der faschistischen Bewegung unter Hitler nach 1922 anspielte, in den AN-Faschisten eine Avantgarde sah und schrieb, das werde „Auswirkungen im ganzen ,westlichen' Europa" haben.[4] Der damalige Bundeskanzler Kohl lag, als er zwei Monate später Berlusconi zum Staatsbesuch empfing - bezeichnenderweise dem ersten, den der Römer absolvieren konnte -, ganz auf der Linie der „Zeitung für Deutschland" als er die rechtsextreme Wende in Italien einen „historischen Augenblick" nannte und sich für eine „enge Zusammenarbeit" mit der profaschistischen Regierung aussprach.

Das fast das ganze 20. Jahrhundert tangierende Thema wird notwendigerweise in einem breiten historischen Rahmen behandelt. Gleichwohl versteht sich das Buch nicht als eine komplexe geschichtliche Abhandlung.

Kapitel I:
Lehren der Geschichte

1. Die Geburtsstunde des Faschismus

Der Faschismus kam sowohl 1922 in Italien als auch ein Jahrzehnt später in Deutschland nicht aus dem Nichts heraus an die Macht, sondern als eine sehr gut organisierte Bewegung. Er verfügte über eine führende Massenpartei, einen wirksamen Terrorapparat und eine demagogisch getarnte Ideologie, die sich in politisch-programmatischen Grundsätzen niederschlug, die den reaktionärsten Kreisen des Imperialismus dienten. Die Entstehungsbedingungen des Faschismus und der Regimes, die er unter Mussolini in Italien wie später unter Hitler in Deutschland und anderswo hervorbrachte, waren Produkte der Krise der kapitalistischen Gesellschaftsordnung in der ersten Hälfte des 20. Jahrhunderts. Am Beispiel Italiens wird besonders deutlich, dass die Wurzeln des Faschismus bereits im Ersten Weltkrieg liegen. In Italien entstand schon im Januar 1915 mit den von Mussolini gegründeten Fasci d'Azione Rivoluzionario eine demagogisch bezeichnete Vorläuferorganisation der faschistischen Bewegung, deren Mitglieder sich als Faschisten (Fascisti) bezeichneten.[5] Da die Italienische Sozialistische Partei (ISP) als einzige westeuropäische Sektion der II. Internationale bei Ausbruch des Ersten Weltkrieges Antikriegspositionen bezog und diese, von einzelnen reformistischen Abweichungen abgesehen, insgesamt bis zum Ende des Krieges beibehielt, stellte Mussolini den Kampfbünden als Hauptaufgabe, dem entgegenzuwirken und dem Kriegseintritt Italiens auf Seiten der Entente den Weg zu ebnen.

Die spezifische Aufgabe, die Mussolini übernahm, ergab sich daraus, dass Italien zu Beginn des Ersten Weltkrieges zunächst seine Neutralität erklärt hatte, dann aber im Mai 1915 auf der Seite der Entente gegen seine früheren Verbündeten im Dreibund, Österreich-Ungarn und Deutschland, in den Krieg eintrat. Vorher hatte es sich im Abkommen von London im April 1915 umfangreiche Gebietsansprüche bewilligen lassen, die dann allerdings auf Seiten der Sieger im Friedensvertrag von Saint Germain 1919 nicht voll realisiert wurden.

Vor der Parlamentsabstimmung über den Kriegseintritt hetzte die von Mussolini gegründete Zeitung der Fasci „Pòpolo d'Italia" im faschistoiden Stil, die Abgeordneten, die noch nicht zum Kriegseintritt entschlossen seien (das waren vor allem die Sozialisten), „sollten vor ein Kriegsgericht gestellt werden", Für „das Heil Italiens" seien, wenn notwendig, „einige Dutzend Abgeordnete zu erschießen", andere „ins Zuchthaus zu stecken",[6] Beim „Pòpolo d'Italia" handelte es sich um ein besonders von führenden Kreisen der Rüstungsindustrie (Dino Ansaldo, Werften; Ettore Conti, Elektroindustrie; Emilio Benedetti, Maschinenbau; Guido Donegani, Chemie; Giovanni Agnelli, Fahrzeuge; Alberto Pirelli, Reifen und Gummi) finanziertes Kampfblatt, das in offenem Chauvinismus deren Kriegsinteressen vertrat. Dieselben Konzerne gehörten nach Kriegsende zu den Förderern der faschistischen Bewegung, die auch den Marsch auf Rom finanzierten.[7]

Vier Jahre später, am 23. März 1919, bildete Mussolini dann in Gestalt der Fasci Italiani di Combattimento die erste offen faschistisch ausgerichtete Organisation, die sich im November 1921 als Partito Nazionale Fascista (PNF) konstituierte. Wie bereits vorher die Mitglieder der Fasci nannten sich auch die der PNF Fascisti, und die Bewegung bezeichnete sich als Fascismo. Mit der Wahl dieses Namens griff Mussolini als erfahrener Demagoge zielgerichtet auf zwei klassenmäßig entgegengesetzte, in der Geschichte wurzelnde Symbole bzw. Bezeichnungen zurück. Dies waren einmal die Fasces, jene lederumschnürten Rutenbündel der altrömischen Liktoren, aus denen ein Beil hervorragte und die den Konsuln als Zeichen der Gewalt über Leben und Tod bei Aufmärschen vorangetragen wurden.[8] Für den künftigen Duce war dieser Rückgriff Grundlage, sich und seine Diktatur im Rahmen der nationalistischen Verhetzung als Nachkommen des großen römischen Reiches und seiner Cäsaren zu feiern. Gegenüber den Arbeitermassen wurden zunächst die Traditionen der Unterdrückten herausgestellt, die ihre Organisationen in den Kämpfen des 18. und 19. Jahrhunderts als Fasci bezeichnet hatten. So schlossen sich beispielsweise die armen Bauern, Tagelöhner und Arbeiter in Messina, Catania und Palermo 1889 in Fasci di Lavoratori zusammen, aus denen 1893 die Federazione Socialista Siciliana hervorging. Auch bei der Wahl der Farbe der Uniformhemden griff Mussolini auf Traditionen aus der Arbeiterbewegung vor allem aus dem Süden zurück, wo sowohl die Bergarbeiter als auch die Anarchisten schwarze Hemden trugen. Auf die Anrede Compagno (Genosse), die ihm zunächst auch vorschwebte, verzichtete er dagegen und wählte die aus der Armee übliche Camerata (Kamerad), die auch unter den Anhängern seines Konkurrenten Gabriele D'Annunzio üblich war. Von diesen übernahm der Duce auch das Kampfgeschrei „Eja, eja, alalà", das dem üblen „Hip, hip, Hurra" der deutschen Faschisten glich.[9]

Bezeichnend für die Interessen, welche die faschistische Bewegung von Anfang an vertrat, war bereits der Tagungsort der Fasci-Konferenz von 1919. Sie fand im Gebäude des Industrie- und Handelsverbandes auf der Piazza San Sepolcro in Mailand statt. Als der Mitbegründer der Italienischen Kommunistischen Partei,[10] Palmiro Togliatti, später den italienischen Faschismus charakterisierte, stellte er zwei Merkmale heraus: Die hemmungslose soziale Demagogie und den blutigen Terror zur Zerschlagung der revolutionären Arbeiterbewegung und zur Ausschaltung aller politischen Gegner.[11] Aber von nicht wenigen, auch revolutionären Sozialisten wurde 1919 und noch längere Zeit danach nicht erkannt, dass mit der Fasci-Bewegung eine neue und auf offene terroristische Gewalt setzende Interessenorganisation führender imperialistischer Kreise auf den Plan trat. Sogar die im Januar 1921 gegründete IKP verkannte die Gefahr zunächst. Die Fehleinschätzung war ein Ergebnis der von Mussolini praktizierten sozialen Demagogie. In der ISP hielten viele den künftigen Duce noch für einen Sozialisten, der eine neue sozialrevolutionäre Organisation gründete. Das auf dem Fasci-Kongress in Mailand angenommene Programm enthielt durchweg bürgerlich-demokratische Forderungen der Sozialisten, die mit nationalistischen Phrasen untersetzt wurden.

Den Hintergrund der Geburt des Faschismus bildete die revolutionäre Nachkriegskrise, deren Vorläufer in Italien bereits der unter dem Einfluss der russischen Februarrevolution im August 1917 in Turin ausgebrochene Arbeiteraufstand gegen die Hungersnot war. Neben Forderungen nach Frieden und Brot war eine zentrale Losung „fare come in Russia" (es wie in Russland machen). Erst nach viertägigen Barrikadenkämpfen, bei denen Hunderte Arbeiter getötet, noch viel mehr verwundet und Tausende verhaftet wurden, gelang es der Armee, den Aufstand niederzuschlagen. Die Kriegsfolgen (u. a. 680.000 Tote, über eine Million Verwundete, eine halbe Million Invaliden) und die heraufziehende Wirtschaftskrise mit maßlosen Teuerungen und mehr als einer halben Million Arbeitslosen ließen die Arbeiterkämpfe weiter anwachsen. Im März 1919 errangen die Gewerkschaften die allgemeine Anerkennung des Achtstundenarbeitstages. In den südlichen Regionen besetzten Landarbeiter und arme Bauern unbebautes Land der Latifundisten. Die Regierung musste das durch ein Dekret legalisieren und die Präfekten anweisen, weiteres unbebautes Land zur genossenschaftlichen Nutzung zur Verfügung zu stellen.

In der Sozialistischen Partei existierte zwar ein starker reformistischer Flügel, aber er hatte sich noch nicht als die Partei beherrschend durchsetzen können. Die ISP-Führung begrüßte mehrheitlich die russische Oktoberrevolution und beschloss, der Kommunistischen Internationale beizutreten. Dem italienischen Imperialismus fehlte so eine sozialdemokratische Führung, die - wie die der SPD in Deutschland - als sein Retter auftreten und die revolutionäre Erhebung der Arbeiter niederschlagen konnte. Das machte den Faschismus in Italien früher als in Deutschland zu der Kraft, in der Großkapital und Latifundistas den Garanten ihrer Existenz sahen und der sie an die Macht verhalfen.

Als Führerpersönlichkeit für diese Aufgabe setzte sich Mussolini durch, wobei ihm zwei Faktoren zugute kamen: Einmal seine 14jährige Karriere in der ISP, in der er eine herausragende Führerrolle gespielt hatte, was es ihm ermöglichte, seiner pseudorevolutionären sozialistischen Tarnung einen glaubhaften Anschein zu verleihen und der Bewegung frühzeitig eine Massenbasis auch innerhalb der Arbeiterbewegung zu verschaffen. Dazu trug bei, dass der Duce in sozialrevolutionäre Phrasen verpackte reformistische Forderungen stellte, die vielen Arbeitern nicht unbekannt waren und so auf fruchtbaren Boden fielen. Zum anderen hatte er sich durch seinen 1914 vollzogenen Übergang zu den chauvinistischen Positionen des Interventionismus als ein zuverlässiger Erfüllungsgehilfe bei der Propagierung der imperialistischen Kriegspolitik unter den Massen erwiesen.[12]

Während seiner Zugehörigkeit zur ISP hatte es der sich revolutionär gebärdende Mussolini fertig gebracht, gegen die Reformisten zu Felde zu ziehen, gleichzeitig einen starken syndikalistischen Flügel in der Partei aufzubauen und zeitweilig anzuführen; mit diesem die Absage an den Marxismus zu betreiben und an seiner Stelle die Klassenharmonie und - seit Ausbruch des Ersten Weltkrieges - die direkte Klassenzusammenarbeit zwischen Arbeitern und Bourgeoisie zu propagieren. Höhepunkt seiner Karriere wurde 1912 seine Berufung zum Chefredakteur der Parteizeitung „Avanti", Erst als sich 1914 in der ISP mehrheitlich die Anhänger der Antikriegsposition durchsetzten, endete die sozialistische Karriere Mussolinis, dessen demagogisches Können einen Adolf Hitler weit in den Schatten stellte, mit dessen Parteiausschluss. Doch nicht wenige Parteizeitungen sangen regelrechte Loblieder auf den zum Sozialchauvinisten mutierten Politiker. Man versuchte, „den lieben Genossen Mussolini" umzustimmen und zur Mäßigung seiner Haltung zu bewegen. Ihm wurde bescheinigt, „in hohem Maße" zur „prächtigen Entwicklung der Partei beigetragen" zu haben. Mussolini wurde übrigens nur wegen „Bruchs der Parteidisziplin" aus der ISP ausgeschlossen. Seine sozialchauvinistische Haltung spielte keine Rolle.[13]

Als Führer der faschistischen Bewegung profilierte sich Mussolini mit seinem Nimbus als verwundeter Frontkämpfer, der allerdings ein verlogener war. Er war in Wirklichkeit nur dem Zwang gehorchend an die Front gegangen, hatte dort ganze 38 Tage verbracht, nie an einem Gefecht teilgenommen und sich seine Verwundung bei einem banalen Unfall mit einer Handgranate zugezogen. Danach war er für den Rest des Krieges an die Heimatfront zurückgekehrt und hatte dort weiter Kriegshetze betrieben.

Es entsprach der terroristischen Aufgabe, dass Mussolini als nächstes Squadre d'Azione Fascista bildete. Deren systematischer Terror prägte zusammen mit der sozialen Demagogie das Erscheinungsbild der faschistischen Bewegung. Er richtete sich in erster Linie gegen die erstarkende Arbeiterbewegung, ihre Gewerkschaften und die Sozialisten, die im November 1919 bei den ersten Nachkriegsparlamentswahlen ihre Mandate gegenüber 1913 verdreifachen konnten und 156 der insgesamt 508 Sitze in der Abgeordnetenkammer errangen. Die von der ISP abgespaltenen Rechtsreformisten (Partito Socialista Riformista) erreichten 27 Mandate. Die großbürgerliche Rechtspartei der Liberalen, die mit den Demokraten auf einer Liste antrat, erlebte als Quittung für ihre verbrecherische Kriegspolitik eine Niederlage. Die Liste kam nur auf 179 Mandate. Die Liberalen verloren ihre absolute Mehrheit.[14] Ihre Niederlage war Ausdruck der beginnenden Krise des bürgerlichen Staates.

Vom sozialistischen Wahlsieg profitierten jedoch überwiegend die Reformisten der verschiedensten Couleur, da sie die meisten Parlamentssitze belegten. Von ihnen ging indessen keine unmittelbare Gefahr für die imperialistische Herrschaft aus. Diese drohte ernsthaft von den 1920 sprunghaft zunehmenden revolutionären Arbeiteraktionen. Millionen streikten nicht mehr nur, um ihre materielle Lage zu verbessern, sondern für den Sturz der bürgerlichen Ausbeuterordnung. Der Gewerkschaftsbund CGdL erlebte Masseneintritte und wuchs auf 2,3 Millionen Mitglieder an. Im August/September 1920 besetzten die Arbeiter alle großen Betriebe in Norditalien, wählten Fabrikräte, übernahmen die Leitung der Produktion (die sie trotz Sabotage des größten Teils des technischen Personals durchweg zu 70 Prozent aufrechterhielten) und bildeten bewaffnete Rote Garden zur Verteidigung der Betriebe. Im Süden nahm die Inbesitznahme von Ländereien der Latifundistas teilweise Massencharakter an. Es mangelte indessen am Zusammenwirken der Aktionen der Landarbeiter und Bauern des Südens mit denen der Industriearbeiter des Nordens. Es fehlte eine zentrale Führung.

1920 zeichnete sich das Entstehen einer revolutionären Führungskraft der Arbeiterklasse und die damit verbundene Möglichkeit einer

Machtergreifung durch die Linken ab. Die von Gramsci, Togliatti, Terracini und Tasca im Mai 1919 als Zeitschrift und Organisation mit kommunistischer Orientierung gegründete „Ordine Nuovo" scharte Zehntausende Sozialisten um sich. Diese versuchten zunächst, die ISP auf einer revolutionären Linie zu einigen. Als das nicht gelang, trennten sie sich im Januar 1921 von den Reformisten und Zentristen und bildeten die IKP. Gegen die 1920 weiter anwachsenden revolutionären Arbeiterkämpfe gingen die Faschisten mit einem barbarischen Terror vor, der in dieser Zeit seinesgleichen suchte. Als die Sozialisten im Oktober 1920 bei den Kommunalwahlen erneut Stimmen dazu gewannen und in zahlreichen Städten des Nordens rote Stadtverwaltungen in die Rathäuser einzogen, befahl Mussolini, ein abschreckendes Beispiel zu schaffen. 500 seiner schwer bewaffneten Squadristen überfielen Bologna, beschossen das Ratshaus, töteten neun Bürger, verwundeten über 100 und zwangen die Stadtverwaltung zurückzutreten. Ganz Norditalien wurde danach von derartigen Terrorakten heimgesucht. Die Sturmabteilungen überfielen Arbeiterviertel, steckten Versammlungsräume der Sozialisten, der Gewerkschaften und der Genossenschaften in Brand, misshandelten Funktionäre auf offener Straße und in ihren Wohnungen, erschlugen sie auf den Feldern und stellten ihre Leichen in den Städten zur Schau. In Mailand und zahlreichen weiteren Städten zwangen sie die linken Verwaltungen mit bewaffneter Gewalt zurückzutreten. Ein ehemaliger Leutnant der königlichen Armee berichtete über die Ergebnisse seiner „Strafexpeditionen": „Wir haben achtzig Gewerkschaftsgebäude niedergebrannt, (...) alle Büros und Lokale der Sozialistischen Partei zerstört. Jeden Samstag ziehen wir zu unseren großen Strafexpeditionen aus (...)", Der Leutnant erzählte, dass der Leiter einer Landwirtschaftsliga nur deswegen umgebracht wurde, weil er gerade auf der Straße eine sozialistische Zeitung las.[15] Der Führer der Sturmabteilungen, Italo Balbo, einer der engsten Vertrauten Mussolinis, beschrieb die „Strafexpeditionen", die er im Gebiet von Ravenna durchführte: „Wir unternahmen diese Aufgabe im gleichen Geist, in dem wir im Krieg die feindlichen Stellungen gestürmt hatten. Die Flammen der großen brennenden Gebäude erhoben sich unheimlich in der Nacht. Eine ganze Stadt war von der Glut erleuchtet. Der SA-Chef beschrieb, wie der Terror einer „Feuersäule" gleich „auf die ganze Provinz" ausgedehnt wurde, dort „alle roten Häuser, die Sitze der sozialistischen und kommunistischen Organisationen" in „Feuer und Rauch" aufgingen.[16]

Angelo Tasca führte Fakten an, die belegen, was Togliatti in seinen „Lektionen über den Faschismus" hervorhob: Dass dieser als „bewaffnete Bewegung zur Zerschlagung des Proletariats" entstand.[17] Allein für das erste Halbjahr 1921 machte Tasca folgende, wie er betonte, unvollständige Angaben: 726 zerstörte proletarische Einrichtungen, darunter 17 Zeitungsredaktionen und Druckereien, 59 Volksheime, 119 Gewerkschaftszentralen, 107 Genossenschaften, 83 Bauernligen, acht gegenseitige Versicherungen, 141 Sektionen und Lokale der Sozialisten und Kommunisten, 100 Kulturheime, 10 Volksbibliotheken und -Theater, eine Volkshochschule, 28 Arbeitergewerkschaften, 53 Arbeiter- und Erholungsheime.[18]

Selbst diesen blutigen Terror versuchte Mussolini noch sozialdemagogisch zu tarnen und die revolutionären Sozialisten mit ultra-revolutionären Phrasen zu überbieten. Die Faschisten führten eigene Fabrikbesetzungen durch, übernahmen die Losung der Bildung von Fabrikräten, kritisierten die reformistischen ISP-Führer wegen „Zurückweichens vor der Revolution", verlangten die teilweise „Enteignung allen Reichtums", die „Nationalisierung aller Rüstungsbetriebe", die „Beschlagnahme von 85 Prozent der Kriegsprofite" und stellten zahlreiche ähnliche Forderungen. Im „Pòpolo d'Italia" propagierte Mussolini „Tod den Ausbeutern", mit den Spekulanten „Schluss zu machen" und verlangte: „Entweder werden die Besitzenden enteignet oder wir setzen die Kriegsteilnehmer ein, „um dieses Hindernis niederzureißen", Um vom Terror seiner Sturmabteilungen abzulenken, forderte er, die Feinde des Volkes „aufzuhängen", und „die Hinrichtung der Nutznießer des Krieges, die das Volk aushungern", Die faschistische Bewegung bezeichnete er als „notwendig, um die Gier der Volksaushungerer zu treffen."[19]

Nach der Gründung der IKP am 21. Januar 1921 schloss die bürgerliche Rechte mit den Faschisten für die Parlamentswahlen im Mai ein Bündnis. Trotz des vorangegangenen Terrors erreichte der profaschistische „nationale Block" nicht den erhofften überwältigenden Erfolg. Er kam auf 265 Mandate, von denen 36 an die Faschisten fielen, die erstmals ins Parlament einzogen.[20] Der Erfolg war trotzdem nicht zu unterschätzen, denn Mussolini erhielt in seinem Wahlkreis 170.000 Stimmen. Im November 1919 war er noch mit 4.000 durchgefallen. In seiner ersten Parlamentsrede ließ er keinen Zweifel an seinen diktatorischen Absichten. „Ich bin gegen das Parlament und gegen die Demokratie", rief er aus, während seine Schwarzhemden auf den umliegenden Straßen schrieen: „Italien braucht einen Diktator", Mussolini kündigte auch den Weg zu diesem Ziel an. „Wir werden kein Parlamentsklub sein, sondern ein Aktions- und Exekutionskommando." Nach Mussolinis Rede versuchten seine Schwarzhemden im Montecitorio, dem Sitz der Abgeordnetenkammer, seine Parolen zu verwirklichen, und gingen mit gezogenen Revolvern auf den kommunistischen Abgeordneten Misiano los. Weil er während des Krieges den Wehrdienst verweigert hatte, wollten sie ihn in der Abgeordnetenkammer exekutieren. Mithilfe kommunistischer und sozialistischer Abgeordneter konnte Misiano fliehen.[21]

Im August 1921 schloss die ISP-Führung mit Mussolini einen „Versöhnungspakt", der die von den Sturmabteilungen angezettelten Bürgerkriegsauseinandersetzungen beenden sollte. Neben dem Ziel, die Kommunisten zu isolieren, wollte der Duce die ISP bewegen, zusammen mit seiner Partei in eine bürgerliche Regierung einzutreten, was jene jedoch ablehnte. Die ISP löste nach der Unterzeichnung des Paktes eilfertig ihre Kampfgruppen Ardidi del Popolo (Tapfere des Volkes) auf, in denen sich Sozialisten, Kommunisten, Anarchisten und bürgerliche Antifaschisten gegen den faschistischen Terror zusammengeschlossen hatten, während die Sturmabteilungen ihre Auflösung verweigerten. Obwohl die Faschisten ihren Terror unvermindert fortsetzten und sich der „Versöhnungspakt" als eine hinterhältige Falle zur Zerschlagung des Widerstandes der Sozialisten erwies, traf Pietro Nenni, zu dieser Zeit Chefredakteur des „Avanti", im Januar 1922 erneut mit Mussolini zu Gesprächen zusammen. Während Mussolini zu dieser Zeit bereits den Marsch auf Rom vorbereitete, hatte er vor der Zusammenkunft mit Nenni im Parlament erneut ein Regierungsbündnis zwischen

Faschisten und Sozialisten vorgeschlagen, das er als Ausweg aus der Krise und zur Beendigung des Bürgerkrieges bezeichnete.[22]

2. Marsch auf Rom

Bereits nach den Maiwahlen 1921 begann Mussolini, die gewaltsame, bewaffnete Machtergreifung vorzubereiten.[23] In diesem Vorhaben unterstützten ihn sowohl einflussreiche Kreise des Industrie- und Bankkapitals als auch Vertreter der Großagrarier sowie der Staatsbürokratie und Teile des Militärs. Aus den Tresoren der im April 1920 gegründeten Confederazione dell'Industria und der danach im August gebildeten Confederazione dell'Agricoltura sowie auch aus einzelnen Unternehmerkassen (Conti, Pirelli, Agnelli, Benni, Donegani, Bennedetti) flossen den Faschisten seit Anfang 1922 dazu reichlich Gelder zu. Die von diesen Kräften beherrschte Presse bekundete immer offener ihre Sympathie für den Duce. Am Hofe hatte dieser Fürsprecher in der verwitweten Königinmutter und im Herzog von Aosta, einem Vetter Vittorio Emanuele III. und Kommandeur eines Armeekorps, der ihm für seinen Staatsstreich volle Unterstützung zusicherte. Der im Januar als Pius XI. neu gewählte Papst ergriff zusammen mit seinem Kardinalstaatssekretär Gasparri ebenfalls offen Partei für die Faschisten.[24]

Das schwärzeste Kapitel der italienischen Geschichte begann in Neapel. Dort beschloss der faschistische Parteikongress am 22. Oktober 1922 den Marsch auf Rom und dazu die totale Mobilisierung der Sturmabteilungen. Am 28. Oktober brachen die ersten der 40.000 SA-Männer in drei Marschkolonnen nach der Hauptstadt auf. Der Rest folgte in LKWs, nachdem Mussolini von Mailand aus das Kommando dazu gegeben hatte.[25]

Die faschistische Geschichtsschreibung feierte später die Kapitulation des liberalen Staates als einen Sieg der „nationalen Revolution" und kreierte die Legende, Mussolini sei einem Cäsar gleich an der Spitze seiner Sturmabteilungen in Rom einmarschiert. In Wirklichkeit hatte es sich um ein abgekartetes Spiel gehandelt. Die faschistische Führung hatte sich vor ihrem makabren Spektakel der Unterstützung der Confindustria sowie bei Vertretern des Generalstabes des Wohlwollens der Militärs versichert. Auch das Königshaus hatte grünes Licht unter der Bedingung gegeben, dass die Monarchie nicht angetastet werde, woran sich Mussolini dann auch hielt.

Die Entscheidung des Königs wurde dem Duce in Mailand, wohin er sich am 28. Oktober zu letzten Gesprächen mit dem Industriellenverband begeben hatte, von dessen Vertretern mitgeteilt. Die Abordnung der Confindustria führte der Gummikönig Pirelli an. Der Duce gab den Herren noch einmal zu verstehen, dass seine antikapitalistischen Forderungen nicht ernst zu nehmen und die Sicherung der Interessen der Wirtschaft und die „Wiederherstellung der Arbeitsdisziplin in den Betrieben" für ihn oberstes Anliegen waren. Pirelli war beeindruckt. „Welch ein Mann, dieser Mussolini, mit dem man sich so sachkundig über derartige Fragen unterhalten kann", fasste er seinen Eindruck zusammen.[26]

Vittorio Emanuele lehnte dann auch prompt die von Ministerpräsident Luigi Facta angesichts der heranrückenden Faschisten vorgeschlagene Verhängung des Ausnahmezustandes und die militärische Verteidigung der Hauptstadt ab. Facta resignierte und trat zurück. Der König berief Mussolini zum Ministerpräsidenten. Erst daraufhin fuhr Mussolini - um nicht aufzufallen, im Liegewagen der Eisenbahn - in der Nacht zum 30. Oktober nach Rom. Während die Sturmabteilungen grölend durch die Straßen der Hauptstadt zogen, plündernd und mordend das Arbeiterviertel San Lorenzo heimsuchten, empfing Vittorio Emanuele III. den Duce del Fascismo und beauftragte ihn mit der Regierungsbildung. Er übergab die Macht einer Partei, die im Parlament von 508 Sitzen nur 36 belegte. Noch am selben Tag nahmen der Monarch und Mussolini - zum Entsetzen vieler Römer - eine Parade der faschistischen Horden und einer Formation der königlichen Armee ab.[27]

Der berüchtigte Vorbeimarsch sollte den seit Jahren tobenden Terror der Faschisten legalisieren, gleichzeitig dem Volk, ebenso den bürgerlichen Parteien die neuen Machtverhältnisse verdeutlichen. Die

Drohung zeigte Wirkung. Am nächsten Tag legitimierten Nationalisten, Liberale und die katholische Volkspartei mit ihrem Eintritt in die Regierung den Putsch Mussolinis. Die Sozialisten, denen der Duce ebenfalls angeboten hatte, in seine Regierung einzutreten, wiesen das Ansinnen als einzige zurück. Die bürgerliche Parlamentsmehrheit sprach dem faschistischen Regierungschef mit 306 Stimmen das Vertrauen aus. Es gab nur 106 Gegenstimmen, vor allem aus den Arbeiterparteien. Insgesamt kapitulierte der liberale, von Vertretern rechter, nationalistischer Kreise der Bourgeoisie geführte Staat ohne Gegenwehr. Die Machtübergabe an Mussolini zeigte, dass die maßgeblichen Kreise des Kapitals und der Großagrarier, des Generalstabes und des Königshauses, unterstützt vom Vatikan, nur noch im Faschismus den Garanten ihrer Herrschaft sahen: Angesichts des wachsenden Einflusses der neu gegründeten Kommunistischen Partei und des sichtbar werdenden Zusammengehens der Sozialisten mit dieser waren sie sich nicht mehr sicher, die Macht unter einer herkömmlichen bürgerlichen Regierung weiterhin behaupten zu können.

3. Die Matteotti-Krise - vom Parlamentsfaschismus zur offenen Diktatur

Bei seinem Machtantritt musste Mussolini zwei Kompromisse eingehen: einmal die Monarchie, deren Beseitigung die faschistische Bewegung in ihrem Programm von San Sepolcro[28] gefordert hatte, anerkennen, da sie zunächst eine wichtige Stütze seines Regimes darstellte; zum anderen den parlamentarischen Rahmen beibehalten. Neben dem König hielten das auch die Confindustria und der Vatikan für angebracht, um die bürgerlichen Parteien zu besänftigen und Widerstand ihrerseits vorzubeugen. Daraus ergab sich, dass die erste Regierung Mussolini, formal gesehen, keine rein faschistische Exekutive darstellte. Von 15 Kabinettsressorts besetzte die PNF nur vier, darunter Mussolini die Ministerien für Äußeres und Inneres. Mit dem reaktionären Philosophen Giovanni Gentile und dem Nationalisten Luigi Federzoni, die beide später der PNF beitraten, sowie zwei am Putsch beteiligten hohen Militärs, die das Kriegsministerium bzw. das Marineressort übernahmen, saßen jedoch zuverlässige Erfüllungsgehilfen des Duce im Kabinett. Die restlichen sieben Minister kamen aus den bürgerlichen Parteien. Sie verschafften dem seinem Charakter nach faschistischen Kabinett ein parlamentarisch verbrämtes, bürgerlich-demokratisches Mäntelchen und nährten unter vielen dem faschistischen Regime noch mit Vorbehalten gegenüberstehenden bürgerlichen Politikern die Illusion, der Duce müsse mit den bürgerlichen Parteien die Macht teilen und könne so unter Kontrolle gehalten werden. Dazu trug bei, dass die Parteien formal weiter bestanden, wenn auch die antifaschistische Opposition, vor allem die Kommunisten, weiter verfolgt wurde und der Terror anhielt. Selbst die IKP erkannte den faschistischen Charakter der Mussolini-Regierung zunächst nicht und sah in ihr eine zwar mit verschärften Repressionsmethoden gegen die Arbeiterbewegung vorgehende, aber herkömmliche bürgerliche Exekutive, „ein internes Phänomen der bürgerlichen Führungsklasse",[29] Die Unterschätzung der faschistischen Gefahr war bereits auf dem Gründungsparteitag in Livorno deutlich geworden, als diese in der angenommenen Resolution mit keinem Wort erwähnt wurde.[30] Das resultierte vor allem aus der Einschätzung Bordigas, „die Bourgeoisie wünsche keineswegs eine Änderung ihres politischen Systems" und werde „den Parlamentarismus verteidigen",[31] Für Gramsci war der Faschismus dagegen zwar nicht die einzige Herrschaftsform des Kapitals, jedoch eine „degenerierte Kraft der Bourgeoisie", eine „bewaffnete Garantie des Klassenstaates", ein „Phänomen der bourgeoisen Reaktion", Nach den Parlamentswahlen vom Mai 1921 warnte er vor einem „Staatsstreich der Faschisten", der „seit dem Beginn der Legislaturperiode über ihr schwebt",[32] Es dauerte mehrere Jahre, bis Gramsci und Togliatti zu der Einschätzung des Faschismus als neuer und reaktionärster Erscheinungsform imperialistischer Herrschaft gelangten und sich in der Partei damit durchsetzten.

Trotzdem erschwerte es der zunächst beibehaltene parlamentarische Rahmen dem italienischen Faschismus, sich zu konsolidieren. Während Hitler später seine Macht in einigen Monaten festigen konnte, brauchte der Duce dazu Jahre. Die Einbeziehung der bürgerlichen Parteien - von einer Teilung der Macht mit ihnen konnte ohnehin keine Rede sein - war für den Duce jedoch von Anfang an ein reines Tarnungsmanöver. Denn nach der mit dem Marsch auf Rom erfolgten Machteroberung ging es ihm um die „Eliminierung der liberalen Demokratie" und darum, deren „parlamentarisches Ritual" zu beseitigen.[33]

Die antifaschistische Bewegung, deren Hauptkräfte aus der Arbeiterbewegung kamen, hatte - bedingt durch ihre Uneinigkeit, die sich hauptsächlich aus ihrer Spaltung ergab - die Machtübergabe an Mussolini nicht verhindern können. Der seit 1919 tobende faschistische Terror hatte nicht nur bürgerliche Kreise, sondern auch Arbeiterschichten eingeschüchtert und ihre Widerstandskraft geschwächt. Beachtet man jedoch die gesamte, dem Faschismus gegenüberstehende Kräftekonstellation, dann ist Angelo Tasca zuzustimmen, der schrieb, dass der „Sieg des Faschismus nicht absolut unvermeidlich, nicht schicksalhaft" war.[34] Togliatti warnte ebenfalls davor, „den Übergang von der bürgerlichen Demokratie zum Faschismus als notwendig, als unvermeidbar anzusehen."[35] Aufschlussreich ist die Aussage Roberto Farinaccis, eines der engsten Mitarbeiter Mussolinis in der PNF-Führung, der später zugab, der Erfolg sei weniger von der Stärke des Faschismus als von der Schwäche und zögerlichen Haltung seiner Gegner abhängig gewesen.[36] Gegen den Faschismus an der Macht leisteten dann, wie sich erstmals in der Matteotti-Krise zeigte, neben den Linken in Italien auch die bürgerlichen Oppositionsparteien, darunter Vertreter, welche dem Machtantritt untätig gegenübergestanden hatten, einen unvergleichlich stärkeren Widerstand als die entsprechenden Kräfte zehn Jahre später in Deutschland.

Die ersten Regierungsdekrete verdeutlichten - im Gegensatz zu der in der faschistischen Propaganda praktizierten sozialen Demagogie -, welche Interessen das Mussolini-Regime tatsächlich wahrnahm. Der Duce hob die Besteuerung aller Industrie- und Bankwerte der Besitzenden auf und widerrief das Gesetz, das gestattet hatte, unbebautes Großgrundbesitzerland an landlose und arme Bauern zu übereignen. Beseitigt wurde der Achtstundenarbeitstag, für den die Faschisten sich ebenfalls demagogisch ausgesprochen hatten. Die Löhne sanken um 13

Prozent und stagnierten danach. Bereits 1925 erreichte die Industrieproduktion den Vorkriegsstand, um ihn 1929 um 40 Prozent zu überbieten. Die Beseitigung der Arbeiterrechte ermöglichte es dem italienischen Kapital, den ökonomischen Aufschwung durch eine verstärkte Ausbeutung zusätzlich zu forcieren. Es erreichte eine bis dahin nicht gekannte Zentralisation und Konzentration. 1939 produzierten acht Unternehmen 77 Prozent der Elektroenergie, die zunehmend den Dampfantrieb der Maschinen ersetzte, sechs Konzerne 84 Prozent des Stahls und zwei 84 Prozent der Fahrzeuge, vier Unternehmen 75 Prozent der Schreibmaschinen und zwei andere 90 Prozent der Kunstfasern, vier 82 Prozent des gesamten Gummis. Die erzielten hohen Produktionssteigerungen, die sich auch aus dem Fortschritt der technischen Entwicklung ergaben (erinnert sei an die Erfindung der Kunstseide, die Italien hinter den USA auf Platz zwei der Kunstseidenherstellung in der Welt brachte), verbunden mit dem Fleiß der Arbeiter und dem Forschungsdrang der Intelligenz, stellte die faschistische Propaganda als Resultat des Mussolini-Regimes und des Führerprinzips dar.

Mussolini schränkte das Wirken des Parlaments von Anfang an stark ein. Bereits im Dezember 1922 ernannte er einen Gran Consiglio del Fascismo, der Gesetze erlassen und dabei das Parlament übergehen konnte. Da sich die Armee beim Marsch auf Rom nicht geschlossen hinter ihn gestellt hatte, diese weiterhin dem König als oberstem Feldherrn understand und er sich so ihrer Loyalität nicht völlig sicher war, wertete er die SA zur „Miliz für nationale Sicherheit" auf und gliederte sie als eigenständige Teilstreitkraft in die Armee ein. Die Miliz wurde jedoch auf den Duce und den Großen Rat des Faschismus vereidigt und unterstand allein Mussolini. Gleichzeitig löste der Duce per Regierungsdekret die königliche Garde auf.[37]

Um seine Macht zu konsolidieren und sich das Parlament unterzuordnen, bereitete der Duce eine betrügerische Scheinwahl vor, die von einer neuen Welle blutigen Terrors begleitet wurde. Im Parlament peitschten die Faschisten in diesem Klima ein neues Wahlgesetz durch, welches das 1919 erkämpfte Verhältniswahlrecht aufhob und festlegte, dass die Liste, welche die Mehrheit der Stimmen auf sich vereinigte, zwei Drittel der Parlamentssitze zugesprochen erhielt. Zu den Wahlen am 6. April 1924 traten auf einer so genannten gemeinsamen Regierungsliste für die PNF führende Industrielle wie der Präsident der Confindustria, Alfano Benni, und Gino Olivetti vom gleichnamigen Elektrokonzern an, die damit offen ihre Unterstützung für Mussolini demonstrierten. Durch die Manipulation zogen über die Regierungsliste 375 Abgeordnete ins Parlament ein, darunter 275 offizielle Mitglieder der PNF. Die auf selbstständigen Listen angetretenen Parteien erreichten 161 Mandate, von denen 24 bzw. 22 auf die Einheitssozialisten und Sozialisten und 19 auf die Kommunisten entfielen. Die Volkspartei kam noch auf 39 Sitze. Die PLI, vor dem faschistischen Machtantritt die führende großbürgerliche Rechtspartei, stellte nur noch 15 Abgeordnete, ein Zeichen, dass sie von den maßgeblichen Wirtschaftskreisen zugunsten der Faschisten fallengelassen worden war.

Die manipulierte Wahl brachte den Faschisten zwar eine erdrückende Mehrheit, aber nicht den erhofften Prestigegewinn. Widerstand und Protest wuchsen in einem Maße an, wie sie das Regime bis dahin nicht erlebt hatte, und stürzten es in eine existenzielle Krise, die in die Geschichte als Matteotti-Krise einging; benannt nach dem Führer der 1922 von der ISP abgespaltenen Einheitssozialisten, der im Parlament und in der Öffentlichkeit unerschrocken die Verbrechen der Faschisten anprangerte und forderte, die Wahl für ungültig zu erklären. Höhepunkt war die Rede Giacomo Matteottis am 30. Mai 1924 im Parlament, in der er vor einer Horde grölender und ihn tätlich bedrohender Schwarzhemden die Verbrechen während der Wahlkampagne enthüllte. Er führte an, dass man den Abgeordneten Antonio Piccini in seiner Wohnung überfallen und ermordet hatte, dass viele Kandidaten ihre Wohnungen wechseln mussten, um Verfolgungen zu entgehen, nirgendwo die oppositionellen Kandidaten eine öffentliche Versammlung durchführen konnten, das Wahlgeheimnis verletzt wurde und sich von mehr als 100 Bewerbern seiner Partei zirka 60 nicht frei in ihrem Wahlkreis bewegen durften.[38]

Am 10. Juni überfiel daraufhin ein Mordkommando Matteotti auf offener Straße, zerrte ihn in ein Auto, verschleppte und erschlug ihn - wie später bekannt wurde, auf persönliche Weisung Mussolinis. Der Duce nahm mit diesem Mord auch persönliche Rache, denn Matteotti war ihm als der brillanteste Redner des Parlaments schon öfters unerschrocken entgegengetreten.³⁹ Die Leiche wurde in der Umgebung der Hauptstadt verscharrt, wo Spaziergänger sie erst am 16. August fanden.⁴⁰ Der ungeheuerliche Mord steigerte den Widerstand auf der Straße und im Parlament. Während eines Streiks der Metallarbeiter für die Verbesserung ihrer sozialen Lage kam es in Rom zu Protestdemonstrationen gegen das faschistische Regime und seinen Mordterror. Die IKP schlug ISP und SEP (Einheitssozialisten) und dem Allgemeinen Gewerkschaftsbund einen Generalstreik mit folgenden Forderungen vor: Weg mit der Regierung der Mörder! Entwaffnung der faschistischen Garden! Bildung einer Arbeiter- und Bauernregierung! Der Vorschlag wurde zurückgewiesen. Die Ablehnung wurde dadurch begünstigt, dass die Losung nach einer Arbeiter- und Bauernregierung die bürgerliche Opposition faktisch ausschloss, ein Ausdruck dafür, dass das von Angelo Tasca und Antonio Gramsci angestrebte nationale Bündnis gegen den Faschismus in der IKP noch nicht zum Allgemeingut geworden war. Tasca hatte als wesentliche Bedingung genannt, das „geeinte und geschlossene" Handeln der Arbeiterklasse herzustellen und auf dieser Grundlage ein nationales Bündnis gegen den Faschismus zu schaffen.⁴¹

Nach dem Mord an Matteotti verließ fast die gesamte Opposition das Parlament, tagte auf dem Aventin, einem der sieben Hügel Roms, und nannte sich nach ihm. Die Bezeichnung sollte an die legendäre Episode aus der altrömischen Geschichte erinnern, in der sich 455 v. u. Z. die rechtlosen Plebejer aus Protest gegen die Herrschaft des Patriziats auf diesen Hügel außerhalb der Stadtmauern zurückzogen. Die bürgerliche Opposition beschränkte sich darauf, die Auflösung der faschistischen Miliz und die Wiederherstellung der Gesetzlichkeit zu verlangen, und schreckte vor der Forderung nach dem Rücktritt der Mussolini-Regierung zurück. Der Antrag der kommunistischen Fraktion, den Aventin zum Gegenparlament zu erklären, wurde verworfen. Die bürgerliche Opposition hoffte auf ein Eingreifen des Königs, der verlauten ließ, er werde Mussolini seines Postens entheben, eine Militärregierung einsetzen und Neuwahlen ausschreiben. Die Entwicklung zeigte jedoch, dass das Parolen zur Beruhigung der Öffentlichkeit, der bürgerlichen Opposition und der Reformisten waren.

Gleichzeitig wandte sich die bürgerliche Opposition gegen revolutionäre Aktionen der Arbeiter. Der liberale Abgeordnete Giovanni Amendola fasste das unter der Losung „weder Revolution noch Faschismus, weder ein revolutionäres Antiparlament noch ein von der Miliz überwachtes Parlament" zusammen und sprach sich für eine konstitutionelle Restauration im Rahmen der Monarchie aus. Die bürgerliche Opposition hatte die Komplizenrolle des Königshauses beim Machtantritt des Faschismus noch nicht erkannt. Es gab jedoch auch gegenteilige Beispiele. Immerhin stimmten nach der Rückkehr des Aventinblocks in die Abgeordnetenkammer die früheren Ministerpräsidenten Giovanni Giolitti, Vittorio Emanuele Orlando und Antonio Salandra gegen Mussolini.

In einer für das Regime schockierenden Weise wirkte sich die Krise in der PNF aus. Mitläufer, Karrieristen und Funktionsträger, die einen Sturz Mussolinis befürchteten, traten scharenweise aus. Bis Ende 1924 verließen 182.291 Mitglieder die Partei, deren Zahl nach der offiziellen Statistik nur noch 599.988 betrug. Selbst unter führenden Faschisten wurden Stimmen laut, nachzugeben und einen Kompromiss mit den Liberalen zu suchen. Mussolini wies jede persönliche Schuld von sich und machte nachgeordnete Funktionäre verantwortlich. Er entließ mehrere seiner engsten Mitarbeiter, darunter den Chef seines Pressebüros, Cesare Rossi, der an der Entführung und Ermordung Matteottis beteiligt gewesen war, und den Chef der Polizei, General Emilio De Bono.[42] Unter dem wachsenden Druck der Öffentlichkeit räumte er schließlich selbst den Posten des Innenministers.

Seine Rettung aus der Krise verdankte der schwer angeschlagene Mussolini der Tatsache, dass Confindustria und Vatikan die Gefahr frühzeitig erkannten. Der italienische Imperialismus hatte den Duce und sein Regime inzwischen als die zuverlässigste Form der Machtausübung und Garanten seiner Herrschaft schätzen gelernt. Die Konsolidierung der faschistischen Diktatur betrachtete das Kapital nicht zuletzt als entscheidende Voraussetzung für die Durchsetzung seiner Expansionspläne, die dann 1925 mit der kolonialen Eroberung Tripolitaniens begann. Deshalb befasste sich der Industriellenverband bereits unmittelbar nach Ausbruch der Krise mit der Lage. Schon am 24. Juni 1924 versicherte er auf einer Tagung in Genua öffentlich Mussolini seiner „unwandelbaren Treue" und nahm scharf gegen die „intrigante Opposition" Stellung. Der Vatikan, für den Mussolini unter anderem 1923 die vor dem Bankrott stehende Banco di Roma, auch unter dem Namen „Bank der Freunde des Vatikans" bekannt, mit großem finanziellen Aufwand gerettet hatte, war ebenfalls daran interessiert, Mussolini vor einem Sturz zu bewahren und sein Regime zu festigen. In Erwartung von Konkordatsverhandlungen zur Lösung der 1870 entstandenen „römischen Frage" lobte der „Osservatore Romano" bereits eine Woche nach dem Mord an Matteotti die „feste Haltung" des Duce und wandte sich gegen antifaschistische Aktionen.[43]

Bereits im Frühjahr 1926 begann Mussolini die Konkordatsverhandlungen, die das faschistische Regime innen- und außenpolitisch aufwerteten. Die 1929 mit dem Heiligen Stuhl geschlossenen Lateranverträge schwächten die antifaschistische Bewegung und schadeten der italienischen Demokratie noch über die Zeit der faschistischen Diktatur hinaus. Sie schränkten wesentliche Ergebnisse der revolutionären Bewegung des Risorgimento ein und ermöglichten dem Papst, seine weltliche Herrschaft wieder zu errichten. Die katholische Religion wurde als „einzige Religion des Staates" festgeschrieben, woraus die Kirche weit reichende Privilegien ableitete. In einem Finanzabkommen verpflichtete sich der italienische Staat, dem Vatikan 750 Millionen Lire als Entschädigung zu zahlen und eine Staatsanleihe von einer Milliarde zu überweisen. In den Augen der katholischen Bevölkerung Italiens, aber auch der Christenheit in der ganzen Welt wirkte das Konkordat als päpstlicher Segen für das faschistische Regime und erhob es zur von Gott gewollten Ordnung. Pius XI. persönlich bezeichnete den Diktator in einer Rede an der katholischen Universität als „einen Mann, mit dem uns die Vorsehung zusammenführte", Mussolini habe „nicht die Vorbehalte der liberalen Schule", führte der Papst aus und stellte sich so ein weiteres Mal öffentlich gegen die bürgerliche Opposition.[44]

Dank der so gewährten Hilfe entging Mussolini 1924/25 seinem Sturz und konnte an der Jahreswende 1926/27 die parlamentarisch verschleierte Etappe des Faschismus beenden und seine offene terroristische Diktatur errichten. Auf seinen Antrag annullierte die faschistische Parlamentsmehrheit im November 1926 die letzten Mandate der Opposition. Die Polizei verhaftete alle kommunistischen Abgeordneten, derer sie habhaft werden konnte. Der Duce verbot alle Parteien und Organisationen außer den faschistischen. Das gleiche Schicksal erfuhren ihre Zeitungen. Der von den Reformisten beherrschte Allgemeine Italienische Gewerkschaftsbund CGdL löste sich im Januar 1927 selbst auf.

Die Errichtung der offenen Diktatur war von einer neuen Welle des Terrors begleitet. Das Regime kerkerte über 2.000 Kommunisten ein, darunter Gramsci, der im November unter Bruch seiner Abgeordnetenimmunität verhaftet wurde. Im Mai 1926 eröffnete ein Sondertribunal gegen führende IKP-Funktionäre einen Prozess, in dem es 37 Kommunisten zu insgesamt 238 Jahren Kerker verurteilte. Auch viele bürgerliche Oppositionelle, die in der Matteotti-Krise gegen die Diktatur aufgetreten waren, wurden verfolgt, umgebracht, eingesperrt oder mussten emigrieren. Den liberalen Abgeordneten Giovanni Amendola schlugen Faschisten auf offener Straße derart zusammen, dass er an den Folgen starb.

Die Matteotti-Krise gab der IKP einen nachdrücklichen Anstoß, eine antifaschistische Strategie zu erarbeiten, deren Kern die Bündnispolitik bildete. Für die Verwirklichung dieser Strategie reiften in den 30er Jahren die Bedingungen heran, die im Juli 1943 zum Sturz Mussolinis führten. Das nunmehrige Entstehen einer breiten nationalen antifaschistischen Widerstandsbewegung, die einen historischen Beitrag zum Sieg über den Faschismus leistete, war das Werk der IKP. Von überragender Bedeutung in diesem Prozess war, dass die Partei in Antonio Gramsci über einen geistigen Kopf verfügte, bei dem es sich, wie Sophie G. Alf zu behaupten wagte, „um den größten marxistischen Theoretiker seit Lenin handelt, vielleicht den einzigen, der, ohne hinter Lenin zurückzubleiben, eine originäre Weiterentwicklung des Marxismus geleistet hat."[45] Harald Neubert, ein profilierter Gramsci-Kenner, schrieb: „Gramscis politisches, theoretisches und philosophisches Erbe gehört ohne Zweifel zum Besten, was das revolutionäre Denken unseres Jahrhunderts hervorgebracht hat. Es ist ein untrennbarer Teil des Erfahrungsschatzes, des Ideenreichtums der internationalen kommunistischen Bewegung."⁴⁶ Erste Grundlagen legte Gramsci bereits in der Auseinandersetzung mit dem Linkssektierertum und der Massenentfremdung der Führungsgruppe um Bordiga. Er nahm eine Faschismusanalyse vor, in der er der Meinung entgegentrat, beim Machtantritt Mussolinis habe es sich lediglich um einen Führungswechsel innerhalb der Bourgeoisie gehandelt. Er legte die Widersprüche innerhalb der herrschenden Kreise bloß und formulierte in den Thesen des III. Parteitages, der 1926 illegal in Lyon stattfand, dass der „Faschismus als Instrument einer Industrie-Agraroligarchie (handelt), um in den Händen des Kapitals die Kontrolle des gesamten Reichtums des Landes zu konzentrieren", Zu den Kampfbedingungen der Arbeiterklasse schätzte er ein, dass „die herrschende Klasse in den kapitalistisch hochentwickelten Ländern politische und organisatorische Reserven besitzt, die sie z. B. in Russland nicht hatte", Das bedeute, dass „auch schwerste Wirtschaftskrisen keine unmittelbare Rückwirkung auf das politische Leben haben, sondern die Politik immer eine Verspätung, eine große Verspätung gegenüber der ökonomischen Entwicklung aufweist",⁴⁷ Gramsci schlussfolgerte aus der Situation ein Verlangsamen der Massenaktionen, was „von der revolutionären Partei eine sehr viel komplexere Strategie und Taktik, die weit von der entfernt ist, die für die Bolschewiki zwischen März und November 1917 notwendig war", erfordere.⁴⁸ Dazu gehörten weiter solch strategisch bedeutsame Gesichtspunkte, dass die Frage der proletarischen Revolution zunächst nicht mehr auf der Tagesordnung stand, die Arbeiterklasse ihre „politische Hegemonie" auf der Grundlage der Freiwilligkeit und Überzeugung erringen müsse, ihr Masseneinfluss voraussetze, das Sektierertum zu überwinden, die Respektierung der Eigenständigkeit der Bündnispartner einschließlich der Tatsache, dass sie eigene politische Ziele verfolgen. Gestützt auf seine Faschismus-Analyse verband Gramsci den Kampf für den Sozialismus mit der Verteidigung bzw. der Eroberung der Demokratie.

Den Kern der Bündnispolitik Gramscis bildete seine These vom „Historischen Block", die er aus dem Kerker heraus vervollständigte und theoretisch begründete. Er verstand darunter ein System von Bündnissen der Arbeiterklasse mit der Bauernschaft, den Mittelschichten und der Intelligenz, in dem er dem Zusammengehen mit den katholischen Volksmassen einen hohen Stellenwert beimaß. Gramsci ging dabei von Lenins Hinweisen für die italienischen Kommunisten auf dem III. KI-Kongress aus, denen zufolge Grundlage eines solchen Bündnisses sein müsse, dass die Partei im revolutionären Kampf „die Massen", die „Mehrheit der Arbeiterklasse" gewinnt.[49] Prophetisch war schließlich die Erkenntnis Gramscis, dass in der dem Faschismus eigenen Aggressivität nach außen „die Keime für einen Krieg (liegen), der anscheinend wegen der italienischen Expansion ausgetragen wird, in dem jedoch in Wirklichkeit das faschistische Italien ein Werkzeug in den Händen einer der imperialistischen Gruppen sein wird, die um die Weltherrschaft ringen." Eine Einschätzung, die voll und ganz durch das spätere Verhältnis zwischen dem Mussoliniregime und Hitlerdeutschland bestätigt wurde.[50]

Gramscis Linie, die Togliatti fortführte, setzte sich auf dem Lyoner Parteitag durch. Die „Thesen von Lyon", die faktisch ein Parteiprogramm darstellten, wurden von 90,8 Prozent der Delegierten gebilligt, die sich damit hinter das neue Zentralkomitee mit Gramsci an der Spitze stellten. 1926 ins Gefängnis geworfen, nahm Gramsci auf die weitere Entwicklung der Strategie als auch auf Fragen der aktuellen Politik der Partei aus dem Kerker heraus, den er erst 1937 kurz vor seinem Tod im Ergebnis einer internationalen Protestbewegung verlassen konnte, großen Einfluss. „Dieser Kopf muss für 20 Jahre gehindert werden zu arbeiten", führte Mussolinis Propagandaminister Michele Isegre vor dem Sondertribunal aus. Das gelang nur teilweise. Es bedarf jedoch keiner näheren Begründung, dass dieser geniale Kopf in Freiheit zweifelsohne einen noch größeren Beitrag für die IKP, für den antifaschistischen Widerstand und auch die kommunistische Weltbewegung hätte leisten können.

Stand bei Gramsci das theoretische Talent im Vordergrund, so kann man für Togliatti - ohne seine theoretischen Leistungen herabzusetzen - Georg Lukacs zitieren, der ihn als „eine der bedeutendsten taktischen Begabungen, die die Arbeiterbewegung hervorgebracht hat", bezeichnete.[51] Sein Verdienst bestand unter anderem darin, sich der weiteren Analyse des Faschismus im nichtökonomischen Bereich gewidmet zu haben. Er schätzte die politische Dimension des Faschismus anhand der Tatsache ein, dass er der Bourgeoisie eine reaktionäre Massenpartei schuf, über die sie vorher nie verfügte. Bereits 1928 führte er auf dem VI. Weltkongress der KI aus, dass der Faschismus nicht nur die Diktatur einer Handvoll Monopolisten und des Finanzkapitals ist, sondern ein reaktionäres Regime, dem es gelungen war, sich den Konsens der Massen zu sichern. Die theoretischen Leistungen Gramscis und Togliattis bildeten schließlich die Grundlage für den bedeutenden Beitrag, den die IKP zur Vorbereitung des VII. Weltkongresses der KI 1935 und der Ausarbeitung seiner Beschlüsse leistete. Togliatti, der eines der drei Hauptreferate hielt, sprach im Wesentlichen zur Rolle des Faschismus als Instrument der aggressiven und expansionistischen Politik des Imperialismus und über den Kampf gegen die von ihm ausgehende Kriegsgefahr. Sein geniales strategisches Talent bewies er 1944 mit der Konzeption der „Wende von Salerno",

4. Auf Expansionskurs

Auch wenn konservative Historiker vom italienischen Faschismus gern behaupten, er sei im Vergleich mit seinem deutschen Achsenpartner weniger grausam, weniger barbarisch und auch nicht so aggressiv gewesen - die Geschichte zeigt, dass es vom Wesen her keine Unterschiede gab. Ein Beweis dafür sind die barbarischen Kolonialverbrechen. Grundsätzlich wurde die Errichtung der faschistischen Diktatur in Italien wie später in Deutschland zur wesentlichen Grundlage, die Expansionsziele unter günstigeren Voraussetzungen in Angriff zu nehmen. Auf diesen „unmittelbaren Zusammenhang" hat Togliatti im Kontext von „Faschismus und Krieg" mehrfach hingewiesen und betont, die Errichtung der faschistischen Diktatur habe den Kriegsplänen „ein spezifisches Gepräge und eine bestimmte Richtung" verliehen.[52]

Vor der Machtergreifung des Faschismus war die Ausbeute der kolonialen Expansionen eher bescheiden. Nach dem 1890 am Roten Meer ein Küstenstreifen mit den Häfen Assab und Massaua als erste

Kolonie Eritrea entstand und der annektierte Südteil der Somalia-Halbinsel Protektorat wurde, scheiterten weitere Vorstöße ins Hochland des abessinischen Kaiserreiches an der Abwehr der amharischen Stämme. 1896 erlitt die Kolonialtruppe bei Adua eine vernichtende Niederlage. 6.000 gefallene Italiener blieben auf dem Schlachtfeld, 2.000 kehrten verwundet zurück. Der Traum von einem italienischen Ostafrika war vorerst ausgeträumt.

1911 überfiel Italien das von der Türkei abhängige Tripolitanien und die Kyrenaika, wo es galt, die Interessen der Banca di Roma, die dort durch den Erwerb profitträchtiger Bergbaukonzessionen der größte Landeigentümer geworden war, abzusichern. Dem Bankkapital waren mit Ansaldo die Schwer- und mit Marconi die Elektroindustrie gefolgt. Durch den erstmaligen Einsatz von Luftschiffen und Flugzeugen für Bombardements gelang es, die Hafenstädte und Küstengebiete rasch einzunehmen. Das Ergebnis der brutalen Kriegführung waren 1.405 Tote der Kolonialtruppe und 14.800 getötete Araber, darunter viele massakrierte Zivilisten, Frauen und Kinder. Trotzdem brachten die Partisanen im Wüstengebiet den weiteren Vormarsch zum Stehen. Den Widerstand in der Nähe der Oasen von Dscharabub und Siwa sowie im Fessan konnten die Italiener nie völlig brechen. Die Oasen von Kufra im Süden der Kyrenaika erreichten sie erst Anfang der 30er Jahre. Nachdem Italien mit stillschweigender Billigung Russlands, Großbritanniens und Frankreichs auch noch den Dodekanes besetzt hatte, anerkannte die Türkei die Eroberungen, die Rom zur Kolonie Libyen vereinigte.

Das faschistische Regime übernahm die früheren Expansionsziele und ging mit äußerster Brutalität daran, sie zu verwirklichen. Es ging um die Ausdehnung der Einflusssphären auf dem Balkan und im Mittelmeerraum als Sprungbrett für die Eroberung neuer Kolonien in Afrika und Vorderasien. 1926/27 unterwarf Mussolini das von einer nationalen Befreiungsbewegung bekämpfte reaktionäre Zogu-Regime in Albanien mit den Tirana-Pakten seiner Vorherrschaft, um das Land dann 1939 zu besetzen und zur Kolonie zu erklären. Nachdem 1925 Tripolitanien[53] und 1929 der Fessan erobert worden waren, kam 1930 die Kyrenaika an die Reihe. Doch hier leisteten die Araber, die der legendäre „Sohn des großen Zeltes" genannte Omar Mukhtar anführte, erbitterten Widerstand. Der starke Zusammenhalt dieser Nomaden ergab sich aus ihrer Organisation im islamischen Senussi-Orden, der faktisch die von Addis Abeba geduldete „Regierung der Nacht" Omar Mukhtars bildete. Um den Widerstand zu brechen, befahl der Gouverneur der Kolonie, Pietro Badoglio,[54] die Rebellen „räumlich ganz klar und weit von der unterworfenen Bevölkerung zu trennen", auch „wenn die ganze Bevölkerung der Kyrenaika dabei zugrunde gehen müsste." 80.000 Viehzüchtern raubte man ihr Vieh und sperrte sie in Konzentrationslager, wo viele verhungerten oder Seuchen zum Opfer fielen. Zur Abschreckung der restlichen Einwohner wurden deren Ansiedlungen geplündert, Geiseln erschossen, Frauen vergewaltigt und die Heiligtümer der Nomaden geschändet. Die verbliebenen Partisanen wurden erbarmungslos gejagt, ihre Anführer aus Flugzeugen abgeworfen. Am 11. September 1931 fiel Omar Mukhtar nach einer mehrstündigen Verfolgung als einziger Überlebender einer zwölfköpfigen berittenen Partisanengruppe in die Hände der Mussolini-Soldateska. Der Befehlshaber der Kolonialtruppe, Rodolfo Graziani, ließ ihn fünf Tage später öffentlich aufhängen. 20.000 Menschen wurden zusammengetrieben, der Exekution zuzusehen. In die so eroberte Kolonie schickte Rom bis zum Beginn des Zweiten Weltkrieges etwa 110.000 Siedler, die den Arabern ihre fruchtbaren Böden raubten, diese selbst in die Wüste trieben oder sie zwangen, sich auf Plantagen als billige Lohnsklaven zu verdingen.

Nach der Unterwerfung Libyens bereitete Mussolini die Eroberung Äthiopiens vor, zu der er sich der Zustimmung Großbritanniens und Frankreichs versicherte. In einem Geheimabkommen vereinbarten der Duce und der französische Außenminister Pierre Laval in Rom die Unterstützung der französischen Politik im Mittelmeer, während Paris der italienischen Annexion Äthiopiens zustimmte. London sorgte sich zwar um seine angrenzenden Kolonien Kenia und Uganda sowie den anglo-ägyptischen Sudan, unternahm aber nichts, was den italienischen Expansionsabsichten zuwider gelaufen wäre. Nach Eritrea und Somalia wurde eine Armee von über 360.000 Mann verschifft. Am 2. Oktober verkündete Mussolini vom Balkon des Palazzo Venezia in Rom die Eroberung. Einen Tag später begann ohne Kriegserklärung die Aggression.

Der von Paris und London beherrschte Völkerbund verurteilte zwar am 9. Oktober Italien als Aggressor, verhängte jedoch nur wirkungslose Sanktionen und überließ Abessinien seinem Schicksal. Einzig die UdSSR trat für wirksame Sanktionen ein. Sie forderte, die Durchfahrt durch den Suezkanal zu sperren, was den Nachschub für die Kolonialarmee außerordentlich erschwert und Italien völlig von der Versorgung mit Erdöl abgeschnitten hätte. Der Völkerbund ignorierte die Anträge und Mussolini konnte ungehindert ans Werk gehen. Der von Kommunisten und Sozialisten für den 12. und 13. Oktober 1935 gegen den Krieg in Abessinien nach Brüssel einberufene „Kongress der Italiener im Ausland" forderte in einem Appell einen unverzüglichen Friedensschluss und rief zum Sturz Mussolinis auf. Es gab jedoch in Italien noch keinen Widerhall. Die erfolgreiche Aggression stärkte im Gegenteil den Masseneinfluss und die Stabilität des Regimes. Es bestätige sich, was Togliatti auf dem VII. Komintern-Kongress im Juli/August 1935 eingeschätzt hatte. Die „kriegerische Lösung" diente der „Festigung der Grundlagen der Diktatur".[55]

Während das Gros der Kolonialarmee von Eritrea aus auf der alten Kaiserstraße in Richtung Addis Abeba vorstieß, griff eine zweite Gruppierung von Somaliland aus an. Das strategische Ziel zu erreichen erforderte, spätestens bis Mai in der Hauptstadt anzukommen, da danach durch die einsetzende Regenzeit das Gelände nicht mehr zu passieren war. Die äthiopische Armee zog sich ins Landesinnere zurück, wo sie sich den Italienern weit von deren Nachschubbasen entfernt zur Schlacht stellte. Nach Anfangserfolgen kam die italienische Offensive zum Stehen, und die Äthiopier gingen Mitte Dezember sogar zum Gegenangriff über. Badoglio, dem Mussolini an Stelle des wegen der anfänglichen Misserfolge abgelösten De Bono das Kommando übergeben hatte, ließ daraufhin über 350 Tonnen Yperit über den äthiopischen Stellungen abwerfen. Nach dem Giftgaseinsatz, bei dem Zehntausende Äthiopier getötet wurden, gelang der Durchbruch. Am 5. Mai 1936 zogen die italienischen Truppen in Addis Abeba ein. Drei Tage vorher hatte Kaiser Haile Selassie das Land in Richtung London verlassen. Am

9. Mai verkündete Mussolini die Annexion Abessiniens und schloss es am 1. Juni mit Eritrea und Italienisch Somaliland zur Kolonie Italienisch Ostafrika zusammen. Die italienischen Monopole konnten beginnen, die Rohstoffe Äthiopiens (Eisen, Kupfer, Mangan, Schwefel, Nickel, Platin, Gold) auszubeuten. Vittorio Emanuele III. setzte sich die äthiopische Kaiserkrone auf und der von Pius XI. angeführte römische Klerus feierte Mussolini als „einen wunderbaren Duce, der das Kreuz Christi in alle Welt trägt." Der „Missionspapst" schickte sich an, den Äthiopiern auf den Trümmern der koptischen Kirche eine ihnen fremde Religion aufzuzwingen. Im nationalistischen Taumel kehrten selbst einige führende bürgerliche Oppositionelle aus dem Exil zurück. Vittorio Emanuele Orlando biederte sich bei Mussolini in einem Brief an, in dem es hieß: „Exzellenz! Im gegenwärtigen Augenblick muss jeder Italiener bereit sein, zu dienen. Falls meine Arbeit, als reine Dienstbarkeit verstanden, von Nutzen sein kann, stehe ich Eurer Exzellenz zur Verfügung."[56]

Es gelang indessen nicht, Äthiopien völlig zu unterwerfen. Die Partisanen kontrollierten weiterhin die schwer zugänglichen Bergregionen und Wüstengebiete. Um die Widerstandsbewegung zu zerschlagen, führten Abteilungen der Schwarzhemden immer wieder „Strafexpeditionen" durch. Nach einem erfolglosen Attentat gegen seine Person ließ Marschall Graziani, Generalgouverneur von Italienisch Ostafrika und Vizekönig von Abessinien, am 19. Februar 1937 allein in der Hauptstadt 30.000 Menschen ermorden. Weitere Tausende und Abertausende fielen dem Terror im ganzen Land zum Opfer. Unzählige sperrte das Kolonialregime in Konzentrationslager, wo die meisten elendiglich zugrunde gingen. Insgesamt kamen unter der faschistischen Herrschaft etwa 400.000 Äthiopier ums Leben.[57]

5. Hitlers Vorbild

Als Berlusconi nach seinem Wahlsieg im Frühjahr 1994 zum ersten Mal die faschistische Alleanza Nazionale in die Regierung aufnahm, frohlockte die „FAZ", damit sei ein „Tabu des Vergangenheitserbes" gebrochen worden, was nichts anderes heißen sollte, als dass der Faschismus rehabilitiert ist. Italien sei „Avantgarde" und die Aufnahme der Faschisten in eine Nachkriegsregierung werde „Auswirkungen im ganzen ‚westlichen' Europa" haben.[58] Die „Zeitung für Deutschland" versuchte zielgerichtet, an die internationale Vorreiterrolle anzuknüpfen, die Italien bereits in den 20ern und bis in die 30er Jahre hinein gespielt hatte. Das frühzeitige Entstehen der faschistischen Bewegung und ihr Machtantritt in Rom wirkten sich auf das 1920 in Ungarn an die Macht kommende Horty-Regime und in Bulgarien 1923 auf die Etablierung der Zankow-Diktatur ebenso aus wie 1926 auf die Errichtung der militärfaschistischen Diktatur unter General Carmona de Fragoso in Portugal. Die Putschpläne Francos wurden 1936 unter Leitung italienischer und deutscher Militärs und der Nutzung der militärischen Erfahrungen vor allem der Mussolini-Faschisten ausgearbeitet. Besonders nachhaltig aber wirkten sich Beispiel und Erfahrungen des römischen Faschismus auf die Formierung des deutschen unter Hitler bis zu dessen Machtantritt in Deutschland aus. Das zeigte sich im direkten Einfluss der „Führerpersönlichkeit" Mussolinis auf Hitler, im Entstehen der Strukturen der Bewegung und ihrer Kampfmethoden, besonders der sozialen Demagogie und des Terrors, bis hin zur Haltung führender Kreise des Industrie- und Finanzkapitals, die beeindruckte, wie es dem Duce gelang, dem italienischen Imperialismus in Gestalt der faschistischen Bewegung eine Massenbasis zu verschaffen, über die er vorher nie verfügt hatte.

Hitler nannte seine SA wörtlich nach den von Mussolini geschaffenen Squadre d'Azione, den Sturmabteilungen. Er übernahm den von Mussolini erfundenen Führertitel „Duce" und den „römischen Gruß", mit dem sich dieser mit erhobenem rechten Arm grüßen ließ. Ein unwesentlicher Unterschied bestand in dieser Zeit nur in der Farbe der Uniformhemden, die bei den italienischen Faschisten schwarz war, bei den deutschen braun. „Das Braunhemd", so räumte Hitler in seinen „Monologen im Führerhauptquartier" noch 1941 ein, zu einem Zeitpunkt, da sich das Verhältnis zum Duce schon arg verschlechtert hatte, „wäre vielleicht nicht entstanden ohne das Schwarzhemd", Er gestand ebenso, dass Mussolini einmal für ihn „eine ganz große Persönlichkeit" darstellte.[59]

Ein Bericht der Münchener Polizei vermerkte, durch Mussolinis Machtergreifung habe die NSDAP „eine besondere Schwerkraft erlangt." Es gab in Deutschland keine andere Partei, die der Mussolini-Partei in allen Belangen in gleicher Weise entsprochen hätte wie die NSDAP. Nach dem „Marsch auf Rom" begann die Mehrheit der deutschen Kapitalkreise, die bis dahin dazu geneigt hatte, gestützt auf die Rechtsparteien und die militaristischen Verbände wie den Stahlhelm die Monarchie wieder zu errichten, sich auf eine andere Erfolg versprechende Möglichkeit hin zu orientieren - auf eine bürgerliche Partei faschistischen Typs, wie sie Hitler im Begriff war aufzubauen.[60] Nach dem erfolgreichen Marsch auf Rom begannen dann Ruhrschwerindustrielle um Thyssen und Stinnes, Hitler und Ludendorff finanziell kräftig zu unterstützen, damit es diesen gelinge, an der Spitze der bayrischen Reaktion nach dem Vorbild Mussolinis einen ebenso erfolgreichen „Marsch auf Berlin" durchzuführen. Thyssen äußerte bereits im September 1923, es müsse „ein Diktator gefunden werden, ausgestattet mit der Macht, alles zu tun, was nötig ist." Nach dem kläglichen Scheitern von Hitlers Novemberputsch 1923 orientierten sich die führenden Kreise des deutschen Kapitals, auch hier in Auswertung der römischen Kombination von Putsch mit anschließender „legaler" Machtübergabe 1922 dahingehend, Hitler auf einem ähnlichen Weg an die Macht zu verhelfen, wobei der Schwerpunkt auf den SA-Terror zur Zerschlagung der Arbeiterbewegung gelegt wurde.[61] Hitler und die deutschen Faschisten konnten, als sie dann 1933 an die Macht kamen, nicht nur auf ein Jahrzehnt Erfahrungen der Mussolini-Diktatur zurückgreifen, sondern auch deren Schwächen und Fehler auswerten.

Hitlers Bewunderung für den Duce als Wegbereiter des Faschismus in Deutschland und anderen Ländern Europas ließ nach der eigenen Machtergreifung merklich nach. Obwohl als Diktator ein Jahrzehnt älter, musste sich Mussolini schon bald mit der Rolle des Juniorpartners begnügen. Trotz Achsenbündnis, öffentlicher Freundschaftsbeteuerungen und propagierter Lebens- und Schicksalsgemeinschaft prägten zunehmend deutsche Arroganz und Verachtung die Haltung gegenüber

Italien. In der Südtirolfrage kam es zu Auseinandersetzungen, wie auch bei den Kriegszielen auf dem Balkan, im Nahen Osten und in Nordafrika. Nach dem Scheitern des italienischen Überfalls auf Griechenland im Oktober 1940 zeigte sich, dass Italien seine Expansionsziele nur noch mit deutscher Hilfe in Angriff nehmen konnte. Mussolini musste seine Pläne den deutschen unterordnen, wobei sich Hitlerdeutschland die günstige strategische Lage Italiens als Sprungbrett für seine eigenen Kriegsziele auf dem Balkan, in Nordafrika und im Nahen Osten zunutze machte. Zu Spannungen führte auch, dass in Ideologie und Politik Mussolinis zunächst Rassismus, Antisemitismus und Judenverfolgung keine so barbarische Rolle spielten. Die hitlerfaschistischen Rassengesetze übernahm Rom unter dem Druck Berlins erst 1938. Auch dann erreichte die Judenverfolgung nicht das unmenschliche Ausmaß wie in Deutschland. Die so genannte „Endlösung" begann erst 1943 nach der Okkupation Italiens durch die Hitlerwehrmacht.

Derartige Unterschiede des italienischen gegenüber dem deutschen Faschismus, die in gewisser Weise auch im Grad der Unterdrückung oder in den begrenzten Aggressionszielen zum Ausdruck kamen, änderten indessen nichts am Klassencharakter des Faschismus als solchen. Sie ergaben sich wesentlich daraus, dass der wirtschaftlich und militärisch schwächere römische Imperialismus dem raffinierteren, rücksichtsloseren und in Aggressionskriegen erfahreneren deutschen unterlegen war.

6. Palastrevolte stürzt Mussolini

Am 25. Juli 1943 wurde Mussolini in Rom von denselben führenden imperialistischen Kreisen (Großkapital, Großagrarier, Militärs, Monarchie) und dem Vatikan, die ihn 1922 an die Macht gebracht hatten, in einer Palastrevolte gestürzt. Dass Mussolini 1922 einen Kompromiss mit dem König eingegangen war und die Monarchie nicht beseitigt hatte, wurde nun zu einem Faktor seines Sturzes. Der Putsch begann am Nachmittag des 24. Juli 1943 auf einer Sitzung des faschistischen

Großrates, die bis in die Morgenstunden des folgenden Tages andauerte. An der Spitze standen im Gran Consiglio Mussolinis Schwiegersohn, Graf Galeazzo Ciano (seit 1926 Außenminister, im Februar 1943 jedoch abgesetzt), sowie Dino Grandi, die seit Ende 1942 in Verbindung mit führenden Kreisen des Großkapitals und dem Vatikan standen.

Der Gran Consiglio forderte den Duce auf, angesichts der katastrophalen militärischen Niederlagen den Oberbefehl über die Streitkräfte abzugeben und als Ministerpräsident zurückzutreten. Von den anwesenden 28 Mitgliedern des Rates stimmten 19 für den Beschluss, sieben dagegen, eines enthielt sich.[62] Zu weiteren Entscheidungen kam es in Gegenwart Mussolinis nicht. Die Mehrheit des Rates war jedoch der Meinung, es sei an der Zeit, sich des Diktators überhaupt zu entledigen, was mit der Illusion verbunden war, die Krise auf diese Weise lösen zu können. Ziel war, die faschistische Diktatur in ein autoritär-reaktionäres, auf Monarchie und Militär gestütztes Regime umzuwandeln.

Um die Ausschaltung des Duce militärisch abzusichern, leitete der an der Revolte beteiligte Chef des Generalstabes, Vittorio Ambrosio, umfangreiche Maßnahmen ein, da man seitens der faschistischen Partei, ihrer Miliz und besonders der so genannten Division „M" - eines Panzerverbandes, den der Reichsführer SS, Heinrich Himmler, für Mussolini aufgestellt hatte - Widerstand erwartete. Ambrosio unterstellte die Division dem Generalstab und kommandierte sie zu einer Übung außerhalb der Hauptstadt ab. Auch die Parteimilizen setzte er in die Umgebung von Rom in Marsch. Im Gegensatz dazu alarmierte er die Heeresdivision Piave und ließ sie vor den Toren der Hauptstadt Stellung beziehen.

Am 25. Juli um 17 Uhr empfing Vittorio Emanuele III. Mussolini zur Audienz in seinem Palast auf dem Quirinal und autorisierte die Entscheidungen des Großrates. Mussolini wähnte sich als Führer der Partei weiterhin an den entscheidenden Machthebeln und fügte sich. Beim Verlassen des Quirinals erwartete ihn ein Hauptmann der Carabinieri und bat ihn unter dem Vorwand der besseren Sicherung seines Schutzes bei möglichen Unruhen, in einen Krankenwagen zu steigen.

Von diesem Augenblick an war der Diktator verhaftet und landete nach verschiedenen Zwischenaufenthalten in einem Kurhotel auf dem etwa 150 Kilometer nordöstlich von Rom liegenden, 2.914 Meter hohen Gran Sasso in den Abruzzen.[63]

Knapp fünf Stunden nach der Verhaftung Mussolinis gab der Rundfunk bekannt, dass der König den Oberbefehl über alle bewaffneten Kräfte übernommen und Marschall Badoglio mit der Bildung einer Militärregierung mit „allen Vollmachten" beauftragt habe. Entgegen den Befürchtungen der Verschwörer regte sich seitens der faschistischen Partei und ihrer Gliederungen keinerlei Widerstand gegen die Entmachtung des Duce. Sein Sturz wurde von der Bevölkerung jubelnd begrüßt. In einigen Großstädten des Nordens stürmten Gegner des Regimes faschistische Parteisitze und Zeitungsredaktionen, in Turin das deutsche Konsulat. Während die Insignien der Mussolini-Diktatur beseitigt wurden, gab es kaum Racheakte gegenüber faschistischen Funktionären. Unüberhörbar aber wurde der Ruf nach Freilassung der politischen Gefangenen laut. Eine beträchtliche Zahl faschistischer Parteigrößen floh nach Deutschland. Sie bildeten nach der Okkupation Italiens durch die Wehrmacht mit Mussolini an der Spitze den Stab der Salò-Republik. Von der Freilassung der politischen Gefangenen suchte Badoglio zunächst „Kommunisten und Anarchisten auszuschließen", Erst als Gewerkschafter, Kommunisten und Sozialisten dagegen mit einem Generalstreik drohten, wurden die Beschränkungen Mitte August aufgehoben.

Zur außenpolitischen Position seiner Regierung erklärte Badoglio, dass „der Krieg fortgesetzt" werde. Es zeigte sich jedoch schon bald, dass damit die Deutschen beruhigt werden sollten. Während der italienische Generalstabschef, General Roatta, bei einem Treffen dem Befehlshaber der deutschen Truppen in Italien, Feldmarschall Rommel, am 15. August der „Treue Italiens zu Deutschland" versicherte, traf vier Tage später General Castellano in der britischen Botschaft in Lissabon mit dem amerikanischen General Walter Bedell Smith zusammen, der ihm im Auftrag des angloamerikanischen Oberkommandierenden im Mittelmeerraum, General Eisenhower, den Text des Waffenstillstandsabkommens übergab. Als Bedingung war darin die „italienische

Zusammenarbeit mit den Alliierten im Kampf gegen die Deutschen" festgelegt. Am 31. August traf Castellano dann beim angloamerikanischen Kommando in Casibile auf Sizilien zur Aufnahme der geheimen Waffenstillstandsverhandlungen ein.[64] Im Ergebnis der Verhandlungen brach Italien mit der faschistischen Achse und trat auf die Seite der Antihitlerkoalition über, ein Vorgang, der im angloamerikanischen Einflussbereich ohnegleichen in der Geschichte des Zweiten Weltkrieges blieb. Nach dem am 3. September mit General Eisenhower unterzeichneten Waffenstillstand schieden die Hauptkräfte des italienischen Imperialismus aus dem Krieg aus. Das waren im militärischen Bereich 3,5 Millionen Soldaten. Am 13. Oktober 1943 folgte die Kriegserklärung an Hitlerdeutschland: Ein Ereignis, welches das Kräfteverhältnis im Mittelmeerraum erheblich zugunsten der Antihitlerkoalition veränderte und den seit September im Süden Italiens operierenden angloamerikanischen Verbänden die Möglichkeit eines raschen Vorrückens eröffnete.[65]

Es waren vor allem zwei Ereignisse, die zum offenen Ausbruch der Krise des faschistischen Regimes geführt hatten. Zum einen die vernichtenden Niederlagen der Hitlerwehrmacht bei Stalingrad und Kursk-Belgorod, die das Scheitern der deutschen Aggressionspläne offen sichtbar werden ließen; zum anderen der durch diese Niederlagen begünstigte Sieg der angloamerikanischen Truppen in Nordafrika sowie die folgende Landung der alliierten Verbände auf Sizilien. Die in dieser Lage inszenierte Palastrevolte spiegelte den Realitätssinn der herrschenden Kreise Italiens wider, die über 20 Jahre Träger der faschistischen Diktatur waren, aber nun angesichts der sich abzeichnenden Niederlage der faschistischen Achse sich in diese nicht hineinziehen lassen wollten. Selbst Mussolini äußerte im internen Kreis bereits 1942 Zweifel am Sieg Hitlers und fragte, ob er bei seiner Bindung an ihn „nicht auf die falsche Karte gesetzt" habe.[66] Gleichzeitig war ein ebenso wichtiges Moment des Handelns dieser Kräfte die Furcht vor einem Volksaufstand, der das faschistische Regime stürzen und eine antifaschistische Volksregierung hätte an die Macht bringen können. Wie die Ereignisse zeigten, wurden diese Ängste voll von den angloamerikanischen Alliierten geteilt.

Die Befürchtungen resultierten zum anderen daraus, dass die entscheidende innere Triebkraft des Prozesses, der zur Krise des faschistischen Regimes und zum Sturz Mussolinis führte, die italienische Arbeiterklasse mit einer kommunistischen Partei an der Spitze war, die sich seit der Matteotti-Krise zur kämpferischen führenden Kraft entwickelt hatte. Dazu trug ferner bei, dass die ISP noch über gewisse revolutionäre Potenziale verfügte und bereits 1934 mit der IKP ein Aktionseinheitsabkommen auf der Grundlage antifaschistischer und antiimperialistischer Positionen geschlossen hatte. Die Politik der IKP zeichnete sich durch zunehmenden Masseneinfluss aus und war auf die Zusammenarbeit mit allen antifaschistischen Kräften der Nation gerichtet. Obwohl nahezu alle antifaschistischen Aktionen auf ihre Initiative zurückgingen, postulierte sie keinen Führungsanspruch. In ihrer Bündnispolitik vermied sie den Komintern-Begriff der Volksfront und sprach stattdessen von der antifaschistischen Einheit aller nationalen Kräfte.

Erste Grundlagen dazu hatte bereits Gramsci gelegt, der sich frühzeitig gegen das Linkssektierertum gewandt, die nationalen Besonderheiten in der Strategie der Kommunisten betont, die auf dem VI. KI-Kongress aufgestellte Sozialfaschismusthese abgelehnt[67] und die Sozialdemokratie als Teil der Arbeiterbewegung anerkannt hatte. Das ermöglichte 1934 das Aktionseinheitsabkommen mit den Sozialisten, das 1937 erneuert und erweitert wurde. Das einheitliche Handeln der Arbeiterparteien zog erhebliche kleinbürgerliche Schichten sowie Angehörige der Intelligenz auf ihre Seite und beeinflusste die Haltung des bürgerlichen Lagers, einschließlich der herrschenden Kreise des Landes. Über mehrere Stadien entstand im Herbst 1942 ein Komitee der verschiedenen antifaschistischen Strömungen,[68] das sich nach dem Sturz Mussolinis zum Komitee der nationalen Befreiung (CLN) konstituierte, dem Vertreter der fünf Oppositionsparteien (IKP, ISP, PdA,[69] DC und PLI) angehörten.[70] Vom wachsenden Einfluss der Kommunisten zeugten die ersten großen Antikriegsstreiks im März 1943, die in der Industriemetropole Turin, dem Sitz des FIAT-Konzerns und damit des größten Kriegsproduzenten, begannen und auf andere Städte übergriffen.

Bei aller klassenmäßigen Begrenztheit wurde das Zustandekommen eines breiten antifaschistischen nationalen Bündnisses durch eine bedeutend stärker als in Deutschland entwickelte bürgerliche Demokratie begünstigt, die im Risorgimento, der von den Volksmassen zuletzt mit Garibaldi an der Spitze getragenen nationalen Bewegung, geboren wurde. Im Ergebnis dieser im Wesentlichen siegreichen bürgerlichen Revolution[71] entstand zwar auch in Italien keine Demokratische Republik, sondern eine konstitutionelle Monarchie, jedoch ohne die für Deutschland charakteristischen Auswüchse des Halbabsolutismus und preußischen Militarismus mit ihren verhängnisvollen, den Machtantritt und die Herrschaft des Faschismus unvergleichlich stärker als in Italien begünstigenden Auswirkungen. Ausdruck dieses Demokratieverständnisses war zum Beispiel, dass sich in Italien im Gegensatz zu Deutschland nach dem Machtantritt Mussolinis ein bürgerliches antifaschistisches Lager mit Vertretern der 1926 verbotenen, aber in einigen Strukturen illegal weiterbestehenden katholischen Volkspartei an der Spitze zu formieren begann, deren Exponent Alcide De Gasperi wurde. Als Konrad Adenauer 1929 als Kölner Oberbürgermeister Mussolini überschwänglich zu den Lateranverträgen, die den Faschismus stabilisierten, beglückwünschte („Der Name Mussolini wird in goldenen Buchstaben in die Geschichte der katholischen Kirche eingetragen"),[72] hatte der Diktator De Gasperi bereits zu vier Jahren Kerker verurteilt. Während Adenauer nach 1933 friedlich seine ihm von den Faschisten gewährte Pension verzehrte und das Hitlerregime tolerierte, kehrte De Gasperi nach Verbüßung seiner Zuchthausstrafe in die antifaschistische Opposition zurück.

Bereits im Vorfeld der Niederlage der Wehrmacht bei Stalingrad nahm Marschall Badoglio, der sich 1940 gegen den Kriegseintritt Italiens ausgesprochen und als Generalstabschef des Heeres zurückgetreten war, Kontakte zu oppositionellen Katholiken der verbotenen Volkspartei auf, die ihre Wiedergründung als Democrazia Cristiana vorbereitete. In Mailand traf Badoglio im Oktober 1942 in der Wohnung des Schwerindustriellen Enrico Falck, König der italienischen Eisen- und Stahlindustrie, mit führenden Christdemokraten, unter ihnen De Gasperi, Achille Grandi und Giovanni Gronchi, zusammen, um ein Ausscheiden Italiens aus der faschistischen Achse zu erörtern.[73] Ciano nahm über führende Industrie- und Finanzkreise Kontakte zu den

Amerikanern und Briten sowie zum Vatikan auf, um deren Haltung zu einer Neutralisierung Italiens zu sondieren. Aus dem Tagebuch Cianos ist zu entnehmen, dass neben Pirelli auch Guido Donegani, der Präsident der Montedison (des größten Bergbau- und Chemiekonzerns) zu den Wortführern der Großindustriellen gehörte, die „ihre Fühler nach Washington und London ausstreckten" und mit Hitler brechen wollten.[74]

Ciano hatte auch die Zustimmung des Vatikans eingeholt, ohne den, wie 1922 der Machtantritt Mussolinis, 1943 auch sein Sturz nicht hätte stattfinden können. Monsignore Giovanni Battista Montini, der spätere Papst Paul VI., hatte signalisiert, dass der Vatikan ganz zur Verfügung stehe, wenn es gelte, „zugunsten des Landes" und zur Beibehaltung der „inneren Ordnung" zu handeln. Was unter Beibehaltung der „inneren Ordnung" zu verstehen war, beschrieb die amerikanische Zeitschrift „Life" später so: Den Organisatoren der Palastrevolte ging es darum, „sich von Mussolini und den Deutschfreundlichen zu befreien, das System aber zu erhalten." Als Köpfe der Verschwörung nannte „Life" neben den bereits erwähnten Personen auch Giuseppe Volpi, den Finanzgewaltigen von der Banca Comerciale, denen es um „einen Wandel vom prodeutschen zum proalliierten Faschismus" ging.[75] Nicht zuletzt deshalb wurde nach dem Sturz Mussolinis Badoglio, der Schlächter von Abessinien, Regierungschef, der für diese Linie der Machterhaltung der geeignete Repräsentant schien.

Kapitel II:
Die Resistenza

1. Hitlerdeutschland okkupiert Italien

Nach dem Sturz Mussolinis begann der deutsche Generalstab unverzüglich, die Besetzung Nord- und Mittelitaliens vorzubereiten, die dann nach Bekanntgabe des Waffenstillstands fünf Tage später, am 8. September erfolgte. 30 Heeresdivisionen wurden dazu eingesetzt. Zunächst gab es, wie Goebbels in seinem Tagebuch festhielt, die Absicht, Norditalien dem „großdeutschen Reich" einzuverleiben und die Reichsgrenze bis nach Venetien vorzuschieben.[76] Hitler „begnügte" sich dann mit der Okkupation, um dem im Oktober unter Mussolini als Repùbblica Sociale Italiano (RSI) installierten Marionettenregime den Anschein einer Fortexistenz des Bündnisses zu geben. Im Rahmen des Überfalls der Wehrmacht sollte in Rom auch ein Staatsstreich die Regierung Badoglio stürzen, der wegen italienischer Gegenmaßnahmen aber nicht stattfand. Erfolgreich verlief am 12. September die Aktion Sturmbannführer Skorzenys, der den gefangen gehaltenen Mussolini vom Gran Sasso holte und nach Deutschland brachte.

Trotzdem hielten Goebbels und führende Hitler-Militärs nach dem Sturz Mussolinis an weit reichenden Konsequenzen gegenüber Italien fest. Nach Kriegsende sollte, wie Generalleutnant Glaise von Horstenau in seinen Erinnerungen über ein Gespräch mit dem 1946 als Kriegsverbrecher hingerichteten Chef des OKW, Feldmarschall Keitel, notierte, „dieser lächerliche, aufgeblasene italienische Imperialismus (...) liquidiert" werden. In Hitlers Umgebung wurde offen davon gesprochen, dass Europa nach dem Sieg von „Deutschland beherrscht" wird, die besiegten Länder „waschechte Kolonien" werden, die Bündnisstaaten „konföderierte Provinzen", Selbst Mussolini wurde als Regierungschef der RSI bereits wie eine Marionette behandelt und von den Hitler-Größen intern als „Gauleiter von Italien" tituliert.[77] Angesichts dieses auch nach außen sichtbaren Status der RSI waren nicht einmal die faschistischen Regimes in Spanien und Portugal bereit, sie anzuerkennen. Auch der Vatikan verzichtete darauf, einen Nuntius zu entsenden.

Nach Beginn der Okkupation konstituierte sich am 9. September das Komitee der antifaschistischen Strömungen zum Nationalen Befreiungskomitee (Comitato di Liberazione Nazionale) und rief alle Italiener zum Kampf gegen den Faschismus für ein freies Italien auf.[78] Der Appell formulierte bereits die Stoßrichtung gegen Hitlerdeutschland als Besatzungsregime mit der Losung: „Heute gibt es für die Italiener nur noch eine Front: Gegen die Deutschen und gegen die fünfte faschistische Kolonne. Zu den Waffen!"[79] Nach dem Aufruf entstanden erste Partisanen-Einheiten. Starken Widerhall fand der Appell als erstes unter Soldaten und Offizieren der Streitkräfte, was die Hitlerwehrmacht völlig überraschte, denn unter ihren führenden Militärs galten die Italiener als „keine echten Soldaten" (Hitler) und „kein Kriegsvolk" (Rommel).[80] Etwa 200.000 Mann, darunter Teile einer Armee und über zehn Divisionen, leisteten ihrer Entwaffnung in Italien sowie auf dem Balkan und auf Korsika zum Teil über zwei Monate erbitterten Widerstand. Diese Gegenwehr erfolgte durchweg auf Initiative der zuständigen Kommandeure, denn der König als Oberbefehlshaber und die Regierung Badoglio flohen am 9. September aus Rom zu den Alliierten, die bei Salerno und Taranto am Vortage eine Landeoperation begonnen hatten, und überließen die Armee ohne klare Befehle ihrem Schicksal. Viele italienische Kommandeure rechneten mit der Unterstützung der Angloamerikaner, da Eisenhower General Castellano den Einsatz eines Luftwaffenverbandes bei Rom zugesagt hatte. Im Vertrauen darauf eröffneten im Gebiet der Hauptstadt vier Divisionen die Kampfhandlungen gegen die Hitlerwehrmacht. Ihr Korpskommandeur, General Carboni, folgte einem Vorschlag des IKP-Vorsitzenden Longo und ließ Waffen an Freiwillige ausgeben, die zusammen mit der Division Granatieri bereits am 8. September an der Porta San Paolo im Stadtzentrum ins Gefecht zogen. General Carboni wartete jedoch vergebens auf die zugesagte Luftlandeoperation. General Eisenhower brach sein Wort, das er bei der Bekanntgabe des Waffenstillstandes über Radio gegeben hatte. „Alle Italiener, die dazu beitragen, den deutschen Angreifer vom italienischen Boden zu vertreiben, werden die Hilfe der Vereinten Nationen (damals die Alliierten) erhalten." Angesichts der Übermacht der deutschen Truppen stellten die Italiener bei Rom den Kampf nach vier Tagen ein.[81]

Der Widerstand zahlreicher Offiziere und Soldaten gegen die deutsche Okkupation und ihr Übertritt auf die Seite der Resistenza offenbarten, dass es Mussolini nicht gelungen war, sich mit der königlichen Armee und der Militärführung ein mit der Hitlerwehrmacht vergleichbares, willfähriges und bedingungslos dem Kadavergehorsam unterworfenes Instrument zu schaffen. Die gegenüber den italienischen Soldaten und Offizieren eingenommene Herrenmenschenposition der Hitlerfaschisten und ihrer Wehrmacht führte nach Mussolinis Sturz und dem Einfall der deutschen Truppen am 8. September, verbunden mit der Aufforderung an die Italiener, die Waffen niederzulegen und sich gefangenzugeben, zu einem eruptiven Ausbruch der immer latent vorhanden gewesenen antideutschen Ressentiments.

Dazu hatte auch beigetragen, dass das Oberkommando der Wehrmacht das italienische Hilfskorps an der Ostfront rücksichtslos verheizt hatte, um die eigenen Verluste zu begrenzen. Dieses Truppenkontingent hatte der Duce Hitler zu Beginn der Aggression gegen die UdSSR zur Verfügung gestellt. Zunächst aus drei Elitedivisionen bestehend, war das Korps im Sommer 1942 zur VIII. Armee, der Armata Italiana in Russia (ARMIR), auf etwa 230.000 Mann aufgestockt worden, um die schweren deutschen Verluste in der Schlacht vor Moskau auszugleichen. Zusammen mit den Satelliten-Verbänden aus Ungarn und Rumänien hatte die ARMIR im Bestand der Heeresgruppe B am Don einen 270 Kilometer breiten Frontabschnitt zu halten. An dem für ihre Personalstärke viel zu breiten Abschnitt traf sie die volle Wucht der im November 1942 einsetzenden sowjetischen Gegenoffensive. Als die Reste der von Paulus befehligten 6. deutschen Armee zwischen dem

31. Januar und dem 2. Februar 1943 im Kessel von Stalingrad kapitulierten, existierte auch die ARMIR schon nicht mehr. Ihre Divisionen waren zwischen dem 11. und 22. Dezember bei eisiger Kälte in die verschneite Donezsteppe getrieben, dort eingekesselt und größtenteils vernichtet worden. Nur einige tausend Mann kehrten nach Italien zurück.

Neben der katastrophalen Niederlage wirkten jedoch fast noch mehr die Nachrichten, die vom Verhalten der Wehrmacht gegenüber den italienischen Soldaten nach Italien drangen. Selbst ein Bericht des italienischen Generalstabes befasste sich damit. Er besagte, dass die Wehrmacht die Italiener während des schrecklichen Rückzuges in der verschneiten Steppe erbarmungslos ihrem Schicksal überließ. Es hieß, dass die deutschen „Verbündeten", den Italienern „stets jegliche Hilfe versagten, sich aller verfügbaren Kraftfahrzeuge bemächtigten, unsere Verwundeten ohne Transportmittel, ohne Nahrungsmittel und ohne erforderliche Versorgung zurückließen".[82] Der Bericht, der unter Soldaten und Offizieren bekannt wurde, steigerte die latent vorhandenen antideutschen Ressentiments zum regelrechten Hass auf die deutschen „Verbündeten" und gab antifaschistischen Stimmungen Auftrieb. Der verlorengegangene Mythos von der „Unbesiegbarkeit" der Hitlerwehrmacht führte unter den Trägern der faschistischen Diktatur Italiens zu ersten Erkenntnissen, dass der Krieg nicht mehr zu gewinnen war.

2. Rommels blutige Rache

Mit einer Landung bei Rom hätte sich das alliierte Kommando eine Operationsbasis für ein rasches Vordringen schaffen können. General Alexander, dem Befehlshaber der angloamerikanischen Truppen, wäre es möglich gewesen, seine Operationen mit denen der Partisanenarmee Titos zu koordinieren und quer durch die Tschechoslowakei nach Deutschland vorzudringen. Die Aliierten hätten so bedeutend früher als nach der Landung in der Normandie, die erst Anfang Juni 1944 erfolgte, deutsches Territorium erreichen können. Statt dessen begannen sie ihre Operationen am 8. September auf dem südlichen Festland bei Taranto und Salerno.

Der Haltung der Alliierten, die nicht frei von Widersprüchen war (beispielsweise die Gegensätze zwischen Roosevelt und Churchill) lagen vor allem folgende Motive zugrunde: Die UdSSR sollte in der gewaltigen militärischen Auseinandersetzung mit Deutschland weiter ausbluten, Italien als Mittelmeermacht ausgeschaltet und ein abhängiger Staat werden. Schließlich ging es darum, zu verhindern, dass die italienischen Kommunisten und Sozialisten Einfluss auf die Streitkräfte erhielten, so wie später versucht wurde, die Operationen der vor allem von ihnen maßgeblich geführten kampfstarken Partisanenverbände zu behindern und auch regelrecht zu sabotieren.

Die Untätigkeit Eisenhowers ermöglichte der Hitlerwehrmacht, nach der Besetzung Nord- und Mittelitaliens nahezu ungestört südlich von Rom durch das Apenninengebirge mit der strategisch bedeutsamen Stellung auf dem 519 Meter hohen Monte Casino eine Abwehrfront aufzubauen, die dann alliierte Truppen monatelang unter schweren Verlusten zu stürmen versuchten. Erst nach der Einnahme Monte Casinos durch polnische Verbände unter General Wladyslaw Anders am 18. Mai 1944 konnten die 5. amerikanische und die 8. britische Armee auf Rom vorstoßen und es am 4. Juni 1944 einnehmen.

Der Preis der Strategie Eisenhowers war nicht nur der Verlust eines beträchtlichen Teils der 3,5 Millionen Mann starken italienischen Streitkräfte, die von der Wehrmacht entwaffnet wurden, sondern auch, dass hunderttausende italienische Soldaten ihren Widerstand gegen die Okkupation mit dem Tod oder der Deportation nach Deutschland bezahlten. In Italien wurden 11.400 gefangene Soldaten und Offiziere ermordet, auf dem Balkan Tausende umgebracht. Allein auf der griechischen Insel Keffalenia, wo die Italiener sich sieben Tage in erbitterten Kämpfen der Entwaffnung widersetzten, metzelte die Wehrmacht über 4.000 Gefangene nieder. Fast 5.000 waren vorher in den Gefechten gefallen. Zusammen mit Feldmarschall Kesselring, dem Oberbefehlshaber im Mittelmeerraum, organisierte Feldmarschall Rommel, Befehlshaber der Heeresgruppe B in Italien, die blutigen Massaker. Kesselring befahl gegenüber den früheren Verbündeten „rücksichtsloses

Vorgehen" und „gegen Verräter keine Schonung", Ein britisches Militärgericht verurteilte ihn nach dem Krieg unter anderem wegen der Kriegsverbrechen in Italien.[83]

Rommel, der noch heute auf der Traditionsliste der Bundeswehr steht und dessen Namen eine Kaserne in Augustendorf trägt, stand Kesselring in nichts nach. Er, von dem Goebbels sagte, „kaum ein General ist so durchdrungen von der Wichtigkeit des Propagandaeinsatzes", unterschrieb eine kriegsverbrecherische Weisung folgenden Inhalts: „Irgendwelche sentimentalen Hemmungen des deutschen Soldaten gegenüber Badogliohörigen Banden in der Uniform des ehemaligen Waffenkameraden sind völlig unangebracht. Wer von diesen gegen den deutschen Soldaten kämpft, hat jedes Anrecht auf Schonung verloren und ist mit der Härte zu behandeln, die dem Gesindel gebührt, das plötzlich seine Waffen gegen seinen Freund wendet. Diese Auffassung muss beschleunigt Allgemeingut aller deutschen Truppen werden."[84] Gerhard Schreiber, einer der renommiertesten deutschen Militärhistoriker, schildert, wie Rommels Weisung „Allgemeingut" der deutschen Truppen wurde. Aus der Vielzahl der Beispiele sei das Schicksal des Kommandeurs der Division Perugia, General Ernesto Chiminello, und 120 seiner Offiziere angeführt, die alle, nachdem sie den Kampf eingestellt hatten, umgebracht wurden. Nach Augenzeugenberichten enthauptete man zahlreiche Offiziere vor versammelter Truppe. Der vom Körper getrennte Kopf des Generals wurde wie eine „blutige Trophäe" zur Schau gestellt. 60 der ermordeten Offiziere seien in Säcke eingenäht und im Meer versenkt worden. Schreiber hält fest, dass „die Erschießung kriegsgefangener Offiziere sich nur als Mord bezeichnen lässt" und es sich „stets und zweifelsfrei um ein Verbrechen" handelte. Er verweist auf den internationalen Militärgerichtshof in Nürnberg, der feststellte, die italienischen Truppen, die sich der Entwaffnung durch die Wehrmacht widersetzten, „erfüllten hinsichtlich ihres Status als Kriegführende alle Bedingungen der Haager Konvention",[85] Als sich die über 600.000 in Gefangenschaft nach Deutschland verbrachten italienischen Soldaten überwiegend weigerten, in der Salò-Republik an der Seite der Wehrmacht weiter zu kämpfen, wurden 30.000 von ihnen umgebracht und über 60.000 in Konzentrationslager verschleppt.[86]

3. Das Marionettenregime der Salò-Republik

Schon einen Tag nach Beginn der Okkupation Italiens, in der Nacht zum 9. September, riefen die nach Deutschland geflohenen Parteigänger Mussolinis die Bildung einer „faschistischen nationalen Regierung" aus. Die von Hitler inszenierte Proklamation erfolgte in Erwartung der Ankunft Mussolinis, der drei Tage nach seiner Befreiung auf dem Gran Sasso in Deutschland eintraf. Am 15. September verkündete Mussolini zunächst nur die Neukonstituierung seiner Partei als eine faschistisch-republikanische. Am 23. September kehrte er in das von der Wehrmacht besetzte Italien zurück und bildete seine neue Regierung. Erst einen Monat später, am 25. Oktober, erfolgte die Proklamation des faschistischen Rumpfstaates als Repùbblica Sociale Italiano. Die späte Installierung war auf die erwähnten Meinungsverschiedenheiten der faschistischen Führung in Berlin zurückzuführen, ob Restitalien überhaupt als so genannter Staat weiterexistieren oder direkt deutsches Protektorat werden sollte. Die Pseudorepublik existierte dann als ein reines Marionettenregime, völlig der Herrschaft Hitlerdeutschlands unterworfen. Mussolini und der Rest seiner Salò-Faschisten ordneten sich diesem Regime trotz der ihnen bekanntermaßen zugewiesenen „minderwertigen" Rolle widerspruchslos unter. In der Außenpolitik, in militärischen Fragen, der Wirtschaft und selbst der Verwaltung hatte Mussolini keinerlei Entscheidungsbefugnisse, noch nicht einmal ein Mitspracherecht. Wichtige Operationsgebiete im Nordosten waren von Anfang an direkt den Gauleitern Hitlers in Kärnten und Tirol unterstellt.

Mit einem auf dem Kongress der als Partito Fascista Repùbblicano wieder hergestellten Partei im November 1943 in Verona angenommenen Programm versuchte Mussolini, seinem Regime eine politisch-ideologische Grundlage zu verschaffen. Mit dem Programm sollte anknüpfend an die Ansätze des „linken Faschismus" von 1919 besonders die soziale Demagogie neu belebt werden, so durch die „Kampfansage (...) an die Plutokratien der Welt", die Verkündung der Abschaffung des Kapitalismus und die „Sozialisierung" der Betriebe. Es hieß, die „Italienische Sozialrepublik werde (...) ein Produzentenstaat" sein, in dem die Arbeit „das Hauptprinzip der Wirtschaft und die Basis des Staates" sei. Die Wirtschaft sollte durch einen „Zentralausschuss für Sozialisierungsfragen" und ein „kooperatives Wirtschaftsministerium" geleitet werden. Privateigentum und Privatinitiative bezeichnete das Programm als „Frucht des Sparens",[87] Das Programm sollte die barbarischste Etappe der faschistischen Herrschaft in Italien, die unter dem Okkupationsregime der Hitlerwehrmacht begann, verschleiern.

In der Salò-Republik führten Wehrmacht, SS, SD, Gestapo und Sicherheitspolizei mit ihren italienischen Erfüllungsgehilfen - den neu aufgestellten Camice Nére (Schwarzhemden), einer italienischen SS, und der Miliz - gegen die italienische Bevölkerung einen grausamen und erbarmungslosen Krieg. Für Geiselerschießungen, das Niederbrennen von Dörfern, Mord und Folter stehen als Beispiele die Ardeatinischen Höhlen bei Rom (335 durch Genickschuss ermordete Geiseln), die Gemeinde Marzabotto (1.830 viehisch umgebrachte Bewohner) oder der Fall des SS-Henkers von Mailand, Hauptsturmführer Savaecke (verantwortlich für die Ermordung von über 2.000 Juden und Widerstandskämpfern).[88] Im statistischen Mittel wurden in der Salò-Republik, ohne die gefallenen Partisanen und regulären Soldaten einzubeziehen, täglich 165 Kinder, Frauen und Männer jeden Alters umgebracht.

Der barbarische Terror unter dem Besatzungsregime machte auch vor italienischen Militärs und selbst Mitgliedern der Königsfamilie nicht halt. Zu den im März 1944 in den Ardeatinischen Höhlen Ermordeten gehörten beispielsweise die Generäle Simoni (Held des ersten Weltkrieges), Fenulli und Castaldi sowie der Oberst Montezemolo, die antifaschistische Positionen bezogen hatten. Um sich an König Vittorio Emanuele III. zu rächen, ließ Hitler dessen Tochter Marfalda von Savoyen in die deutsche Botschaft in Rom locken und festnehmen. Sie wurde in das Konzentrationslager Buchenwald verschleppt, wo sie ums Leben kam.[89]

4. Die Wende von Salerno

Das Königshaus und die von Vittorio Emanuele eingesetzte Regierung Badoglio hatten zwar Mussolini gestürzt und waren unter dem Druck der Resistenza der Anti-Hitler-Koalition beigetreten, bezogen jedoch keine antifaschistischen Positionen und strebten danach, für die Zeit nach Kriegsende ihre Machtpositionen zu konservieren. Dabei standen ihnen auch die führenden Industriekreise, die den Sturz Mussolinis mitgetragen hatten, zur Seite. Typisch dafür war die Haltung Giovanni Agnellis, des Großvaters des heutigen Besitzers des FIAT-Konzerns. Während Agnelli nach der Palastrevolte zu den im Süden gelandeten Amerikanern ging, schickte er seinen Generaldirektor Vittorio Valletta in das von der Wehrmacht besetzte Norditalien zur Konzernzentrale nach Turin. Dort hielt dieser für Hitlerdeutschland die Kriegsproduktion aufrecht, unterdrückte den Widerstand der Arbeiter dagegen und sorgte bis Kriegsende für höchstmögliche Profite. Dem Rat Agnellis folgend, trat Valletta zwar nicht der neu konstituierten faschistischen Partei bei, lehnte auch einen vom Duce angebotenen Ministerposten ab, tat aber sonst alles, um das Besatzungsregime der Hitlerwehrmacht und dessen Statthalter Mussolini zu stützen.[90] Das hatte zur Folge, dass das CLN Valletta auf die Liste der faschistischen Kriegsverbrecher setzte. Vor der Festnahme durch ein Kommando der Partisanenarmee retteten ihn im April 1945 amerikanische Offiziere. Das konnte kaum verwundern, denn Vallettas Stellvertreter Giancarlo Camerana war im Auftrag Agnellis bereits ein Jahr vorher in Bern mit dem Chef des Office of Strategic Services, Allen Dulles, zusammengetroffen, um die Nachkriegsexistenz von FIAT zu regeln.[91]

Es war ein Verdienst der IKP und ihres Generalsekretärs Togliatti, dass diese reaktionären Pläne zur Konservierung der imperialistischen Machtpositionen scheiterten. Nach einer von Togliatti vorgelegten Konzeption traten im April 1944 auf einer Kabinettssitzung in Salerno[92] die antifaschistischen Oppositionsparteien (IKP, ISP, PdA, DC und PLI) in die Regierung Badoglio ein, die in dieser Zusammensetzung den Charakter einer „Regierung der nationalen Einheit" annahm und ein

Bekenntnis zum Antifaschismus ablegte. Das Ereignis ging als „Wende von Salerno" in die Geschichte ein.

Togliatti hatte zunächst beträchtliche Schwierigkeiten, seine Konzeption durchzusetzen. Sie stieß auf Widerspruch nicht nur bei den Sozialisten und Aktionisten, sondern auch in Teilen der IKP, die ein Bündnis mit der Monarchie ablehnten, die Mussolini nicht nur mit zur Macht verholfen, sondern auch über 20 Jahre zu den Trägern der faschistischen Diktatur gehört hatte. Selbst linke DC-Kreise waren nicht abgeneigt, sich dieser Haltung anzuschließen. Ihre Zustimmung zu Togliattis Konzeption banden diese Kreise schließlich an die Bedingung des sofortigen Rücktritts des Königs, der einen Verzicht auf die Monarchie und die Anerkennung der Republik einschließen sollte.[93]

Es ist kaum bekannt, dass Luigi Longo mit einer breit angelegten publizistischen und Aufklärungsarbeit entscheidend dazu beitrug, die Konzeption Togliattis in der IKP und auf dieser Basis im CLN durchzusetzen. Er schätzte grundsätzlich ein: „Wir haben Badoglio als antideutsche Kraft anerkannt, aber daraus keine politischen und organisatorischen Schlussfolgerungen gezogen. (...) Darüber hinaus haben wir ihn nur nach dem beurteilt, was er politisch und gesellschaftlich repräsentiert, nicht aber überlegt, was er an mobilisierenden Kräften vertritt (auch wenn sie noch nicht mobilisiert sind). Wir haben nur die politischen Unannehmlichkeiten einer Zusammenarbeit mit Badoglio gesehen, nicht aber die Schwäche eines nationalen Befreiungskrieges ohne die von ihm kontrollierten und beeinflussten Kräfte." Gleichzeitig hielt Longo für die IKP auch den Weg für „eine radikale Lösung unter Ausschluss Badoglios" offen, die dann nach dem Einmarsch der Alliierten in Rom im Grunde genommen durchgesetzt wurde.

Longo erreichte, dass die Partisanenkommandeure Togliatti unterstützten, was ausschlaggebend für die Zustimmung der Vertreter des CLN in den besetzten Gebieten war. Diese Kräfte führten den bewaffneten Kampf Schulter an Schulter mit monarchistischen Soldaten und Offizieren und verstanden, dass man die Beseitigung der Monarchie und die Anerkennung der Republik nicht in den Mittelpunkt stellen konnte, sondern die gemeinsame Front gegen die deutschen Okkupanten und ihre Vasallen der Salò-Republik im Vordergrund stehen müsste.

Indem die IKP die Staatsform zunächst offen ließ, betonte sie gleichzeitig ihren grundsätzlich antifaschistischen Standpunkt, nach dem die Nachkriegsordnung „die Liquidierung all dessen beinhalten" müsse, „was an reaktionären und faschistischen Kräften verbleibt",[94]

Die Republikaner, die im Herbst 1943 bereits einen Beitritt zum CLN abgelehnt hatten, traten nach der Wende von Salerno auch der Regierung der nationalen Einheit nicht bei. Sie begründeten das mit ihrer entschiedenen antimonarchistischen Haltung. Die PRI beteiligte sich jedoch am bewaffneten Kampf und stellte für die Partisanenarmee mehrere Brigaden auf.

Außenpolitisch war die „Wende von Salerno" durch die UdSSR begünstigt worden, die in einem Alleingang unter den Alliierten die Badoglio-Regierung am 13. März 1944 diplomatisch anerkannt hatte. Es war ein Schritt, der die italienische Regierung aufwertete und die Ziele der Alliierten, sie als besetztes Land zu behandeln und ihr den Status eines gleichberechtigten Mitglieds der Antihitlerkoalition zu verwehren, durchkreuzte. Die USA und Großbritannien mussten nachziehen. Angesichts dieser Entwicklung fanden die von rechten Kreisen im CLN verbreiteten Vorwürfe, Togliatti habe als ein Befehlsempfänger Moskaus gehandelt, kaum Gehör.

Der zweite Schritt der „Wende von Salerno" erfolgte am 4. Juni 1944 nach der Einnahme der Hauptstadt durch die Alliierten. Mit ihm erntete die IKP eigentlich erst die Früchte ihres kompromissbereiten Vorgehens. Einer Forderung des CLN entsprechend musste der König abdanken. Als neuer Kompromiss wurde, auch das wiederum auf Initiative der IKP, die Ernennung von Kronprinz Umberto zum Statthalter vereinbart und die Entscheidung über die Staatsfrage durch ein Referendum nach Kriegsende vertagt. Der späteren Haltung des Königshauses, es habe sich um keine Abdankung gehandelt und Umberto habe die Thronfolge angetreten, steht die Meinung des renommierten Staatsrechtlers Enrico de Nicola, später erster Präsident der Republik, entgegen, der formulierte, es habe sich wohl um eine Abdankung gehandelt und die Statthalterschaft sei keine Inthronisierung des Kronprinzen gewesen.[95]

Gleichzeitig mit der Abdankung des Königs wurde Badoglio zum

Rücktritt gezwungen und der Liberale Ivanhoe Bonomi zum Ministerpräsidenten berufen. Seine Ernennung erfolgte durch das CLN, womit die bisherigen Rechte des Königs, darunter auch die generelle Funktion des Staatsoberhaupts,
dem Statthalter verwehrt wurden. Die Alliierten akzeptierten diese erstmals geübte Praxis, nach der auch weiterhin verfahren wurde. Sie stimmten ebenso der Entscheidung der Regierung Bonomi zu, das CLN in Norditalien in den noch besetzten Gebieten als Organ mit Regierungsvollmachten einzusetzen. Außerdem wurden mit dem am 7. Dezember 1944 von General Maitland Wilson als Vertreter der Alliierten und einer von Ferrucio Parri (PdA) und Giancarlo Pajetta (IKP) geleiteten CLN-Abordnung unterzeichneten „Römischen Protokoll" offizielle Beziehungen zwischen der Partisanenarmee und dem angloamerikanischen Kommando hergestellt. Die Durchsetzung der Konzeption Togliattis führte insgesamt dazu, dass die IKP zur mehrheitlich anerkannten führenden Kraft der Resistenza und ihres Führungsorgans, des CLN wurde.[96]

Im Rahmen der Wende von Salerno entstand nach einer langen Periode der Vorbereitung am 3. Juni 1944 auch der einheitliche Gewerkschaftsbund Confederazione Generale Italiana del Lavoro (CGIL), in dem Kommunisten und Sozialisten die entscheidenden Positionen einnahmen. Damit wurde der Versuch der Angloamerikaner, die faschistischen Gewerkschaften in „Freie Gewerkschaften" umzuwandeln, vereitelt. Die CGIL leistete besonders in den besetzten Gebieten in der illegalen Betriebsarbeit einen wichtigen Beitrag zur Sabotage der Kriegsproduktion und im Frühjahr 1945 bei der Vorbereitung des Generalstreiks zum bewaffneten Aufstand.[97]

Mit der „Wende von Salerno" schien de facto jener Blòcco stòrico entstanden zu sein, der in Gramscis Bündnispolitik einen zentralen Stellenwert einnahm, fast in größeren Dimensionen, als sein theoretischer Begründer gedacht hatte. Wenn die IKP in der Nachkriegsentwicklung versuchte, in ihrer Bündnispolitik gegen die neofaschistische Gefahr vom Jahr 1944 auszugehen, ist jedoch die historisch konkrete Situation zu sehen. In Salerno entstand eine Allianz, die sich in erster Linie gegen die deutschen Okkupanten richtete, für welche die Faschisten der Salò-Republik nur noch Erfüllungsgehilfen waren. Die Stoßrichtung gegen Hitlerdeutschland ermöglichte die Einbeziehung großbourgeoiser Kreise und der Monarchie in das nationale Bündnis und erleichterte es vielen Soldaten und Offizieren der Mussoliniarmee, die nach dem Sturz Mussolinis wieder dem Oberbefehl des Königs unterstellt worden war, sich der Resistenza anzuschließen. Als dieses Ziel mit dem Sieg über den Faschismus wegfiel, verlor das Bündnis seinen wesentlichen Inhalt und brach auseinander.

Eine entscheidende Grundlage der Durchsetzung der „Wende von Salerno" war der Einfluss der IKP in der Partisanenarmee und die Rolle, die diese bereits zu diesem Zeitpunkt im Kampf gegen die Hitlerwehrmacht spielte. Während Togliatti der politische Stratege des Befreiungskampfes war, wurde Luigi Longo, der in Spanien als Generalinspekteur aller internationalen Brigaden zu den führenden Militärs der Republik gehörte, der eigentliche militärische Kopf der Resistenza. Bereits Anfang 1944 führten die Partisanen in den besetzten Gebieten Operationen durch, die 15 Divisionen der Wehrmacht banden. In den Westalpen und den Nordapenninen entstanden im Frühjahr 1944 zwei Partisanenrepubliken und danach zeitweise 15 befreite Gebiete, in denen die örtlichen Befreiungskomitees überwiegend mit Kommunisten und Sozialisten an der Spitze die Macht ausübten und antifaschistisch-demokratische Umgestaltungen einleiteten. Mit der „Wende von Salerno" erhielt der antifaschistische Widerstand den Charakter eines nationalen Befreiungskrieges gegen die deutschen Okkupanten. Die Partisanenarmee wuchs bis zum Ende des Kriegs auf 256.000 reguläre Kämpfer an. Die IKP stellte mit ihren Garibaldi-Brigaden davon 155.000 Mann und brachte mit 42.000 von insgesamt 70.000 Gefallenen auch die meisten Opfer. Mit den Kampfhandlungen, die sie in der Endphase des Krieges in ganz Norditalien führte, bewies sie ihre Fähigkeit zum Handeln als eine reguläre Armee, welche die Hauptkraft der Resistenza bildete.[98]

5. Mussolinis Ende

Im April 1945 waren die Tage des italienischen Faschismus und der deutschen Besatzungsmacht gezählt. Am 18. des Monats wurde in der Arbeitermetropole Turin der Generalstreik ausgerufen, dem nahezu alle noch von der Hitlerwehrmacht besetzten Städte Norditaliens folgten. Mit den Streiks begann auf der Grundlage eines Beschlusses des CLN in Mailand, Turin, Genua, Bologna, Brescia, Padua, Udine, Venedig und zahlreichen weiteren Städten ein bewaffneter Aufstand, und diese Städte wurden noch vor dem Eintreffen der alliierten Truppen befreit. Die Partisanenarmee eröffnete zwischen Piemont und Venetien auf einer Breite von über 400 Kilometern ihre letzte Offensive. In Genua kapitulierte der Ortskommandant der Wehrmacht, General Meinhold, vor den Partisanen und ging mit 9.000 Mann in Gefangenschaft. Die Kapitulationsurkunde unterzeichnete als Vertreter des Befreiungskomitees der Arbeiter Remo Scappini. Am 27. April kapitulierte das X. Panzerkorps der Wehrmacht unter Generaloberst von Arnim vor den Partisanen. Am 30. April nahmen Garibaldisten am Monte Grappa 33.000 deutsche Soldaten gefangen. Insgesamt ergaben sich zwischen dem 25. April und 4. Mai allein im Veneto 140 000 Soldaten der Wehrmacht den Partisanen.[99]

Am 25. April begann die Befreiung Mailands. Noch während der Kämpfe tagte in der Stadt die Vollversammlung des CLN Norditaliens. Das Komitee übernahm als Beauftragter der von den Alliierten anerkannten Nationalen Einheitsregierung die zivilen und militärischen Machtbefugnisse, erklärte den Ausnahmezustand, richtete Kriegsgerichte ein, erließ dazu Dekrete über die Organisation der Justiz und der Verwaltung und forderte in einem Ultimatum alle italienischen Faschisten auf, bedingungslos zu kapitulieren. Die Grundlage dafür bildeten die bereits im August 1944 ergangenen Verordnungen für die Regierungstätigkeit des CLN des Nordens, darunter über die Bildung von Justizkommissionen und Gerichtshöfen.

Artikel 1 des Justizdekrets vom 25. April 1945 lautete: „Die Mitglieder der faschistischen Regierung und die Inhaber höchster Parteiämter des Faschismus, schuldig befunden, zur Unterdrückung der verfassungsmäßigen Garantien das faschistische Regime geschaffen, das Land in Schande gebracht, seine Geschicke verraten und es in die gegenwärtige Katastrophe geführt zu haben, werden mit dem Tode, und in weniger schweren Fällen mit Zuchthaus bestraft."

Artikel 7 legte fest, dass für die nach dem 8. September 1943[100] in Kollaboration mit den hitlerfaschistischen Okkupanten gegen den italienischen Staat und die Sache der nationalen Befreiung begangenen Verbrechen die danach gültigen Militärgesetze anzuwenden sind.

Die Zuständigkeit der italienischen antifaschistischen Regierung und ihrer Organe wurde mit folgenden Worten ausdrücklich hervorgehoben: „Aus einsichtigen Gründen der Würde muss es das italienische Volk selbst sein, das gegenüber den Verantwortlichen des faschistischen Regimes und des imperialistischen Abenteuers die erforderlichen Strafen anwendet."[101] Die Dekrete bildeten die gesetzliche Grundlage für die Erschießung von insgesamt 1.732 Faschisten, die der Aufforderung, die Waffen niederzulegen und sich zu ergeben, nicht nachkamen. Darunter fiel auch die Hinrichtung Mussolinis.[102] Das widerlegt eindeutig die von bestimmten Historikern noch immer verbreiteten Geschichtsfälschungen, welche die Vollstreckung dieser rechtskräftigen Urteile als Morde zu diskriminieren suchen.[103]

Mussolini, der sich in Mailand aufhielt, lehnte es ab, bedingungslos zu kapitulieren und sich zu ergeben. Er drohte, die noch umkämpfte Stadt zum „Stalingrad Italiens" zu machen. Trotzdem empfingen Vertreter des CLN den Diktator zu einem von dem Mailänder Kardinal Schuster arrangierten Treffen, schilderten ihm seine aussichtslose Lage und forderten ihn erneut auf, sich bedingungslos zu ergeben. In dem Gespräch erfuhr Mussolini auch, dass Wehrmachts- und SS-Führer in Italien hinter seinem Rücken bereits Kontakte zu den Amerikanern aufgenommen hatten, um einen separaten Waffenstillstand zu erreichen. Am Ende des Gesprächs bat Mussolini um eine Frist von einigen Stunden, um, wie er erklärte, die deutschen Verbündeten zu informieren, dass er sich von allen Verpflichtungen entbunden betrachte.

Statt dessen nahm Mussolini den staatlichen Goldschatz an sich und floh mit mehreren faschistischen Größen, unter ihnen sein Kriegsminister Marschall Rodolfo Graziani, begleitet von einer deutschen SS-

Einheit in Richtung Schweiz. Graziani verließ ihn bei Como und stellte sich den Amerikanern. In der Frühe des 27. April wurde die Autokolonne des Duce hinter Como bei der Ortschaft Dongo von einer Partisanen-Einheit gestoppt und Mussolini, der sich einen deutschen Militärmantel übergezogen hatte, mit seiner Begleitung festgenommen. Das Befreiungskomitee entsandte aus Mailand ein Exekutionskommando unter Oberst Walter Audisio, das am 28. April an Mussolini und seiner Begleitung am Ufer des Sees von Dongo die Todesurteile vollstreckte. In der Situation des Ausnahmezustandes wurde auch die Geliebte Mussolinis, Clara Petacci, gegen die kein Urteil vorlag, erschossen.[104] Die Leichen Mussolinis und seiner Begleitung wurden nach Mailand gebracht und auf der Piazzale Loreto mit den Köpfen nach unten aufgehängt. Am selben Ort hatten die Mussolinifaschisten am 12. August 1944 fünfzehn ermordete Geiseln so zur Schau gestellt. Die Vollstreckung der Todesurteile an Mussolini und seinen Komplizen gab das CLN in einer Erklärung am, 29. April 1945 bekannt.[105] Seitens des alliierten Oberkommandos gab es keine Einwände gegen die Exekution. Der für die Lombardei zuständige Vertreter der alliierten Militärregierung, Oberst Charles Poletti, erklärte auf einem Empfang, den er in der Präfektur von Mailand für das CLN und eine Partisanenabordnung gab: „Wir haben in Mailand alles in ausgezeichneter Disziplin vorgefunden. Wir sind auch auf der Piazzale Loreto gewesen und haben dem CLN und den Partisanen unsere vollste Anerkennung für ihre bewundernswerte Operation ausgedrückt."[106]

6. Der letzte Sieg

Die IKP ging aus dem antifaschistischen Widerstand als die politisch einflussreichste Kraft hervor, was sich vor allem aus ihrer Rolle im bewaffneten Kampf und ihren Positionen in der Partisanenarmee ergab. Mit 2,2 Millionen Mitgliedern war sie auch die zahlenmäßig stärkste Partei. Sie stellte keine sozialistischen Forderungen als aktuelle Aufgabe, verlangte jedoch eine antifaschistisch-demokratische Umwälzung, die das Eigentum des Großkapitals und der Großagrarier durch Nationalisierungen und eine Agrarreform beschneiden sollte. Mit der ISP, mit der sie im Oktober 1946 das Aktionseinheitsabkommen erneuerte, stimmte die Partei zu dieser Zeit in diesen Fragen grundsätzlich überein.[107] Konkreter Ausdruck der linken Forderungen war, dass der kommunistische Finanzminister Mauro Scoccimarro eine sofortige Währungsreform, eine außerordentliche Besteuerung der Kriegsgewinne der Rüstungsunternehmen und eine progressive Besteuerung der Vermögen verlangte.[108]

Die führenden Kapitalkreise und das Königshaus lehnten die Forderungen der Arbeiterparteien entschieden ab. Es begann die Umgruppierung der Klassenkräfte. Aus einem Teil der Verbündeten im antifaschistischen Kampf – das waren vor allem großbürgerliche Kreise, Großagrarier und Monarchisten – wurden in der neuen Etappe Gegner. Die DC, nunmehr führende Partei der Großbourgeoisie, und die PLI forderten bereits im Mai 1945 von der alliierten Besatzungsmacht als wichtigsten Schritt, um dem Vorgehen der IKP und ISP entgegenzutreten, die Entwaffnung der Partisanenarmee.[109] Die Forderung bezweckte, den örtlichen und regionalen Befreiungskomitees, welche in Norditalien die faktischen Machtorgane bildeten, ihre wichtigste Stütze zu nehmen. Der nachhaltige Einfluss der Partisanen war zuvor gerade auf einem Kongress der regionalen CLN des Nordens, auf dem die teilnehmenden Partisanenkommandeure mit stürmischem, lang anhaltendem Beifall begrüßt worden waren, zutage getreten. Die Tagung hatte betont, dass die Regierung sich bis zur Einberufung einer Verfassungsgebenden Versammlung bei der Ausübung gesetzgeberischer Gewalt auf das Befreiungskomitee stützen müsse. Zu weiteren Auseinandersetzungen kam es im Juni 1945 bei der Berufung eines neuen Ministerpräsidenten an Stelle des Liberalen Bonomi, der nicht mehr über eine konsensfähige Mehrheit verfügte. IKP und ISP schlugen Pietro Nenni vor, den die DC ablehnte und stattdessen aus ihren Reihen Alcide De Gasperi benannte, den ihrerseits die Linken nicht akzeptierten. Mit der Berufung Ferrucio Parris von der PdA wurde ein Kompromiss geschlossen. Parri blieb allerdings nur sechs Monate im Amt. Mit knapper Mehrheit setzte die DC dann De Gasperi durch.

In dieser Situation fanden im März 1946 die ersten Wahlen nach Kriegsende statt. Es waren die in 5.722 von insgesamt 7.294 Städten und Gemeinden anberaumten Kommunalwahlen, die so einen nationalen Querschnitt darstellten. Die Hoffnung der großbürgerlichen und rechten Kreise, bei diesem Wahlgang den Einfluss der Linken entscheidend zurückzudrängen, erfüllte sich nur begrenzt. Die DC erreichte etwa 50 Prozent der Stimmen, während IKP und ISP auf 40 Prozent kamen. Die restlichen etwa zehn Prozent entfielen vor allem auf die PLI und die faschistische Sammlungsbewegung Uòmo Qualunque (Jedermann), die unter den Augen der Besatzungsmacht bereits im August 1945 als parteiunabhängig an die Öffentlichkeit getreten war.[110] Die DC verfügte nach den Wahlen in 2.534 Kommunen und IKP und ISP in 2.289 über eine parlamentarische Mehrheit. In etwas weniger als einem Drittel (28 von 93) der Provinzhauptstädte stellten die IKP oder die ISP den Bürgermeister, darunter in Genua, Turin, Bologna und Florenz.

Zu einer harten Auseinandersetzung kam es vor dem Referendum über die Staatsform, in dem es für die Resistenza darum ging, die Monarchie als einen Träger der faschistischen Diktatur von 1922 bis 1943 zu beseitigen. Gegen die für den 2. Juni angesetzte Abstimmung begannen die Monarchisten, unterstützt von Faschisten und dem faschistenfreundlichen Papst Pius XII., eine wütende Hetze. Mit der Ausrufung des Prinzregenten zum König Umberto II. am 9. Mai wurde das im Juni 1944 geschlossene Abkommen über die Statthalterschaft gebrochen.

Im Referendum erzielte die Resistenza mit 12.717.923 Stimmen für die Republik, das waren 54,3 Prozent, ihren letzten Sieg. Immerhin sprachen sich 45,7 Prozent, das waren 10.719.284 Wähler, für die Monarchie aus, darunter, wie Wahlanalysen belegten, nicht wenige Anhänger der DC. 1.509.735 Stimmen waren ungültig. Bei den gleichzeitig stattfindenden Wahlen zu Verfassungsgebenden Versammlung erreichten die DC 35,2, die ISP 20,7 und die IKP 18,9 Prozent. Die PdA, die im antifaschistischen Widerstand eine aktive Rolle gespielt hatte, erreichte nur 1,5 Prozent. Die zur Wahl zugelassene Uòmo-Qualunque-Bewegung kam auf 5,3 Prozent. 7,8 Prozent der Stimmen waren ungültig. Die restlichen Stimmen entfielen auf zehn verschiedene, kleinere Parteien.

Umberto weigerte sich, die Niederlage der Monarchie anzuerkennen. Monarchisten und Faschisten entfesselten im ganzen Land, vor allem aber im Süden, wo unter den zum Teil noch halbfeudalen Verhältnissen und des kaum von Faschisten gesäuberten Staatsapparates eine Mehrheit für das Königshaus gestimmt hatte, blutige Auseinandersetzungen, um wegen angeblicher „Unregelmäßigkeiten" eine Annullierung der Referendumsergebnisse durchzusetzen. Als Kommunisten und Sozialisten Massendemonstrationen für die Republik organisierten, räumte der Mai-König, wie Umberto genannt wurde, das Feld und floh ins faschistische Spanien, von wo aus er weiter gegen die Republik hetzte. Er verstarb 1983. Als die Königsfamilie und ihre Anhänger bei ihrer feindseligen Haltung gegenüber der Republik blieben, wurden sie des Landes verwiesen und in der Verfassung für die männlichen Savoyer ein Rückkehrverbot festgeschrieben. [111]

Im Bündnis mit den Faschisten gehörten die Monarchisten weiterhin zur äußersten Reaktion und zu den Feinden der verfassungsmäßigen Ordnung. Sie beteiligten sich zusammen mit der im Dezember 1946 gegründeten MSI an mehreren Putschversuchen, die ein neues faschistisches Regime in den Sattel heben sollten. 1972 vereinigten sie sich mit der MSI, die darauf zur viertstärksten Partei aufstieg.

Kapitel III:
Die Kontinuität der faschistischen Bewegung

1. Die Südflanke der NATO

Die entscheidende Komponente, welche die faschistischen Charakterzüge der 1994 und dann 2001 erneut gebildeten Berlusconi-Regierung kennzeichnet, ist die Alleanza Nazionale, welche die Kontinuität der faschistischen Bewegung in der Nachkriegszeit verkörpert. Zweifelsohne stößt man als erstes auf die Frage, wie es erneut geschehen konnte? Wie der Faschismus, der über Italien und ganz Europa so ungeheures Leid brachte, zu dessen Niederlage das Volk in einem opferreichen Kampf beitrug, wieder sein Haupt erheben kann? Das war möglich, weil seine wirtschaftlichen und sozialen, seine politischen und ideologischen Wurzeln nicht angetastet wurden. Auf der Suche nach den Ursachen des Überlebens des Faschismus stößt man in Italien, aber nicht nur dort, zwangsläufig auf seine Rolle und Funktion im Mechanismus der Machtausübung des Kapitals seit dem Ende des Zweiten Weltkrieges. Darauf wirkten miteinander zusammenhängende innenpolitische und internationale Faktoren ein, auf die im weiteren eingegangen wird.

Als Ende der 40er und Anfang der 50er Jahre neue sozialistische Staaten entstanden, die stürmisch voranschreitende nationale Befreiungsbewegung die politisch-geografische Sphäre der führenden imperialistischen Länder einengte und Auswirkungen besonders aus Osteuropa auf andere Länder drohten, unternahmen vor allem die herrschenden Kreise der USA massive Schritte zur Konsolidierung ihrer Positionen. Dazu verbündeten sie sich, vor allem in den Ländern, in die ihre Truppen einrückten, mit den inneren reaktionären Kräften einschließlich der Faschisten und scheuten auch nicht vor der blutigen Unterdrückung der revolutionären Bewegung zurück. Erinnert sei an Griechenland, wo es zum offenen Überfall der britischen Truppen kam, die sich mit den faschistischen und anderen reaktionären Elementen verbündeten und mit massiver Unterstützung der USA gegen die antifaschistischen und demokratischen Kräfte des Landes vorgingen, welche die Hauptlast im Kampf gegen die faschistischen Okkupanten getragen hatten. [112]

In Italien versuchten die USA bereits während des Krieges gegen Hitlerdeutschland, die Positionen der Arbeiterparteien und radikaler Demokraten wie der Aktionisten zu schwächen und die verschiedenen Strömungen der antifaschistischen Einheitsfront zu spalten. Zu diesem Zweck verzögerten sie selbst ihre eigenen Kampfhandlungen gegen die Hitlerwehrmacht und sabotierten die Operationen der kampfstarken Partisanenverbände. Bei der Versorgung der Partisanen versuchte das USA-Kommando, die kommunistischen Garibaldi-Brigaden auszuschließen. Im November 1944 forderte der Oberkommandierende der angloamerikanischen Truppen in Italien, General Alexander, die Partisanenverbände in einer Rundfunkbotschaft auf, die offensiven Kampfhandlungen einzustellen und die festen Verbände und Standorte aufzulösen, was einer Selbstliquidierung der gut organisierten Partisanenarmee gleichgekommen wäre. Die italienische Historikerin Sophie G. Alf schrieb: „Diese Rundfunkbotschaft, die auch von den Deutschen abgehört werden konnte, brachte die Widerstandsbewegung in große Gefahr. Das lag wahrscheinlich durchaus in der Absicht der Alliierten, die gemäß der Logik: ‚in that way, let them kill as many as possible' die Dezimierung der fortschrittlichsten Antifaschisten in ihre Rechnung einbezogen." Denn, so Alf weiter, „der Stillstand der Front entlang der ‚gotischen Linie' (zwischen Pisa und Rimini quer durch Mittelitalien) und die nachlassenden Kampfanstrengungen der Alliierten setzten die italienischen Partisanen in verstärktem Maße dem Terror und der Repression der Deutschen aus, die auch die Zivilbevölkerung nicht verschonten."[113]

In zahlreichen Fällen wurden die italienischen faschistischen Miliz- und Polizeieinheiten nicht entwaffnet. In der Endphase des Krieges legte das alliierte Kommando fest, dass die Truppen der Hitlerwehrmacht sich nicht der Partisanenarmee ergeben, sondern auf das Eintreffen der - weit von der Front entfernten - angloamerikanischen Verbände warten und so lange ihre Waffen behalten sollten. Die Partisanenkommandeure lehnten das jedoch ab und die Wehrmachtseinheiten, denen andernfalls die Vernichtung drohte, kapitulierten in den meisten Fällen vor ihnen.[114]

Im Vorfeld des Kalten Krieges und der sich abzeichnenden Blockkonfrontation ging es den USA darum, sich Italien als ihre Einflusssphäre und als Südflanke der künftigen NATO zu sichern.[115] Sie forcierten ihr Vorgehen, als nach den Ergebnissen der Gemeinderatswahlen vom März und der zur Verfassungsgebenden Versammlung vom Juni 1946 (zu deren Präsident der Kommunist Terracini gewählt wurde) sowie des gleichzeitigen Scheiterns der Monarchie im Referendum sich die reale Möglichkeit eines linken Wahlsieges bei den Parlamentswahlen abzuzeichnen begann. Die US-Militärregierung beseitigte mit allen Mitteln die unter den Befreiungskomitees in Norditalien durchgesetzten antifaschistisch-demokratischen Errungenschaften und unterstützte die Restauration der angeschlagenen Herrschaft des Kapitals. Im Dezember 1946 half Washington De Gasperi, der über das Image eines Antifaschisten verfügte, an die Spitze der Regierung, wo er den gewünschten antikommunistischen Kurs einschlug. Nachdem im Januar 1947 die Rechtssozialisten unter Saragat sich von der ISP abgespalten hatten und im März die Truman-Doktrin verkündet worden war, wurden im Mai die Kommunisten und Sozialisten aus der Regierung vertrieben. Ihre Ausschaltung aus dem Kabinett hatten die USA als Bedingung für die Gewährung ihrer Auslandshilfe gestellt. De Gasperi gestand das vor der Verfassungsgebenden Versammlung ziemlich unverblümt ein, indem er die Macht der USA in Italien als die einer „vierten Partei" beschrieb, die „in der Lage ist, jede Anstrengung, die wir unternehmen, zu lähmen und vergeblich zu machen, indem sie die Kreditsabotage und die Kapitalflucht organisiert, die Preissteigerungen und die Skandalkampagnen. Die Erfahrung hat mich überzeugt, dass man Italien heute nicht regieren kann, ohne in der einen oder anderen Form die Repräsentanten dieser vierten Partei, die über das Geld und die ökonomische Macht verfügt, in die Regierung einzubeziehen.[116] Im Juni 1947 stimmte die italienische Regierung dem Marshallplan zu. Im April 1949 folgte die Teilnahme an der NATO-Gründung und im Januar 1950 der erste Vertrag, der den USA Militärstützpunkte zur Verfügung stellte. An der Spaltung der Einheitsgewerkschaft CGIL, die im September 1949 abgeschlossen wurde und zur Bildung der UIL und CISL führte, war, wie vorher bei der Abspaltung der Saragat-Fraktion in der ISP, die CIA mit ihren Agenten in der AFL-CIO maßgeblich beteiligt, wie der Mailänder „Corriere della Sera" 1975 enthüllte.[117]

2. USA verhindern Entfaschisierung

Um eine antifaschistisch-demokratische Umwälzung zu verhindern, stützten sich die USA von Anfang an auch auf die faschistischen und andere mit ihnen gemeinsam handelnde reaktionäre Kräfte. Faenza/Fini schreiben in ihrem Buch „Die Amerikaner in Italien": „Während es das State Department und die amerikanischen Gewerkschaften waren, die direkt den ‚demokratischen' Parteien von den Christdemokraten bis zu den Sozialdemokraten halfen (also sie finanzierten), wurden hauptsächlich die Militär- und Geheimdienste beauftragt, die Rechten zu unterstützen (also sie zu bewaffnen und zu besolden) (...)", Die Autoren heben hervor, dass seitens der Geheimdienste James Angleton, Chef des Office of Strategic Services in Rom, die Fäden der Verbindungen persönlich in der Hand hielt.[118] Giuseppe Gaddi schrieb, dass die gewährte Unterstützung sich direkt auch auf die bereits im August 1945 an die Öffentlichkeit getretene Sammlungsbewegung der Mussolini-Faschisten Uomo Qualunque erstreckte. Die westlichen Alliierten, „die sich anschickten, den Kalten Krieg gegen die UdSSR zu entfesseln, lehnten den Beitrag derjenigen, die sich mit gutem Recht als die Vorkämpfer im Kampf gegen den Kommunismus bezeichnen konnten, in keiner Weise ab."[119] Bezeichnend war, dass die

USA während der Pariser Friedensverhandlungen, die zum Abschluss der Verträge vom 10. Februar 1947 führten, für Italien die von der UdSSR geforderte Klausel ablehnten, jemals wieder faschistische Organisationen zu erlauben und Kriegsverbrechen nicht ungesühnt zu lassen, während sie diese für die im sowjetischen Einflussreich liegenden Staaten Finnland, Rumänien, Ungarn und Bulgarien akzeptierten.[120]

Ein schwer wiegender Aspekt für die Kontinuität des Faschismus nach seiner Niederlage 1945 war, dass die USA im Bündnis mit den Kräften der inneren Reaktion eine Säuberung des Staatsapparates und des politischen Lebens von Faschisten verhinderten. Vor allem dadurch war es den Kräften des faschistischen Regimes - soweit sie nicht zur DC oder zu anderen bürgerlichen Parteien übergingen - möglich, sich unmittelbar nach Kriegsende neu zu sammeln, sich politisch und organisatorisch wieder zu formieren, sich als Bewegung weit gehend intakt über die Niederlage hinwegzuretten und sich den veränderten Bedingungen anzupassen. Der Schwerpunkt des Vorgehens der äußeren und inneren Reaktion lag auf der Verhinderung von Reformen im Staatsapparat, so in der Verwaltung, der Justiz, dem Bildungswesen und in den bewaffneten Kräften sowie im wirtschaftlichen Bereich, die einen entscheidenden Bestandteil einer Entfaschisierung hätten bilden müssen. So blieb der staatliche Verwaltungsapparat größtenteils in den Händen entweder direkt faschistischer oder profaschistischer Kräfte. Bereits nach der Besetzung Süditaliens im Sommer 1943 hatten die westlichen Alliierten in den Städten und Gemeinden lediglich die faschistischen Präfekten und Bürgermeister ihres Amtes enthoben, den übrigen örtlichen und zentralen Staatsapparat jedoch voll aufrecht erhalten. In Norditalien wurden mit dem Amtsantritt der Regierung De Gasperi die Verwaltungen des CLN, die bis dahin Organe der Regierung waren, größtenteils durch die alte faschistische Administration ersetzt und der gesamte exekutive Machtapparat mit vorwiegend alten Beamten aus der Zeit des Faschismus restauriert.[121]

Im militärischem Bereich ordnete die Militärregierung die Auflösung der Partisanenarmee an. Die Furcht vor dem antifaschistischen Geist ging so weit, dass sie selbst die unter ihrem Kommando während des Krieges in Süditalien aufgestellten regulären italienischen Truppenteile demobilisierte. Für den Aufbau der bewaffneten Kräfte der Italienischen Republik (Armee, Polizei, Geheimdienste) wurden aus diesen Einheiten nur die hohen Offiziere aus der Zeit des Faschismus verwendet sowie solche, die sich dem Restaurationskurs der reaktionären Kräfte unterordneten. Darüber hinaus wurden auch Militärs der Salò-Republik in Dienst behalten. Viele dieser Offiziere nahmen vor dem Referendum über die Staatsform an der Wahlkampagne für die Monarchie teil.[122]

Weit gehend unangetastet wechselte der faschistische Justizapparat in den Dienst des bürgerlich-parlamentarischen Systems über. Bereits im Juni 1945 löste die Militärregierung das „Hohe Kommissariat zur Verfolgung von Regimeverbrechen" auf. Das führte unter anderem dazu, dass die meisten der aktiven Faschisten, die in der eingeleiteten - aber bald abgebrochenen - Phase der Entfaschisierung vor Gericht gestellt worden waren, freigesprochen bzw. die Urteile aufgehoben oder die Betroffenen amnestiert wurden. Das betraf den Großteil von 11.800 führenden Faschisten, die von „mit ihrer Ideologie eng verbundenen Richtern, vor allem Berufsrichtern, freigelassen wurden. Darunter befand sich fast der gesamte Stab der Salò-Republik",[123] Heftig umstritten war unter der Basis der Arbeiterparteien und den Partisanen die 1947 beschlossene Amnestie der „nationalen Befriedung", die unter Togliatti als Justizminister zustande kam. Der Erlass sah vor, die Faschisten, die „wichtige öffentliche, politische oder militärische Führungsfunktionen" innegehabt hatten, von der Amnestie auszuschließen. Nach den Prozessakten jener Jahre, schrieb der kommunistische Jurist und Verfolgte des Faschismus, Alberto Malagugino, „hat jedoch kein Faschist je wichtige politische oder öffentliche Funktionen innegehabt, selbst die Minister der sozialen Republik nicht",[124] Zu den Freigelassenen gehörte beispielsweise der Chef der berüchtigten Decima Maas, der zur Partisanenbekämpfung eingesetzten 10. italienischen Torpedoboot-Flottille, Fürst Valerio Borghese, der wegen wenigstens 800-fachen Mordes verurteilt worden war. Bei Kriegsende war Borghese, wie zahlreiche weitere Salò-Verbrecher auch, vor der Erschießung durch ein Partisanenkommando von amerikanischen Offizieren gerettet worden.[125] Zu beträchtlichen Teilen übernahm die Italienische Republik auch die faschistische Gesetzgebung.[126]

Während der weit gehend intakt gebliebene faschistische Justizapparat die eigenen Gesinnungsgenossen von ihren Verbrechen freisprach oder außerordentliche Milde walten ließ, zerrte er bereits unmittelbar nach Kriegsende unzählige Antifaschisten und Partisanen vor Gericht und verurteilte sie wegen „Übergriffen" zu langjährigen Haftstrafen. Selbst den Oberst der Partisanenarmee, Walter Audisio, der das Exekutionskommando befehligt hatte, welches an Mussolini und seiner Begleitung das vom Befreiungskomitee verhängte Urteil vollstreckte, wollte die Justiz vor Gericht stellen, weil dabei auch Clara Petacci, die Geliebte des Duce, auf die sich das Todesurteil nicht erstreckte, ums Leben kam. Audisio entging der Verurteilung nur, weil er als Parlamentarier Immunität genoss, welche die Abgeordnetenkammer nicht aufhob.

Ebenso wie die politische blieb auch die ökonomische Macht des Großkapitals, die über 20 Jahre die Basis des Faschismus gebildet hatte, unangetastet. Dank des Eingreifens der USA wurden alle Versuche der revolutionären Kräfte, die Macht dieser Basis einzuschränken, sabotiert und zu Fall gebracht. Ein typisches Beispiel dafür war die Sabotage einer antifaschistisch-demokratischen Finanzpolitik und der Währungsreform, mit denen die Konzerne zusätzlich besteuert, die Regime- und Kriegsgewinnler finanzpolitisch verfolgt, spekulative Gewinne konfisziert, damit eine inflationäre Entwicklung gestoppt und die Lasten des Wiederaufbaus primär auf die besitzenden Klassen verteilt werden sollten.[127] Die US-Militärbehörden halfen, faschistische Industrielle vor der Strafverfolgung durch das CLN in Sicherheit zu bringen. So wurde beispielsweise der faschistische Betriebsleiter des FIAT-Konzerns und damit des größten Kriegsproduzenten, Vittorio Valletta, der in der Salò-Republik aktiv an der Niederhaltung des Arbeiterwiderstandes beteiligt war, von amerikanischer Militärpolizei vor der Festnahme durch das CLN in Sicherheit gebracht.[128] Auf Anweisung der Militärregierung wurden die Fabrikräte aufgelöst, die das CLN in Norditalien in vielen Unternehmen, die von ihren Besitzern zunächst verlassen worden waren, eingesetzt hatte. Die abgesetzten Direktoren wurden vorübergehend durch konzerntreue kommissarische Leiter ersetzt, bis die

Unternehmer bzw. ihre Manager selbst auf ihre Posten zurückkehrten. Der antifaschistische Publizist Vittorio Foa fasste den Prozess der Restauration des Monopolkapitals so zusammen: „So wurden mit der ersten Regierung De Gasperi die von den Befreiungskomitees gewählten Präfekten und Polizeipräsidenten ab- und die alten Karrierebeamten wieder eingesetzt, die Entfaschisierung liquidiert, die schlimmsten faschistischen Folterer begnadigt, der Verfassungsgebenden Versammlung keine Gesetzesbefugnisse zugestanden und so jedem demokratischen und Volkseinfluss der Weg versperrt."[129]

3. MSI - Die Wiedergründung der Mussolinipartei

In diesem Klima wagten sich die alten Mussolini-Faschisten, die sich unmittelbar nach Kriegsende aus Angst vor einer Bestrafung zunächst ruhig verhalten hatten, wieder an die Öffentlichkeit. Parallel zu der offen als ihre Sammlungsbewegung agierenden Uòmo Qualunque entstanden eine Vielzahl halblegaler und zumeist paramilitärisch aufgebauter faschistischer Organisationen. Sie nannten sich „Stoßtrupps Mussolinis", „revolutionäre Aktionsbünde der Liktoren", „antibolschewistische Front", „nationale Arbeiterpartei", sozialistische republikanische Partei", „nationale Einheitspartei" und führten ähnliche mehr oder weniger offen an den Antikommunismus und die faschistische Demagogie anknüpfende Namen.[130] Nationalistische „Einheits- und Befreiungslosungen" wiesen bereits auf den Kampf gegen den „Verzichtsfrieden", auf den Revanchismus und innenpolitisch auf einen „klassenlosen" und „überparteilichen" Zusammenschluss hin. Gemeinsamer Nenner der faschistischen Gruppen war ein extremer Antikommunismus, seit jeher das Kernstück jeder faschistischen Ideologie. Bezeichnungen wie „Stoßtrupps", „Kampfbünde", „Sturmabteilungen", „Front" oder „Geheimarmee" propagierten die Beibehaltung des faschistischen Terrors, des „Untergrundkampfes" und der „Subversion", die in der Folgezeit zu den hervorstechenden Wesensmerkmalen des italienischen Nachkriegsfaschismus gehörten.[131]

Neben der Verbreitung seiner Propaganda demonstrierte der Faschismus sofort nach Kriegsende durch Terror und spektakuläre Aktionen seine Kontinuität, um damit breite Bevölkerungsschichten einzuschüchtern, progressive bürgerliche Kräfte unter Druck zu setzen und die rechten Kreise der führenden bürgerlichen Partei, der Democrazia Cristiana, bei der Bremsung und Verhinderung eines antifaschistischen Demokratisierungsprozesses zu unterstützen. Besonderes Aufsehen erregende Aktionen waren die Entführung des Leichnams Mussolinis vom Mailänder Friedhof am 23. April 1946, dem Vorabend des 1. Jahrestages seiner Hinrichtung, und der Überfall auf den römischen Rundfunksender Monte Mario und die Ausstrahlung der faschistischen Hymne „Giovinezza".[132] Die Aktionen des Faschismus zeigten, dass dieser auch nach der Beseitigung der Mussolini-Diktatur von einflussreichen Finanzkreisen unterstützt wurde. Allein Uòmo Qualunque konnte sofort nach der Bekanntgabe seiner Gründung eine gleichnamige Tageszeitung mit über 100.000 Exemplaren, eine Wochenzeitschrift „La Rivòlta ideale" sowie massenweise Broschüren und Flugblätter verbreiten.[133]

Die Faschisten konnten so kurz nach Kriegsende eine wichtige Schlussfolgerung ziehen: Sie durften nicht nur Kommunisten, Sozialisten und die antifaschistische Widerstandsbewegung mit ihrem Gedankengut, sondern auch die neuen bürgerlich-demokratischen Institutionen ohne ernsthaften Widerstand seitens des Staates oder Konsequenzen der Besatzungsmacht in übelster Weise angreifen und diffamieren. Der Faschismus demonstrierte dem Großkapital inner- und außerhalb des Landes, dass er, obwohl er seine Funktion als staatsbeherrschende Partei verloren hatte, eine ernst zu nehmende politische Kraft blieb, die in der Lage war, beträchtliche Bevölkerungsschichten und damit die Nachkriegsentwicklung zu beeinflussen. Das zeigte sich zum ersten Mal offen sichtbar an den Wahlergebnissen zur Verfassungsgebenden Versammlung. Die sich eindeutig als faschistisch entlarvende Jedermann-Bewegung konnte ungehindert kandidieren, erreichte mit über 1,2 Millionen Wählern 5,3 Prozent der Stimmen und zog mit 30 Vertretern in die Konstituierende Versammlung ein. Zusammen mit den Monarchisten, die auf 6,8 Prozent kamen, und anderen reaktionären Splittergruppen stellte sie in der Konstituante eine wichtige Reserve der DC und anderer bürgerlicher Parteien bei der Verteidigung der Machtpositionen des Kapitals in der Verfassung dar. Kontinuierlich erhielt der Faschismus so seinen Platz und seine Funktion unter der bürgerlich-parlamentarischen Herrschaftsform des italienischen Kapitals.

Mit Uomo Qualunque und anderen Organisationen testeten die Mussolini-Faschisten den Zeitpunkt der Neu- bzw. Wiedergründung ihrer Partei. Der Altfaschist Pino Romualdi, ein unehelicher Sohn Mussolinis, beschrieb die Rolle von Jedermann bei der Vorbereitung so: „Uòmo Qualunque, dessen Aktionen zum größten Teil von unseren Leuten unterstützt wurden und oft auch unter ihrer direkten Teilnahme und Anleitung stattfanden, deckte einmal die Vorbereitung unserer wirklichen Partei, in welche die Kräfte von Uòmo Qualunque dann eingingen, und erprobte zum anderen, wie die Italiener auf eine hämmernde und intelligente Propaganda reagierten, die bereits damals die kleinmütigen Bestrebungen, das niedrige moralische und politische Niveau der Parteien, ihrer Führer und der anderen wichtigen Männer der kurzatmigen, alten und falschen italienischen Demokratie entlarvten."[134]

Ihren vorläufigen Abschluss fand die Etappe der Reorganisation des Faschismus mit der offiziellen Wiedergründung der faschistischen Partei am 26. Dezember 1946. Dazu versammelten sich in Rom im Büro des ehemaligen Leiters der faschistischen Parteizentrale der Hauptstadt, Arturo Michelini, führende Mussolini-Faschisten mit dem früheren Staatssekretär des Duce, Giorgio Almirante, an der Spitze. Dieser war ein führender Rassenideologe, unter anderem Mitherausgeber der faschistischen Tageszeitung „Tevere" und des Rassenhetzblattes „Difesa della Razza", der noch kurz vor Kriegsschluss einen „Genickschusserlass gegen Partisanen" unterzeichnet hatte. Die Gründer tauften die Partei auf den Namen Movimento Sociale Italiano, was eine Beziehung zur Repùbblica Sociale Italiano und - durch die Abkürzung MSI - zum Namen Mussolinis herstellen sollte. Zum Parteisymbol wählte die Sozialbewegung einen schwarzen Sarg, über dem eine Flamme in den Farben der italienischen Trikolore loderte. Es sollte, wie die MSI offen propagierte, darstellen, dass „Mussolinis Seele aus dem Sarg emporsteigt, um seine Nachfolger zu ermutigen",[135]

Zu den Grundlagen ihres Wirkens erklärte die Sozialbewegung das faschistische Parteiprogramm von 1919 und die unter dem Namen „Manifest von Verona" bekannt gewordene Erklärung Mussolinis anlässlich der Gründung der RSI. Mit der Festlegung im Parteistatut, „die soziale Idee in der ununterbrochenen historischen Kontinuität fortzuführen", legte die MSI ein weiteres Bekenntnis zum Mussolini-Faschismus ab. Kontinuität auch in Personalfragen: Zum Nationalsekretär wurde Giorgio Almirante und zum Parteivorsitzenden der bereits erwähnte Kriegsverbrecher Valerio Borghese gewählt. Die MSI wurde so, wie die Nummer Zwei der Bewegung, der RSI-Kämpfer Pino Rauti, später einschätzte, dank derer gegründet, „die weiter glaubten" und „unbeugsam Rache" forderten.[136] Mit der Sozialbewegung entstand eindeutig die verbotene faschistische Mussolinipartei wieder, was gegen eine Übergangsbestimmung der Verfassungsgebenden Versammlung verstieß, die lautete: „Wer die aufgelöste faschistische Partei in irgendeiner Form, sei es als Partei, Bewegung oder paramilitärische Organisation, wieder gründet und militärische oder paramilitärische Gewalt als Mittel für den politischen Kampf anwendet sowie die Ziele der aufgelösten faschistischen Partei verfolgt, wird mit Gefängnis von zwei bis 20 Jahren bestraft."[137] Die MSI entstand als eine „Partei traditionell faschistischen Typs, deren Grundstock (...) Kader der faschistischen Bewegung aus Hitlers und Mussolinis Zeiten, die persönlich mit den faschistischen Regimes verbunden waren", bildeten.[138] Von dieser Kontinuität ausgehend, schätzte die Internationale Föderation der Widerstandskämpfer (Féderation Internationale des Résistants) ein: „In Italien ist der Neofaschismus keine neue Erscheinung. Einige Monate nach dem Ende des Krieges war er bereits da. Man kann sagen, dass die Kontinuität eigentlich kaum eine Störung aufwies." Die FIR hielt es deshalb für angebracht, von „Faschismus" und nicht von „Neofaschismus" zu sprechen.[139] Die italienischen Faschisten sahen das selbst auch so. Die MSI-Zeitschrift „La Legione" stellte 1973, ausgehend von der „verdienstvollen" Zugehörigkeit der Altfaschisten zum Mussolini-Regime und besonders zur RSI sowie dem Bekenntnis der MSI dazu, klar: „Wir sind keine Neofaschisten, sondern Faschisten",[140]

Binnen weniger Wochen strömten der MSI Zehntausende alte

Mussolini-Anhänger zu und sicherten ihr eine bestimmte Massenbasis. Auf öffentlichen Versammlungen und Kundgebungen konnten die alten Mussolini-Faschisten ungehindert auftreten. Vor allem in den Arbeiterregionen Nord- und Mittelitaliens provozierten sie schwere und blutige Zusammenstöße. Im Oktober 1947 wurde MSI-Führer Almirante wegen Verherrlichung des Faschismus in der Öffentlichkeit zu einer Gefängnisstrafe verurteilt, jedoch sofort amnestiert. 1947 war die Partei in fast allen Regionen[141] organisiert und schuf bereits Jugendgruppen, Verbände der RSI-Kämpfer und andere faschistische Zweigorganisationen. Allein ihre Gewerkschaft CISNAL zählte rund eine Million Mitglieder. Insgesamt verfügte die MSI aufgrund ihrer Organisationsstruktur, ihrer straffen Disziplin und ihres Befehlssystems schon bald über einen gut funktionierenden und für Straßenaktionen jederzeit einsetzbaren Apparat. Bereits in den 60er Jahren zählte die Partei rund 300.000 Mitglieder und verfügte über 4.335 Sektionen (Basisorganisationen). Nach ihrem Zusammenschluss mit der Monarchistischen Partei 1972 stieg ihre Mitgliederzahl auf 400.000 an.[142]

4. Bürgerlicher Staat und Faschismus

Die heutigen Versuche, die faschistische Gefahr zu verneinen oder zu verharmlosen, finden vor allem deshalb Gehör, weil die Faschisierungsprozesse im parlamentarischen Rahmen vor sich gehen und von rechten bürgerlichen Kräften, vor allem von christdemokratischen Parteigrüppchen wie CDU und CCD, mitgetragen werden, was ihnen ein demokratisches Aushängeschild verschafft. Das hat bereits Mussolini nach dem „Marsch auf Rom" praktiziert, als er mit dem Parlament und an der Spitze einer Koalition mit bürgerlichen Parteien regierte, ehe er 1926 zur offenen Diktatur überging. Von diesen Erfahrungen ausgehend, agierten die Mussolini-Faschisten nach 1945 ebenfalls sofort als terroristische Aktionspartei und gleichzeitig im Rahmen des bürgerlichen Parlaments, um „innerhalb des politischen Systems Einfluss ausüben zu können",[143] Das funktionierte, weil die DC-Rechte sich von Anfang an zu diesem Paktieren mit den Faschisten hergab. Schon damals wurde die These von der Wahl der MSI ins Parlament als Argument ihrer „demokratischen Legitimität" geboren. Einige Beispiele, wie die MSI so salonfähig gemacht wurde: 1950 empfingen Staatspräsident Einaudi und Ministerpräsident De Gasperi eine MSI-Delegation mit ihrem Sekretär Michelini an der Spitze. 1953 stützte sich die Regierung Pella, eines zur DC gewechselten ehemaligen Mussolini-Faschisten, auf die Stimmen der MSI, um die erforderliche Mehrheit bei der Vertrauensabstimmung zu erhalten. 1957 bediente sich die Regierung Zoli und danach die von Antonio Segni der Stimmen der Faschisten. 1960 versicherte sich Fernando Tambroni, ein früherer Hauptmann der Miliz der RSI, seit 1926 Mitglied der faschistischen Partei und nunmehriger Ministerpräsident der DC, der Unterstützung seiner faschistischen Kumpane. Zweimal wurden die Bewerber der DC nur dank der faschistischen Stimmen zum Staatspräsidenten gewählt: 1962 Segni und 1972 Leone. Der einflussreiche Don Luigi Sturzo, 1919 Gründer der katholischen Volkspartei, rief 1952 die DC und die anderen bürgerlichen Parteien auf, zusammen mit der MSI und den Monarchisten einen Einheitsblock gegen die „rote Machtübernahme" zu bilden.[144]

Die DC zeigte sich erkenntlich. Pella empfing 1953 eine Delegation der faschistischen CISNAL-Gewerkschaft, und Zoli genehmigte der MSI, den Leichnam Mussolinis in den Heimatort des Duce nach Predapio zu überführen und dort in einem Ehrenhain beizusetzen. Die Feiern der MSI gestalteten sich zu einer Verherrlichung Mussolinis und der unter seinem Regime begangenen Verbrechen. Noch heute ist Predapio ein Wallfahrtsort der Faschisten. Die Witwe des Diktators erhielt eine Rente bewilligt, während sie Antifaschisten und Verfolgten des Mussoliniregimes in unzähligen Fällen verweigert wurde. Das MSI-Blatt „Sècolo d'Italia" bekam offizielle Staatszuschüsse.

Bedeutend stärker als auf zentraler Ebene konnte die MSI in den Parlamenten der Regionen und Provinzen sowie in Städten und Gemeinden vor allem im Mezzogiorno, dem Süden des Landes, Fuß fassen. Ihre Wahlergebnisse wuchsen 1972 in vier Regionen auf 15 und mehr Prozent an. In 47 von insgesamt 100 Provinzhauptstädten war sie in den Parlamenten mit Ergebnissen zwischen zehn und 35 Prozent vertreten. In den Regionen Kampanien, Apulien, Sizilien und Sardinien regierte die DC mehrere Legislaturperioden mit den Faschisten oder erhielt deren parlamentarische Unterstützung. In fast allen Provinzstädten sowie in 1.500 Städten und Gemeinden war die MSI mit etwa 40.000 Ratsmitgliedern vertreten. In über 100 Städten und Gemeinden stellte sie die Bürgermeister, und in zahlreichen weiteren wurden die Stadtoberhäupter mit ihren Stimmen gewählt.[145]

Nachhaltig stieg der Einfluss der faschistischen Bewegung und ihrer Führungszentrale MSI nach der Vereinigung mit der Monarchistischen Partei. Seit 1953 mit Stimmenanteilen zwischen fünf und knapp sechs Prozent im Parlament vertreten, wurde sie 1972 mit 8,7 Prozent in der Abgeordnetenkammer und 9,2 Prozent im Senat viertstärkste Partei. Das waren, wie Giuseppe Gaddi schrieb, „drei Millionen Stimmen für eine offen faschistische Bewegung. Und was die gewählten Parlamentarier betrifft, so handelte es sich zum großen Teil um Personen, die der Verurteilung als Kriegsverbrecher entgangen waren, oder um Leute, die in Verbrechen der jüngeren Zeit verwickelt waren."[146] Von 1976 bis 1992 hielt die MSI dann zwischen 5,9 und 6,8 Prozent der Wählerstimmen und blieb konstant viertstärkste Parlamentspartei, ehe sie 1994 sprunghaft auf 13,4 Prozent anstieg und den dritten Platz belegte. Die Präsenz im Parlament bedeutete keineswegs, dass die MSI das parlamentarische System anerkannte. Sie nutzte es nach den Regeln, die schon Goebbels für die Hitlerfaschisten festgelegt hatte, als er sagte: „Wir gehen in den Reichstag hinein, um uns im Waffenarsenal der Demokratie mit deren eigenen Waffen zu versorgen. Wir werden Reichstagsabgeordnete, um die Weimarer Gesinnung mit ihrer eigenen Unterstützung lahm zu legen. Wenn die Demokratie so dumm ist, uns für diesen Bärendienst Freikarten und Diäten zu geben, so ist das ihre eigene Sache. (...) Wir kommen als Feinde! Wie der Wolf in die Schafsherde einbricht, so kommen wir",[147] Almirante erklärte nach den Wahlen 1972 diesbezüglich ebenso unmissverständlich: „Wir sind der Faschismus, der keine Gesten macht, sondern lacht, über die Dummheit seiner Feinde."[148]

Durch den Zusammenschluss mit den Monarchisten stellte die MSI aber nicht nur ein Bündnis mit konservativen Parlamentariern alten Schlages her, sondern auch - was für ihren Einfluss von noch größerer Bedeutung war - mit dem ultrarechten Militärklüngel, einer unvergleichlich wichtigeren Gruppierung, die führende Positionen in der Armee, der Polizei und den Geheimdiensten innehatte. Gleichzeitig wurden damit die Verbindungen der MSI zur NATO entscheidend gestärkt. Personeller Ausdruck dessen war unter anderem, dass der ehemalige Befehlshaber der NATO-Seestreitkräfte Europa Süd, Admiral Birindelli, einer der stellvertretenden Führer der MSI wurde. Nach dem Zusammenschluss nahm die MSI den Beinamen Nationale Rechte (Destra Nazionale) an.

Die geheime Nato-Truppe stay behind, die in Italien Gladio hieß, rekrutierte ihre rund 12.000 Mitglieder vorwiegend aus den Terrorbanden der faschistischen Bewegung. In der Zeit der so genannten Spannungsstrategie, die den Weg für einen Obristenputsch nach griechischem oder später chilenischem Vorbild ebnen sollte, verübten die von der CIA geführten Gladio-Einheiten Tausende Terrorakte, die Hunderte Tote und Tausende Verletzte forderten. An den faschistischen Verschwörungen der Nachkriegszeit, die 1964, 1970, 1973 und 1978 inszeniert wurden, waren breite Kreise der bewaffneten Kräfte mit führenden Generälen und hohen Offizieren beteiligt. Zu den entscheidenden Organisatoren gehörten ebenso westliche Geheimdienste mit der CIA an der Spitze. Seit Anfang der 70er Jahre bildete die von dem Altfaschisten Licio Gelli in Zusammenarbeit mit der CIA unter dem Deckmantel einer Freimaurerloge gebildete P2 die Putschzentrale der Umsturzstrategen. In die Staatsstreichpläne waren höchste NATO-Stäbe eingeweiht. Truppenteile und Verbände des Paktes standen jeweils zum Eingreifen bereit.[149]

Die subversiven, auf den Sturz der verfassungsmäßigen Ordnung gerichteten Aktivitäten der Faschisten hinderten die rechten Kreise der DC und anderer bürgerlicher Parteien keineswegs, die Kollaboration mit diesen fortzusetzen. Sie wuchs im Gegenteil eher noch an. Lange vor der ersten Aufnahme der Faschisten 1994 und danach 2001 in die Regierung wurde die italienische Öffentlichkeit so daran gewöhnt, den Faschismus als „Normalität" im politischen Leben zu sehen.

Um dieses Paktieren zu kaschieren, brachte der christdemokratische Innenminister Mario Scelba ein Gesetz (Legge Scelba) ein, nach dem die MSI und ihre paramilitärischen Organisationen gemäß der Verfassung aufgelöst werden sollten.[150] 1952 verabschiedet, wurde es nie gegen die MSI angewendet. Kam es nach Terrorakten zu Prozessen gegen faschistische Organisationen oder auch nur ihre Mitglieder, so endeten sie nicht selten mit äußerst milden Urteilen oder Freisprüchen. Die 1974 als Nachfolgeorganisation der Mussolinipartei verbotene, rund 10.000 Mitglieder zählende terroristische Ordine Nuovo[151] agierte danach unter dem Namen Ordine Nero weiter. 1978 endete ein Prozess gegen 18 Mitglieder der umgetauften Organisation, die wegen Neugründung der Mussolinipartei angeklagt worden waren, für alle mit Freispruch.[152]

Die MSI konnte daraus schlussfolgern und dementsprechend handeln, dass sie eine verfassungsmäßige Partei sei, die keinen Anlass böte, das Scelba-Gesetz anzuwenden. Führende Faschisten mit MSI-Führer Almirante an der Spitze konnten weiterhin in der Öffentlichkeit und selbst im Parlament im Schwarzhemd auftreten und faschistische Propaganda betreiben, ohne dass sie dafür zur Verantwortung gezogen wurden. Um der Öffentlichkeit einen Rest von antifaschistischem Konsens vorzuführen, einigten sich die bürgerlichen Parteien mit den Kommunisten und Sozialisten stillschweigend darauf, die MSI auf zentraler Ebene an keiner Regierung zu beteiligen. Man sprach von den Parteien des Arco Costituzionale, des Verfassungsbogens, von dem die MSI ausgeschlossen blieb. Das änderte nichts daran, dass beispielsweise die jeweiligen Staatspräsidenten nach Parlamentswahlen oder den häufigen Regierungskrisen und Kabinettsneubildungen auch den MSI-Führer zu Konsultationen empfingen. 1984 schockierte der sozialistische Staatspräsident Sandro Pertini, ein angesehener Führer der Resistenza, die Öffentlichkeit, indem er MSI-Chef Almirante offiziell empfing. Pertinis Haltung hatte Signalwirkung. Christdemokraten und Liberale hatten danach gegenüber den Faschisten kaum noch Hemmungen. MSI-Abordnungen wurden von nun an regelmäßig zu Parteitagen eingeladen. Sozialistenchef Bettino Craxi sprach sich als Ministerpräsident (1983-87) für eine Aufnahme der MSI in die Regierung aus.

Der zweimalige Ministerpräsident Francesco Cossiga traf sich als Staatspräsident häufig offiziell mit MSI-Führer Gianfranco Fini, seit 1987 Nachfolger Almirantes, empfing Abordnungen der Partei und übermittelte 1992 zu einer faschistischen Kundgebung in Mailand eine Grußadresse, der die Teilnehmer bei der Verlesung stehend mit Führergruß und Duce-Rufen applaudierten.[153]

Der Arco Costituzionale erwies sich so - lange, bevor er im April 1994 mit der erstmaligen Aufnahme der MSI in eine italienische Nachkriegsregierung auseinanderbrach - als ein brüchiger Konsens, der dazu diente, die Gefahr des Faschismus zu verdecken. Diese Gefahr stellte seit 1945 einen außerordentlich bedrohlichen Bestandteil der politischen Struktur der italienischen Gesellschaft dar. Die faschistische Bewegung bildete unter den ökonomischen Voraussetzungen und angesichts der immer wieder ausbrechenden politischen Krisen sowie der strategischen und machtpolitischen Erwägungen des Imperialismus und seiner Politik des „roll back" des Sozialismus eine wichtige politische Reserve und ein antidemokratisches Potenzial, besonders der reaktionärsten bürgerlichen Vertreter. In Etappen der Zuspitzung der Klassenauseinandersetzung wurde sie als Druckmittel eingesetzt und auch als Macht ausübender Faktor nicht ausgeschlossen. Einmal mehr zeigt diese Tolerierung des Faschismus, wie gültig unverändert ist, was Lenin zum eingeschränkten Charakter der bürgerlichen Demokratie sagte: dass ihr die „politische Reaktion" wesenseigen sei, die Bereitschaft, eine „Wendung von der Demokratie zur politischen Reaktion" zu vollziehen.[154]

Kapitel IV:
Die Sozialisten

1. Zwischen Marxismus und Bakunismus

Im Kampf gegen den Faschismus geht es um die entscheidende Rolle der Kommunisten und Sozialisten bzw. Sozialdemokraten. Nicht nur die Kampfkraft der Sozialisten, sondern auch die der Kommunisten wurde jedoch nach 1945 durch alte und neue revisionistische Erscheinungen geschwächt, was der faschistischen Gefahr besonders nach der Niederlage des Sozialismus 1989/90 in Europa einen unerwarteten Auftrieb gab. Lange Zeit überdeckte diesen Prozess jener der italienischen Arbeiterbewegung innewohnende, in ihrer Entstehung wurzelnde kämpferische Geist, der zu den Grundlagen ihres entscheidenden Beitrages zum siegreichen Widerstand gegen Mussolini und die deutsche Besatzung gehörte. Dabei wird bis heute übersehen, dass diese positiven Aspekte ebenso von gewissen negativen begleitet wurden. Ein Blick auf die Anfänge der Arbeiterbewegung scheint deshalb unumgänglich.

Die italienische Arbeiterbewegung formierte sich seit Anfang der 60er Jahre des 19. Jahrhunderts in einem komplizierten Prozess der Auseinandersetzung mit der bürgerlichen Ideologie, darunter reformistischen Erscheinungen. Das war für alle Länder im Entstehungsstadium des Kapitalismus in dieser Zeit mehr oder weniger charakteristisch, zeigte jedoch in Italien einige spezifische Züge. Im Anfangsstadium übten zwei herausragende Führer der nationalen Einigungsbewegung und der bürgerlichen Revolution von 1848/49 einen bedeutenden, aber unterschiedlichen Einfluss aus: Giuseppe Mazzini und Giuseppe Garibaldi sowie deren Anhänger, die in beträchtlicher Zahl zur Arbeiterbewegung stießen bzw. mit ihr sympathisierten. Hohes Ansehen genoss Garibaldi, der Befehlshaber der Revolutionstruppen und Führer der nationalen Befreiungsbewegung, die 1861 den einheitlichen Nationalstaat hervorbrachte. Die Kräfte des Risorgimento hatten jedoch nicht ausgereicht, eine Demokratische Republik zu errichten. Umberto I. kam dem zuvor, proklamierte das Königreich Italien als konstitutionelle Monarchie und vereinnahmte die Früchte des Kampfes der Volksmassen.

Als der Krieg Preußens gegen Frankreich 1870 nach Sedan in einen Eroberungsfeldzug umschlug, kämpfte Garibaldi auf Seiten der Französischen Republik und befehligte ein Armeekorps.[155] Danach lehnte er zwar das ihm angebotene Kommando über die Truppen der Pariser Kommune ab, bezeugte aber dem Volk von Paris und seinem gerechten Kampf öffentlich seine Sympathie. Das Bekenntnis des radikalen kleinbürgerlich-demokratischen Revolutionärs ließ viele seiner Mitstreiter als auch Mazzinisten zu Anhängern des Sozialismus werden. Marx' berühmte Inauguraladresse, die zur einigenden Plattform der bestehenden Strömungen in der internationalen Arbeiterbewegung wurde, begrüßte Garibaldi als „Sonne der Zukunft",[156]

Mazzini dagegen lehnte die 1864 von Marx und Engels gegründete Internationale Arbeiterassoziation (IAA) ebenso wie die Kommune ab und trat stattdessen in der Arbeiterbewegung für die Klassenzusammenarbeit mit der Bourgeoisie ein. Ausdrücklich akzeptierte er „die bürgerliche Demokratie, die den Arbeitern politische Rechte anbietet, um die sozialen Privilegien der mittleren und oberen Klassen aufrechtzuerhalten", Gegen den „gott- und vaterlandslosen" Generalrat der IAA führte er einen unerbittlichen politischen Feldzug.[157]

Großen Einfluss auf die frühe italienische Arbeiterbewegung übte der russische Revolutionär und spätere Anarchist Michail Bakunin aus, der aufgrund seiner Teilnahme an Brennpunkten der bürgerlichen Revolutionen 1848/49 in Europa - er war unter anderem militärischer Leiter des Dresdener Aufstandes im Mai 1849 - großes Ansehen genoss. Als ihm nach sechsjähriger Haft in Petersburg und anschließender Verbannung nach Sibirien 1861 die Flucht gelang, begab er sich nach

London, wo er Marx kennen lernte und zu ihm freundschaftliche Beziehungen unterhielt. Als Bakunin sich entschied, nach Italien zu gehen, bat Marx ihn, die IAA zu vertreten. In Italien, wo er sich von 1864 bis 1867 aufhielt, begann Bakunin sich zum führenden Anarchisten zu entwickeln. Bis 1870 arbeitete er seine anarchistische Konzeption aus, die er in den Werken „Staatlichkeit und Anarchie" und „Gott und der Staat" zusammenfasste.[158] Mit der Losung von der Zerstörung „jeglicher politischer Macht" wandte er sich gegen die Errichtung der Diktatur des Proletariats. Als entscheidende revolutionäre Kräfte betrachtete Bakunin die bäuerlichen Massen und das Lumpenproletariat. Diesen Standpunkt verfocht er in der Internationale und versuchte, deren Führung zu erringen. Zur Durchsetzung ihrer Linie schufen die Bakunisten innerhalb der IAA eine geheime Organisation, die „Allianz der sozialistischen Demokratie", Trotz eines Beschlusses des Generalrates, diese auf zu lösen, bestand die Fraktion weiter. Das trug wesentlich dazu bei, dass die Anhänger von Marx in der Auseinandersetzung die Oberhand gewannen und der Haager Kongress 1872 Bakunin und seine Parteigänger wegen statutenwidriger Fraktionstätigkeit aus der Internationale ausschloss.

Trotzdem blieb der Bakunismus noch längere Zeit die politisch und organisatorisch vorherrschende Strömung in der italienischen Arbeiterbewegung. Die 1874 bestehenden 129 Organisationen mit über 26.000 Mitgliedern. bildeten eine der stärksten Vertretungen der Internationale, in der die Anhänger Bakunins wie auch in Spanien, wie Engels schrieb, „eine Zeit lang tatsächlich die Arbeiterbewegung beherrschten",[159] was die Verbreitung des Marxismus außerordentlich erschwerte. Erst als 1874 und 1877 zwei Aufstandsversuche der Anarchisten scheiterten, begann der Einfluss der Bakunisten zurückzugehen. Weitgehend unbekannt ist, dass Bakunin in seinen letzten Lebensjahren mehrfach Gedanken äußerte, die seinen früheren anarchistischen Gedanken über Aufstand und Revolution um jeden Preis zuwider liefen, und er selbst seine ablehnende Haltung zu Marx'Theorie der Partei und der Spontaneität in Frage stellte.[160]

Treffend hat Franz Mehring Bakunin nach dessen Tod am 1. Juli 1876 als Revolutionär und Anarchisten gewürdigt, der für die Arbeiterklasse „so tapfer gekämpft und so schwer gelitten hat", und geschrieben, „bei all seinen Fehlern und Schwächen wird ihm die Geschichte einen Ehrenplatz unter den Vorkämpfern des internationalen Proletariats sichern."[161] Das trifft insbesondere auf die Formierung der italienischen Arbeiterbewegung zu. Wenn in diesem Absatz darauf etwas näher eingegangen wurde, dann deshalb, weil auch nach der vorherrschenden Durchsetzung des Marxismus in Italien eine beträchtliche anarchistische Strömung bestehen blieb, aus der neben negativen politisch-ideologischen Aspekten auch eine kämpferische Komponente resultierte, wie sie sich vor dem ersten Weltkrieg am Beispiel der anarcho-syndikalistischen Fraktion in der ISP zeigte. Anarchisten bezogen in nicht wenigen Fragen antiimperialistische und vor allem Antikriegs- sowie nach der Errichtung der faschistischen Diktatur antifaschistische Positionen. Es ist eine Haltung, die auch in den Kämpfen nach 1945, darunter in der 68er Bewegung, sichtbar wird und sich zuletzt in der Teilnahme von Anarchisten an den Anti-Globalisierungs-Aktionen in Genua zeigte.

2. Die Gründung der Italienischen Sozialistischen Partei (ISP)

Auf die Auseinandersetzung mit dem Bakunismus wie mit dem Reformismus nahm Friedrich Engels, der seit 1871 die Funktion des Korrespondierenden Sekretärs des Generalrates für Italien wahrnahm, persönlich Einfluss. Einbezogen wurden nunmehr auch die vorher vernachlässigten, industriell fortgeschrittenen Regionen des Nordens, die Lombardei und Piemont. 1892 war es dann so weit. Auf dem Sozialistenkongress in Genua schlossen sich die verschiedenen norditalienischen Organisationen zur einheitlichen Partei der Italienischen Arbeiter zusammen, die 1893 den Namen Italienische Sozialistische Partei annahm. Die italienischen Sozialisten waren in Italien die ersten, die eine gesamtnationale Partei schufen. Eine bedeutende Rolle hatten bei ihrer Gründung Filippo Turati und Antonio Labriola gespielt.

Das Parteiprogramm der ISP, das die Inbesitznahme der Produktionsmittel (Arbeitsmittel) durch die Arbeiter als Voraussetzung ihrer Befreiung forderte, trug grundsätzlich marxistischen Charakter. Turati ignorierte jedoch die Kritik von Marx am Gothaer Programm der deutschen Sozialdemokratie, was dazu führte, dass der Weg zur politischen Machtergreifung ausgeklammert wurde. Eine weitere Gefahrenquelle bildete das völlige Fehlen der Bündnisfrage. Unter der „herrschenden Klasse" wurde nur die Bourgeoisie verstanden; die Latifundisten mit keinem Wort erwähnt. Es fehlten ebenso spezifische Hinweise auf die unterdrückten Klassen und Schichten auf dem Lande. Engels hielt fest, dass die während der „nationalen Emanzipation" zur Macht gekommene Bourgeoisie ihren Sieg nicht vollendete und die „Reste der Feudalität" nicht vernichtete. Er sprach vom „arbeitenden Volk", zählte dazu ausdrücklich „Bauern, Handwerker, Land- und Industriearbeiter" und betonte, sie stünden „unter schwerem Druck, einerseits infolge überalterter Missstände, Hinterlassenschaften nicht nur der Feudalzeit, sondern sogar noch der Antike (mezzadria, die Latifundien des Südens, wo das Vieh den Menschen verdrängt), andererseits infolge des raffgierigsten Steuersystems, das jemals ein Bourgeoisiesystem erdacht hat."[162] Die Fragen blieben bis Anfang der 20er Jahre ungelöst. Erst Antonio Gramsci gab in seiner Konzeption zur Lösung „der süditalienischen Frage" darauf eine Antwort.[163]

Die Schwächen des ISP-Programms führten dazu, dass sich in der Partei ein linker revolutionärer Flügel und ein reformistischer herausbildeten. Auf dem Parteitag 1900 gelang es den Reformisten unter Turati, mehrheitlich die Parteiführung zu besetzen. Nachdem von 1904 bis 1908 die Anarcho-Syndikalisten die Mehrheit im Parteivorstand innehatten, gelangten danach wieder die Reformisten an die Spitze. Die anarcho-syndikalistische Strömung fühlte sich mit ihren Führern Enrico Ferri und Arturo Labriola jedoch dem linken Flügel zugehörig. Nach Gramsci „bildete sie den instinktiven, elementaren, primitiven, aber gesunden Ausdruck des Widerstandes der Arbeiter gegen den Block mit der Bourgeoisie und für den Block mit den Bauern, in erster Linie mit den Bauern des Südens",[164] Sie forderte den Generalstreik als politische Kampfform, verabsolutierte indessen seine Anwendung und verlangte, die Produktionsmittel den Gewerkschaften zu übergeben. Obwohl zur Partei gehörend, lehnte sie sowohl deren Funktion als Führer des Proletariats als auch dessen politische Machtergreifung ab. Der Ausschluss der Anarcho-Syndikalisten auf dem Parteitag 1908 in Florenz war unter den Linken umstritten.

Neben dem verhängnisvollen Einfluss, den Mussolini während seiner langjährigen Arbeit als führender Funktionär in der ISP ausübte, sind Gewicht und Wirken des Katholizismus in der italienischen Arbeiterbewegung zu sehen. Weitaus stärker als in anderen Ländern stand - und steht noch heute - der italienischen Arbeiterbewegung in Gestalt seiner Zentrale, des Vatikanstaates, direkt ein gefährlicher und hervorragend organisierter politischer Gegner gegenüber. Zielstrebig schuf die katholische Kirche gegen die Sozialistische Partei und ihre Gewerkschaften ihre eigene Bewegung, deren Grundlage christliche Gewerkschaften bildeten. 1878 sicherte Papst Leo XIII. dem bürgerlichen Staat die Unterstützung der Kirche „zugunsten der durch die aufrührerischen und unmoralischen Doktrinen - den Marxismus - gefährdeten sozialen und politischen Ordnung" zu. Die 1891 erlassene Enzyklika „Rerum Novarum", welche die Grundlage der katholischen Soziallehre bildete, wandte sich gegen „jede Form des Sozialismus", der als „Pest" gebrandmarkt wurde, und forderte: „Wenn die Massen sich von üblen Doktrinen hinreißen lassen, darf der Staat nicht zögern, mit starker Hand zuzufassen", Die Enzyklika wurde „zur konterrevolutionären Waffe im Schoße der Massen", schrieb Ignazio Silone. 40 Jahre später - Mussolini war 1922 mit aktiver Hilfe des Vatikans an die Macht gebracht worden - bekräftigt Pius XI. die notwendige „schonungslose Unterdrückung" der Kommunisten und erklärte unzweideutig: „Die Rettung (vor ihnen) liegt im Faschismus".[165] Johannes Paul II. nahm 1991 den 100. Jahrestag von „Rerum Novarum" zum Anlass, die Enzyklika „Centesimus Annus" zu erlassen. Darin feierte er „Rerum Novarum" als Voraussetzung für den „Zusammenbruch der Ideologie und der Regime des realen Sozialismus" und erteilte für alle Zeiten „an jede Form des Sozialismus" eine Absage.[166]

Trotz dieses starken gegnerischen politisch-ideologischen Einflusses gelang es den revolutionären Sozialisten, ihre Position in der Arbeiterbewegung zunehmend zu stärken. Anfang des 20. Jahrhunderts rund 250.000 Mitglieder zählend, stieg die ISP 1906 zur drittstärksten Arbeiterpartei Europas auf. Bauernaufstände 1894 auf Sizilien und Barrikadenkämpfe in Mailand 1898 vermittelten lehrreiche Erfahrungen und stärkten die Kampfkraft. 1900 setzte die Partei im Ergebnis eines Generalstreiks in der Industrie- und Hafenstadt Genua das Streikrecht durch. Danach wuchsen Arbeitsniederlegungen von Jahr zu Jahr an. Wichtigstes politisches Ergebnis war 1906 die Bildung des Allgemeinen Italienischen Gewerkschaftsbundes (Confederazione Generale del Lavoro).

3. Die Reformisten

Das Wachsen der ISP zu einer Massenpartei mit einem beträchtlichen hauptamtlichen Parteiapparat und der Einzug ins bürgerliche Parlament mit einer steigenden Zahl von Abgeordneten nebst Mitarbeiterstäben, die an ihren Posten mit Diäten und vielseitigen Vergünstigungen hingen, schufen einen günstigen Nährboden für die Ausbreitung des Reformismus. Turati vertrat eine Konzeption der Zusammenarbeit mit der liberalen Bourgeoisie und unterhielt dazu Kontakte zu Ministerpräsident Giovanni Giolitti, der durch Reformen und Zugeständnisse an die Arbeiterbewegung (Transformismus) nach britischem, deutschem und französischem Beispiel eine schmale Oberschicht der Arbeiterklasse zu korrumpieren und reformistisch zu festigen suchte, um die ISP in den Parlamentarismus und das kapitalistische Herrschaftssystem einzubinden.

Während Turati einen gemäßigten Reformismus für geraten hielt, stieg Leonida Bissolati zu dessen exponiertestem Vertreter auf. Er orientierte sich an Eduard Bernstein und Karl Kautsky, trat offen für eine Revision des Marxismus ein und bekannte sich zur Solidarität mit dem bürgerlichen Staat „mit intelligenter und moderner Bourgeoisie", 1911 unterstützte er mit einer Minderheit im Parteivorstand die Aggression gegen die Türkei zur kolonialen Eroberung der Kyrenaika und

Tripolitaniens. Die Mehrheit der ISP-Führung trat zwar gegen den Krieg auf, riet jedoch von einem Generalstreik ab und sprach sich lediglich für einen „würdigen Protest" aus.

Der Parteitag 1912 in Reggio Emilia schloss diese extremistische Richtung der Reformisten aus der ISP aus, die daraufhin mit Bissolati und Ivanhoe Bonomi an der Spitze die Reformistische Sozialistische Partei (Partito Socialista Riformista) gründeten. Während des Ersten Weltkrieges gingen die Rechtsreformisten, nachdem sie zunächst für die Neutralität eingetreten waren, 1916 auf sozialchauvinistische Positionen über und unterstützten unter der demagogischen Losung des Kampfes „der demokratischen Staaten" gegen die „autoritären Staaten" den Kriegseintritt Italiens auf Seiten der Entente. Bissolati trat als Minister ohne Portefeuille in die Regierung ein. Turati und seine Anhänger lehnten es ab, ihnen zu folgen, und blieben als so genannte gemäßigte Reformisten in der ISP. Als im Oktober/November 1917 deutsch-österreichische Truppen am Monte Grappa und am Piave die italienische Front durchbrachen und die dort stehenden 700.000 kriegsmüden Soldaten flohen, veranlasste das Turati und eine Anzahl „gemäßigte Reformisten", ebenfalls sozialchauvinistische Positionen zu beziehen und zur Vaterlandsverteidigung aufzurufen. Der politisch-militärische Zusammenbruch Deutschlands und Österreichs rettete Italien vor weiteren Desastern. Als Wien am 4. November 1918 bei Padua vor der Entente kapitulierte, gehörte Rom zu den Siegern und schickte sich an, seine Kriegsbeute einzufordern. Turati trat gegen den Beschluss des ISP-Vorstandes in die italienische Regierungskommission zur Vorbereitung eines imperialistischen Friedens ein.[167]

Mit dem Ausschluss der offenen Reformisten stärkten die Linken in der ISP ihre Position, was es ihnen 1914 als einziger westeuropäischer Sektion der II. Internationale ermöglichte, Antikriegspositionen zu beziehen, welche die Partei während des ganzen Krieges gegen die Versuche der Reformisten beibehielt. Nachhaltig spiegelten die machtvollen antimilitaristischen Arbeiteraktionen wenige Wochen vor Kriegsausbruch im Juni 1914 die Haltung der Linken wider. In ihrem Verlauf riefen die ISP und die CGdL zum Generalstreik auf, kam es in Rom, Turin, Mailand, Genua, Florenz und Ancona zu Barrikadenkämpfen, proklamierten die Aufständischen in der Romagna und den Marken die Republik. Bei der Niederschlagung der Erhebung durch über 100.000 Soldaten gab es zahlreiche Tote und Verletzte.

Die linke Fraktion dominierte zunächst auch noch nach Kriegsende und in der Anfangsphase der revolutionären Nachkriegskämpfe die Partei. Das Fehlen eines die Arbeiterbewegung beherrschenden Reformismus war in Italien vor allem darauf zurückzuführen, dass sich zu diesem Zeitpunkt, bedingt durch die relativ spät einsetzende kapitalistische Entwicklung, noch keine Arbeiteraristokratie herausgebildet hatte, wie dies beispielsweise in Deutschland der Fall war.

4. Gramsci und die „Neue Ordnung"

In dieser Phase gründete Antonio Gramsci zusammen mit Palmiro Togliatti, Umberto Terracini und Angelo Tasca die Zeitschrift Ordine Nuovo, deren erste Ausgabe am 1. Mai 1919 erschien. Es gelang, neben proletarischen Autoren hervorragende Intellektuelle zur Mitarbeit zu gewinnen, was vor allem ein Verdienst Gramscis und Tascas war. In der Ordine Nuovo schrieben neben Arbeiterkorrespondenten und Arbeiterdichtern pazifistische Intellektuelle der Weltliteratur wie Romain Rolland, Henri Barbusse, Walt Whitman und Maxim Gorki. Dass es sich nicht nur um kommunistische Intellektuelle handelte, verdeutlichte beispielsweise die Mitarbeit des brillanten liberalen Kulturkritikers Piero Gobetti.[168]

Die Zeitschrift, die sich gleichzeitig als Organisation der revolutionären Linken verstand, wollte ursprünglich in der ISP den Reformismus überwinden und die Partei auf einer revolutionären Linie einigen. Sie bekannte sich zur Oktoberrevolution, zur Errichtung einer proletarischen Staatsmacht und zur im März 1919 gegründeten Kommunistischen Internationale, verbunden mit der Forderung an die ISP, ihr beizutreten. Die Ordinuovisten definierten sie sich als Kommunisten und ihr Ziel einer sozialistischen Ordnung als kommunistische Gesellschaft.

Im Mittelpunkt des politisch-organisatorischen Wirkens der Ordine Nuovo stand die norditalienische Bewegung der Fabrikräte mit der Arbeitermetropole Turin, Sitz des FIAT-Konzerns, als Zentrum. Die Zeitschrift bezeichnete sich gleichzeitig als Organ der Fabrikräte und wurde von diesen als solches genutzt. Einen Erfolg erreichten die Ordinuovisten auf dem ISP-Parteitag, der im Oktober 1919 im roten Bologna stattfand. Ihre Forderungen wurden weit gehend in das Parteiprogramm aufgenommen. Lenin wertete die Ergebnisse als einen „glänzenden Sieg des Kommunismus", warnte jedoch vor Illusionen: „Die offenen und verkappten Opportunisten, die in der italienischen Partei unter den Parlamentariern so zahlreich sind, werden zweifellos die Beschlüsse des Parteitages von Bologna zu umgehen und zu durchkreuzen versuchen. Der Kampf gegen diese Strömung ist noch längst nicht beendet."[169] Unter den verkappten Opportunisten verstand Lenin die Zentristen, die in der Auseinandersetzung eine „unbestimmte Haltung" einnahmen und zwischen den revolutionären Linken und den Reformisten lavierten.[170]

Die Warnung erwies sich als berechtigt. Einen Monat nach dem Parteitag fanden erstmals nach dem Ende des Krieges, und zwar nach dem Verhältnisrecht, Wahlen statt. Die ISP konnte ihre Stimmen mit 32,4 Prozent gegenüber den letzten Wahlen von 1913 verdreifachen und belegte in der Abgeordnetenkammer mit 156 Mandaten den ersten Platz. Die Mehrheit der gewählten Parlamentarier stellten die Reformisten und Zentristen, deren These vom „friedlichen Hineinwachsen in den Sozialismus" durch die Wahlergebnisse einen unerwarteten Auftrieb erhielt. Die Wahlen markierten den Beginn der mehrheitlichen Beherrschung der ISP durch die Reformisten.

Die Ordinuovisten gaben jedoch noch nicht auf. Sie versuchten, die Zentristen, die in Bologna in der Mehrheit mit den Linken gemeinsame Positionen bezogen hatten, auf ihre Seite zu ziehen. Gramsci erarbeitete ein „Programm für die Erneuerung der Sozialistischen Partei", das am 8. Mai 1920 in der Ordine Nuovo erschien. Darin stellte er als Ziel, die ISP in eine „Partei des revolutionären Proletariats", die für „die Zukunft einer kommunistischen Gesellschaft" eintritt, umzuwandeln. Den Kern der Forderungen bildete der Bruch mit dem Opportunismus.[171]

Im Klima der verschärften Auseinandersetzungen der Ordinuovisten mit den Reformisten und Zentristen trat vom 15. bis 21. Januar in der norditalienischen Hafenstadt Livorno der XVII. Parteitag der Sozialisten zusammen. Auf ihm vertraten die Zentristen 98.028 Mitglieder, Ordine Nuovo 58.783 und die Reformisten 14.695. Die Ordinuovisten suchten eine Übereinkunft mit den Zentristen zur Durchsetzung des Programms von Bologna. Giacinto Menotti Serrati, der sich vor dem Parteitag für „die Trennung von den Opportunisten" ausgesprochen hatte, konnte sich nicht durchsetzen. Mit dem Argument, die Einheit der Partei zu wahren, lehnten die Zentristen den Ausschluss der Reformisten ab. Daraufhin verließen die Linken am Morgen des 21. Januar geschlossen das Tagungsgebäude im Goldini-Theater und gründeten im Sankt Markus-Theater die Kommunistische Partei. Zum Generalsekretär wählte der Gründungskongress Amadeo Bordiga. Zu den 15 Mitgliedern des Zentralkomitees gehörten Gramsci, Tasca und Terracini. Unmittelbar nach dem Parteitag schlossen sich 35.000 der insgesamt 41.000 Jungsozialisten der IKP an.[172] Serrati korrigierte später seine Haltung, wurde Führer der Terzinternationalisten, welche die ISP an die KI annähern wollten, brach 1924 mit den Reformisten und trat der IKP bei, die ihn in ihr Zentralkomitee aufnahm.[173]

Gramsci ist oft nachgesagt worden, er habe die Trennung von den Reformisten als einen großen Fehler gesehen. Tatsächlich sah er im Misslingen der Herstellung einer revolutionären Kampfpartei auf kommunistischen Grundlagen „den größten Triumph der Reaktion",[174] Feststehen dürfte, dass es ohne die Gründung der IKP nicht möglich gewesen wäre, eine revolutionäre nationale Strategie der Arbeiterklasse als die entscheidende Grundlage des Kampfes, der zum Sturz Mussolinis und zur Niederlage des Faschismus führte, zu erarbeiten.

5. Aus der Aktionseinheit in die bürgerliche Regierung

ISP und IKP galten am Ende des Zweiten Weltkrieges als die führenden Parteien der Resistenza. Zwar übte der vom Alliierten Oberkommando benannte General Raffaele Cadorna aus der früheren Mussoliniarmee eine koordinierende Funktion an der Spitze der Partisanenarmee aus, aber als die eigentlichen Befehlshaber und Leiter der militärischen Operationen fungierten gleichberechtigt der Sozialist Sandro Pertini und der Kommunist Luigi Longo. Cadorna hielt vorwiegend die Verbindungen zu den Alliierten. Obwohl die IKP die eigentliche führende Kraft der Resistenza bildete, vermied sie es, das herauszustellen, und betonte stattdessen auf der Grundlage des Aktionseinheitsabkommens den gleichberechtigten Anteil beider Arbeiterparteien. Das geschah mit dem Ziel, IKP und ISP zu einer Massenpartei, die eine „Einheitspartei der Arbeiterklasse" sein sollte, zu vereinigen. Einen entsprechenden Vorschlag unterbreitete die IKP vor Beginn des bewaffneten Aufstandes im Frühjahr 1945. Togliatti betonte, der „Aufbau eines demokratischen und fortschrittlichen Italiens" erfordere, dass „die Arbeiterklasse all ihre Kräfte vereint", um den reaktionären und konservativen Kräften „den festen und untrennbaren Block der Arbeiterklasse" entgegenzustellen. Auf Initiative der IKP entstanden in den nördlichen Regionen - Piemont, Lombardei, Ligurien, Emilia Romagna und Venetien - bereits sozialistisch-kommunistische Vorbereitungsausschüsse.[175] Die Vereinigungsaktivitäten kamen jedoch nicht voran. Sie beschränkten sich dann auf die Erneuerung des Aktionseinheitsabkommens im Oktober 1946, in dem der Aufbau eines „antimonopolistischen Italien" und dazu das einheitliche Handeln auf Regierungs-, Parlaments- und kommunaler Ebene sowie die Stärkung der Einheit der Gewerkschaften und der Massenorganisationen vereinbart wurden.[176]

Die Vereinigung scheiterte an der Ablehnung des rechten Flügels, der sich bereits unmittelbar nach Kriegsende in der ISP herauszubilden begann. Als dieser sich gegenüber den noch vorherrschenden linken Kräften nicht durchsetzen konnte, spaltete er sich unter Giuseppe Saragat im Januar 1947 von der ISP ab und bildete die Sozialistische Partei der italienischen Arbeiter, die sich seit 1952 Italienische Sozialistische Demokratische Partei nannte. Die Sozialdemokraten bezogen von Anfang an scharfe antikommunistische Positionen, unterstützten den proamerikanischen Kurs De Gasperis, in dessen Regierung sie nach der

Vertreibung der Kommunisten und Sozialisten im Juni 1947 eintraten, und stimmten im April 1949 für den Beitritt zur NATO.

Die weitere Rechtsentwicklung der ISP erfolgte im scharfen antikommunistischen Klima des Kalten Krieges und der Einbindung Italiens in die NATO sowie deren Unterordnung unter die Vorherrschaft der USA. Beträchtlich darauf ein wirkte der Druck, den die Sozialistische Internationale mit dem Ausschluss der ISP im Mai 1949 ausübte. Er wurde ausdrücklich mit dem Festhalten an der Aktionseinheit als einem Ausdruck der engen Zusammenarbeit mit den Kommunisten begründet. Trotzdem trat die ISP auf nachdrückliche Forderung der Basis zu den ersten Parlamentswahlen 1948 noch zusammen mit der IKP auf einer gemeinsamen Liste an, die 31 Prozent erreichte. Berücksichtigt man die 7,1 Prozent, auf welche die Sozialdemokraten kamen, so erreichten sie gegenüber 1946 1,5 Prozent weniger Stimmen, was in dem besonders vom Vatikan angeführten regelrechten antikommunistischen Kreuzzug, in dem Sozialisten und Kommunisten massenweise exkommuniziert wurden, noch immer ein gutes Ergebnis war.

Die antikommunistische Kampagne hatte der Klerus während der USA-Reise De Gasperis eröffnet. Am 22. Januar 1947 empfing ihn Erzbischof Flannally in Anwesenheit von Kardinal Spellmann in der St. Patrick's Cathedral von New York und erklärte: „Das Mittelmeer ist ein christliches Meer, das nicht durch den atheistischen Kommunismus mit seiner tödlichen Faust rot gefärbt werden darf."[177] Es war eine deutliche Drohung, die Regierungszusammenarbeit mit den Kommunisten und Sozialisten zu beenden. Den Druck auf De Gasperi verstärkte Präsident Truman in seiner berüchtigten Rede vom 22. März 1947, in der erklärte, die USA seien „zum mächtigsten Land der Welt, ja zweifelsohne zum mächtigsten Land in der gesamten Menschheitsgeschichte" geworden, und sich anmaßte, das „Recht" der USA zur Einmischung in Staaten, die tatsächlich oder angeblich unter kommunistischem Einfluss stünden, anzukündigen. Im Rahmen der Strategie der „Eindämmung des Kommunismus" wurde diese Truman-Doktrin als nächstes mit der Unterstützung der reaktionären Regierung in Athen gegen die griechische antifaschistische Befreiungsbewegung sowie der reaktionären und Rechtskräfte in der Türkei in die Praxis umgesetzt.

Den Regierungen in Paris und Rom sagte Washington zu, für die Ausschaltung der Kommunisten und Sozialisten aus der Exekutive 250 bzw. 150 Millionen Dollar zu zahlen.[178]

Der nächste Schlag galt der Einheit der Gewerkschaften. 1950 spalteten sich zwei reformistische Verbände, die Confederazione Italiana Sindacati Lavoratori (CISL)und die Unione Italiana del Lavoro (UIL), von dem bis dahin einheitlichen Gewerkschaftsbund CGIL ab. Anlass war, dass in der 1944 während der Resistenza neu gegründeten CGIL 55,8 Prozent Mitglieder oder Anhänger der IKP waren, während nur 22,6 der ISP nahe standen und lediglich 13,4 Prozent sich an der DC orientierten. Die Zerschlagung der Gewerkschaftseinheit war, wie 15 Jahre später der Mailänder „Corriere della Sera" enthüllte, unter Regie der CIA von der US-amerikanischen Gewerkschaft AFL-CIO in Szene gesetzt worden. Die Operation leitete deren Chef Irving Brown, der später als Agent der CIA enttarnt wurde, persönlich.[179] Die UIL entwickelte sich zu einer katholisch beeinflussten Organisation, die CISL dominierten die Sozialdemokraten und später vor allem die Sozialisten. Die Gewerkschaftsspalter konnten ihre Ziele jedoch nur teilweise realisieren. Die CGIL blieb mit über vier Millionen Mitgliedern mit Abstand die nicht nur zahlenmäßig stärkste, sondern auch politisch einflussreichste Gewerkschaft. Sie stand der IKP, so lange diese existierte, nahe.

Die entscheidende Grundlage für den nach Abschluss der kapitalistischen Restauration in der ISP einsetzenden Kurs hin zu einer Klassenzusammenarbeit mit der Bourgeoisie bildete die mit dem Machtantritt des Faschismus 1922 unterbrochene Herausbildung einer Schicht der Arbeiteraristokratie in der italienischen Arbeiterklasse. Die stärksten Konzerne hatten ihre Kriegsgewinne in modernste Industrieanlagen investiert, die eine hoch intensive Ausbeutung der Arbeitskraft ermöglichten. Einen Teil der erreichten Höchstprofite nutzten führende Unternehmen wie FIAT, Olivetti, Montecatini, aber auch staatliche Gesellschaften wie ENI und IRI, um einen Teil der Arbeiter zu korrumpieren. Es entstand der so genannte Paternalismus, das Leitbild der Ergebenheit und Treue des Arbeiters zum Unternehmen, die entsprechend belohnt wurden. Dazu gehörte ein ganzes System von Zuschlägen für treue Dienstjahre, überdurchschnittlich hohe Arbeitsleistungen und lückenlose Anwesenheit (was hieß, nicht an Streiks teilzunehmen), die Vergabe von unter der üblichen Miete liegenden Werkswohnungen an verdiente Arbeiter sowie die Bereitstellung von Betriebskindergärten und billigem Kantinenessen (lange Zeit teilweise kostenlos). In den Verhandlungen mit den Betriebsräten über höhere Löhne und bessere Arbeitsbedingungen zeigten sich die Unternehmer nachgiebig. Die von reformistischen Gewerkschaftsvertretern ausgegebenen Theorien von der möglichen Kontrolle der Unternehmer erhielten Auftrieb. Die Kampfbereitschaft der Arbeiter ging zeitweilig spürbar zurück. Die Zahl der Streikstunden sank von 44,9 Millionen in den Jahren 1953-1955 auf 34,5 Millionen 1956-1958. Bei FIAT gab es bis 1962 überhaupt keine Streiks.[180]

Ihren pro-atlantischen Kurs bezahlte die DC, die 1948 auf 48,5 Prozent gekommen war, bei den Wahlen 1953 mit einer erdrutschartigen Niederlage. Sie sackte auf 40,1 Prozent ab, und De Gasperi trat als Ministerpräsident zurück. Vor den Wahlen hatte die DC versucht, die Niederlage durch die Beseitigung des Verhältniswahlrechts abzuwenden. Sie wollte in einer Regierungskoalition (DC, PSDI, PLI, PRI) antreten und brachte dazu einen Gesetzesentwurf für eine Rückkehr zum reaktionären Mehrheitswahlrecht ein, der in verblüffender Weise dem ähnelte, mit dem Mussolini sich 1924 in einer betrügerischen Scheinwahl eine Mehrheit gesichert hatte. Der DC-Entwurf sah vor, der Parteienkoalition, die über 50 Prozent (dafür sollte bereits das Plus einer Stimme genügen) erreicht, zwei Drittel aller Parlamentssitze zuzusprechen.[181] Das reaktionäre Wahlgesetz scheiterte am entschiedenen Widerstand, den vor allem IKP und ISP organisierten. Vier Jahrzehnte später brachte Berlusconi ein ähnliches reaktionäres Wahlgesetz ein und konnte es mit seiner Fernsehdiktatur durchpeitschen.

Nach der Niederlage von 1953 begann man in der DC darüber nachzudenken, die Sozialisten wieder in die Regierung einzubeziehen. Die Initiative zu dieser später apertura à sinistra genannten Linie ging von dem Führer des linken Flügels, Aldo Moro, aus. Während es Moro, der 1949 gegen den Beitritt zur NATO aufgetreten war, darum ging, der Vorherrschaft der USA in Italien entgegenzutreten, wollten die rechten DC-Kreise dagegen die ISP auf ihre pro-atlantische Linie festlegen. Neben der Absage an den antikapitalistischen Kurs verlangten sie, das Aktionseinheitsabkommen mit der IKP aufzugeben.

Die rechten Kräfte in der ISP, die zunehmend die Parteiführung beherrschten, nahmen die Signale positiv auf und begannen, sich auf eine Regierungszusammenarbeit mit der führenden Partei des Großkapitals hin zu orientieren. Als Anstöße, die zum Bruch mit der IKP führten, werden gern zwei Ereignisse angeführt. Als erstes der XX. Parteitag der KPdSU im Februar 1956, auf dem Chruschtschow zu den Folgen des Personenkults um Stalin sprach, und zweitens das militärische Eingreifen der UdSSR in Ungarn im Oktober 1956.

Ohne die tief gehenden Auswirkungen der beiden Ereignisse zu negieren, ist festzuhalten, dass der Ausgangspunkt des Umschwenkens der ISP auf den Kurs der Zusammenarbeit mit der DC weiter zurück bei zwei innenpolitischen Ereignissen liegt. Bereits auf dem XXXI. ISP-Parteitag im März 1955 hatte Pietro Nenni eine Offerte der DC vom „Wechsel des Bündnisses" offiziell aufgegriffen und empfohlen, sich „gegenüber den Katholiken zu öffnen", Nennis Einfluss in der ISP war ausschlaggebend für den weiteren Werdegang. In der DC begriff man das sofort. Als Giovanni Gronchi vier Wochen später zum Staatspräsidenten gewählt wurde, gab er in seiner Antrittsrede vor dem Parlament eine für die aus der Arbeiterklasse kommenden Mitglieder und Anhänger der ISP bestimmte Erklärung ab, in der er verbrämt von der Notwendigkeit sprach, „die arbeitenden Massen, die das allgemeine Wahlrecht bis an die Schwelle des Staates geführt hat, auch effektiv an der politischen Leitung des Landes zu beteiligen" und so „die Versöhnung zwischen Volk und Staat" zu verwirklichen.[182] Im Oktober 1956 erfüllten die Sozialisten die entscheidende Bedingung für eine Regierungsbeteiligung: Sie kündigten das 1934 im antifaschistischen Widerstand mit den Kommunisten geschlossene Aktionseinheitsabkommen. Der XXXIII. ISP-Parteitag im Januar 1959 billigte den Rechtsschwenk. Die Delegierten bestätigten Nenni, den viele an der Basis noch immer für einen Linken hielten, an der Parteispitze, was es ermöglichte, die mehrheitlich rechte Ausrichtung zu kaschieren.[183]

Aufgrund des Widerstandes der DC-Rechten und des massiven Drucks der USA gegen ein Regierungsbündnis mit den Sozialisten kam es im Juli 1960 zunächst nur zur Tolerierung der DC-geführten Regierung durch Stimmenthaltung der ISP im Parlament. Die Sozialisten erhielten danach ein Mitspracherecht bei der Ausarbeitung eines neuen Regierungsprogramms. Das konzipierte Reform-Projekt sah die Verstaatlichung der gesamten Energieversorgung, Maßnahmen der Industrialisierung des Südens, Mindestlöhne und Verbesserungen im Gesundheitswesen vor. Als Gegenleistung verzichtete die ISP auf ihre Forderung nach einem gesellschaftlichen Eigentum an den wichtigsten Produktionsmitteln und billigte offiziell die NATO-Mitgliedschaft Italiens. Außer der Verstaatlichung des Energiesektors zur ENEL, die zu einer lukrativen Korruptionsquelle von DC und ISP wurde, fielen später alle übrigen Programmpunkte unter den Tisch.[184]

Als nach den Parlamentswahlen im April 1963 die Stimmen der DC nochmals auf 38,3 Prozent sanken, brachte die DC keine regierungsfähige Mehrheit mehr zustande. Die MSI ins Kabinett zu nehmen, lehnte Saragat ab. Der erstmals mit der Regierungsbildung beauftragte Moro bot nunmehr den Sozialisten den Eintritt in sein erstes Centro-Sinistra-Kabinett an. Auf ihrem XXXV. Parteitag stimmten diese zu.[185] Der Regierungseintritt stärkte den reformistischen Kurs in der Partei. Deutlicher Ausdruck war die Vereinigung mit den Sozialdemokraten unter der Bezeichnung „Partei der Sozialistischen Einheit" (PSU) mit Nenni an der Spitze. Die reformistische Einheit währte allerdings nur knapp drei Jahre. Als bei den Parlamentswahlen 1968 die PSU mit nur 14,5 Prozent gegenüber fünf Jahre vorher 13,8 (ISP) und 6,1 (PSDI) eine schwere Niederlage erlitt, kehrte die ISP 1969 zu ihrer Eigenständigkeit zurück. Nenni trat als Parteichef ab. Nachfolger wurde Francesco De Martini. Die Stimmenverluste waren vor allem darauf zurückzuführen, dass die linken Sozialisten 1966 die ISP verlassen und die Sozialistische Partei der Proletarischen Einheit (PSIUP) gegründet hatten, die auf 4,2 Prozent kam.

In den USA wollte man Moros apertura à sinistra, die in Verfälschung ihres tatsächlichen Charakters als Installierung einer „linken" und „kommunistenfreundlichen Regierung" bezeichnet wurde, mit einem faschistischen Staatsstreich begegnen. Die militärische Leitung vor Ort lag in den Händen des amerikanischen Militärattachés, Oberst

Vernon Walters, der Italien bereits aus der Zeit des Zweiten Weltkrieges kannte, in dem er Adjutant bei General Mark Clark gewesen war. Auf einer Krisensitzung in Rom forderte er noch vor der Regierungsbildung, dass „die Vereinigten Staaten ohne zu zögern das Land militärisch besetzen müssten",[186] Die CIA arbeitete mit dem Chef des italienischen Geheimdienstes SIFAR, General Giovanni De Lorenzo, einem faschistisch orientierten General, einen Staatsstreichplan aus. De Lorenzo übernahm daraufhin das Kommando über das Carabinieri-Korps, mit dem er zusammen mit Faschisten und Gladio-Einheiten einen Umsturz auslösen wollte. Meinungsverschiedenheiten unter den Putschisten und ihren Hintermännern in Washington führten dazu, dass die Umsturzpläne in die Öffentlichkeit drangen und vorerst zurückgestellt wurden.[187]

6. Craxis Sozialismus à la Berlusconi

Es mag wenig glaubhaft erscheinen, ist indessen eine belegte Tatsache: Die in der Putschloge P2 zusammengeschlossenen Kreise planten in den 80er Jahren die Neuauflage eines Regimes faschistischen Typs mit dem Sozialistenführer Craxi an der Spitze. Craxi selbst hat noch 1996 ein durchgehend positives Bekenntnis zu Mussolini abgelegt, der für ihn „auch ein Progressiver bis zum Ende seines Lebens" war.[188] Die P2 gründete der Großunternehmer Licio Gelli, ein Altfaschist, SS-Offizier und Geheimdienstagent aus der Salò-Republik, Anfang der 70er Jahre in Zusammenarbeit mit der CIA und der geheimen NATO-Truppe Gladio. Die aufgefundenen unvollständigen Mitgliederlisten verzeichneten 47 Industrielle, 119 Bankiers und Leute der Hochfinanz, 43 Generäle, darunter die gesamte Führungsspitze der Geheimdienste der Nachkriegszeit und der komplette Generalstab des Heeres, Polizeiführer und Carabinieri-Generäle, 200 hohe Armee-Offiziere, amtierende und pensionierte Minister, Dutzende Parlamentarier, höchste Vertreter der Justiz, Chefredakteure und weitere Spitzenjournalisten. MSI-Chef Almirante hatte extra einen Artikel aus der Satzung seiner

Partei, der - anknüpfend an ein Verbot Mussolinis - die Zugehörigkeit zu Freimaurerlogen untersagte, streichen lassen. Die linke Christdemokratin Tina Anselmi, Vorsitzende der parlamentarischen Untersuchungskommission zur P2, erklärte zur Zusammensetzung, sie habe sich auf alle für das „italienische Staatsleben empfindlichsten Organismen" erstreckt und „ein Machtzentrum innerhalb der staatlichen Einrichtungen, in den Lebensadern des Landes" dargestellt.[189]

Craxi, seit 1972 stellvertretender Sekretär der ISP, stieg im Juli 1976 mit der Wahl zum Parteichef in die große Politik ein. Der von ihm inszenierte Coup ging in die Geschichte als „Midas-Verschwörung" ein, so genannt nach dem luxuriösen Hotel Midas in Rom, in dem die Tagung des Zentralkomitees stattfand, auf welcher der fast 70-jährige De Martino von der „Mailänder Bande", wie der Clan Craxis hieß, gestürzt wurde.[190] Im November folgte die Wahl zum Vize der SI, in der er bald zu den engen Freunden Willy Brandts gehörte. Francesco De Martino, seit 1968 Nachfolger Pietro Nennis, hatte in der Partei einen gemäßigten, aber doch noch links orientierten Kurs vertreten. Damit war unter Craxi Schluss. Die ISP wurde binnen kurzem auf eine durchgehend stramme, wenn auch zunächst noch demagogisch links getarnte, antikommunistische rechte Linie gebracht. Stärker als unter De Martino trat die ISP nun der von Moro verfolgten Linie, auch die IKP in die Regierung einzubeziehen, entgegen. In den Mittelpunkt seiner „neuer Reformismus" genannten Politik stellte Craxi Schlagworte wie Regierbarkeit, Kompetenz, Effizenz und Modernisierung. Das 1978 in Turin angenommene neue Parteiprogramm bekannte sich mit seiner Orientierung auf die Marktwirtschaft in der Substanz das erste Mal zum kapitalistischen System. Als Sekretär musste sich Craxi zwar alle zwei Jahre der Wiederwahl auf einem Parteitag stellen, war aber zwischen den Kongressen mit einer Machtfülle ausgestattet, die weder Zentralkomitee noch Direktion einschränken konnten. 1981 trat an Stelle der aus den revolutionären sozialistischen Zeiten stammenden Bezeichnung der Führung als Zentralkomitee die aus der Sozialdemokratie bekannte Vokabel Parteivorstand. Abgeschafft wurde ebenso die Unterstellung der Parlamentsfraktionen unter die Parteidisziplin. Diese konnten im Gegenteil völlig unabhängig agieren.[191]

Die Sozialisten

Dass die P2 Craxi an die Spitze der ISP gehievt hatte, um ihn als einen neuen „Duce" aufzubauen, kam nach der Aufdeckung der Loge 1981 noch nicht ans Licht, sondern erst als ein Ergebnis der Enthüllungen über die ungeheuerlichen Korruptionsfälle Anfang der 90er Jahre. Das ergab sich vor allem daraus, dass Craxis Name nicht auf den aufgefundenen Listen der P2 stand, was darüber nachdenken lässt, wie viele nicht entdeckte „Craxis" wohl noch in Italien herumlaufen mögen. Craxi gehörte jedoch, wie die Publizisten Ruggeri/Guarino in ihrem Buch „Berlusconi - Showmaster der Macht" nachwiesen, zusammen mit Gelli und Berlusconi zu ihrer Führungsspitze, dem so genannten „Dreigestirn", Craxis Name, so die Autoren, wird im Staatsstreichplan der P2, der die demagogische Bezeichnung „Plan der demokratischen Wiedergeburt" erhielt, ausdrücklich angegeben. Der Einfluss der P2 auf die Sozialistische Partei wird für die Führerschaft Craxis von grundlegender Bedeutung. „Die Regie der P2, die sie aus dem Off heraus führt, zeigt sich besonders an den riesigen Geldsummen, die der P2-Bankier Roberto Calvi der Partei zukommen lässt, aber auch an der Existenz der Schweizer Nummernkonten, auf denen die durch Korruption erwirtschafteten Gelder liegen."[192]

Nach dem Scheitern der von DC-Chef Moro und IKP-Generalsekretär Berlinguer verfolgten Aufnahme der Kommunisten in die Regierung tritt Craxi - ganz im Sinne des „Planes" der P2 - mit der Forderung nach einer „großen Reform" auf, die nichts Geringeres als eine grundlegende Verfassungsänderung mit dem Ziel der Schaffung einer Präsidial-Republik beinhaltet. Der ISP-Chef argumentiert, die Lehren aus der Ermordung Moros[193] erforderten einen sicheren und starken Staat. Als im Mai 1981 die Putschistenloge auffliegt, vertritt Craxi einen ganz anderen Standpunkt. Die Verhaftung des P2-Bankiers Calvi und die Fahndung nach weiteren Logenmitgliedern nennt er im Parlament „eine Kampagne, die an eine Hexenjagd erinnert" und wirft der Staatsanwaltschaft „Gesetzesmissbrauch" vor. Die Hintergründe waren klar. Calvi stand als Präsident an der Spitze der Ambrosiano-Bank, einem der größten Finanzinstitute Italiens, das sich völlig in den Händen der P2 befand und dieser als Zentrale der Schmiergelder, der Geldwäsche und des Absahnens diente. Die Sache war für Craxi noch aus einigen weiteren Gründen hochexplosiv. Calvi war als „Bankier Gottes", wie er sich gern nennen ließ, Finanzmanager des Vatikans und auch noch Verbindungsmann zur sizilianisch-amerikanischen Mafia. Damit war die P2 über die Ambrosiano, wie der Altmeister der italienischen Politologie, Giorgio Galli, schrieb, ein „Begegnungszentrum zwischen Vatikan-Finanz und den innersten Gruppierungen der sizilianisch-amerikanischen Mafia",[194]

Über Calvi als Vertrauensmann des Vatikans wurde die P2 Partner einer im Herzen Roms existierenden, aber von den italienischen Gesetzen unabhängigen staatlichen Großmacht mit dem Papst als Oberhaupt von 900 Millionen Katholiken an der Spitze. Vor allem aber lierte sie sich mit einer Finanzmacht (zu dieser Zeit allein ein Aktienbesitz von fünf Milliarden Dollar), deren Instrumentarium von Börsenspekulationen über Kapitaltransfer bis zur Geldwäsche schwer durchschaubare Möglichkeiten bot. Unter die schmutzigen Geschäfte der Kurie fiel der Versuch, den italienischen Staat um 2,2 Milliarden Dollar Mineralölsteuer zu betrügen. Weil er dazu Steuerunterlagen manipuliert hatte, ermittelte die Guardia di Finanza gegen Kardinal Ugo Poletti. Als die Ambrosiano im Zuge der Ermittlungen Bankrott ging, erhoben 120 Gläubigerbanken Forderungen gegen sie. Unter anderem waren über 700 Millionen Dollar spurlos verschwunden, die Calvi mittels „Patronage"-Briefen (Bürgschaften der Vatikanbank) von ausländischen Banken als Kredite erhalten hatte. Sie lagern, wie Ermittlungen in den 90er Jahren verdeutlichten, auf Nummernkonten der P2 in der Schweiz. Craxis Furcht vor den Enthüllungen war mehr als verständlich, denn er war eine der zentralen Figuren dieses „Begegnungszentrums", Über all das hätte Calvi aussagen können, auch darüber, dass Craxi der Ambrosiano durch seine Beziehungen als Parteichef immense „Kredite" von staatlichen Konzernen vermittelte, wofür er Tangenten (Anteile) in Höhe von Dutzenden von Millionen Dollar kassierte. Als die Finanzpolizei die Ambrosiano durchleuchtete, fehlten in deren Kassen zwei Milliarden Dollar, die spurlos verschwunden waren und es bis heute sind.[195] Calvi kannte auch die Pläne der P2, Craxi als „neuen Duce" aufzubauen und das Schweizer Konto, auf das er „für den kommenden Mann, der Italiens politische Zukunft bestimmen würde", weitere Dutzende Millionen Dollar überwiesen hatte. Der ISP-Chef konnte jedoch aufatmen: Die Mafia fackelt in solchen Fällen nicht lange. Calvi wurde zur Flucht nach London verholfen, wo ihn die „Ehrenwerte Gesellschaft" umbrachte. Am 18. Juni 1982 wurde er unter der Black-Friars-Bridge erhängt aufgefunden. Craxis Name als Mann der P2 und Konto-Inhaber in der Schweiz stand zwar in den bei Gelli sichergestellten Unterlagen, aber er stritt einfach alles ab, und das genügte zu dieser Zeit noch. Die Vertreter der Justiz in der Loge, die Insider wie Giorgio Galli auch nach ihrer Aufdeckung weiterhin - und das bis heute - für existent halten, sorgten dafür, dass keine Anklagen erhoben wurden. Nicht nur das, der ISP-Chef übernahm im August 1983 die Geschäfte des Regierungschefs.

Den Weg in den Palazzo Chigi[196] ebnete ihm Logenfreund Berlusconi, der Craxi und der P2 sein Emporkommen zum heute reichsten Kapitalisten des Landes, darunter vor allem zum einflussreichsten Medienbeherrscher, verdankt. Berlusconis Medien-Imperium, das ungeahnten Masseneinfluss verschafft, stand der ISP in der Kampagne zu den Parlamentswahlen 1983 mit dem Slogan „Craxi for President"[197] zur Verfügung. Die DC sank von 38,3 Prozent auf 32,9 ab und erreichte ihren absoluten Tiefpunkt in der Nachkriegsgeschichte. Die Craxi-Partei stieg zwar von 9,8 auf 11,4 Prozent, hatte aber als drittstärkste Partei (die Kommunisten lagen mit 29,9 Prozent an zweiter Stelle) nach den Spielregeln der Verfassung eigentlich keinen Anspruch darauf, den Ministerpräsidenten zu stellen. Trotzdem schaffte es Craxi dank der Werbung in Berlusconis Fernsehsendern, den Auftrag zur Regierungsbildung zu erhalten. Kaum hatte er im Chefsessel des Palazzo Platz genommen, revanchierte er sich bei Berlusconi, indem er Forderungen nach einer gesetzlichen Beschränkung von dessen Fernsehmonopol abschmetterte und dies per Regierungsdekret absicherte. Die bis 1987 dauernde Regierungszeit Craxis wurde von einer unternehmerfreundlichen Politik gekennzeichnet, die bis dahin noch nicht einmal die Christdemokraten gewagt hatten. Für sie wurde in der ISP der Begriff „Sozialismus à la Berlusconi" geprägt. Geschickt nutzte Craxi die zunehmende Sozialdemokratisierung der IKP für eine Zurückdrängung des Einflusses der Gewerkschaften, deren Einheitspolitik er faktisch zum

Erliegen und sie so auf eine Sozialpakt-Linie brachte. Höhepunkt war die Beseitigung der Scala mobile, der gleitenden Lohnskala, mit der die Löhne automatisch an die Inflationsrate angepasst werden mussten.

Craxis Stunde schlug, als die Mailänder Staatsanwaltsgruppe Mani pulite (saubere Hände) bei ihren Ermittlungen Anfang der 90er Jahre ihn als die herausragendste Figur des korrupten Systems entlarvte. Wie im Fall der aufgespürten P2 glaubte der ISP-Chef zunächst noch, die Sache auch diesmal abwürgen zu können, bezichtigte die Untersuchungsrichter des „ungesetzlichen Vorgehens" und drohte in seinem bekannten Gangsterjargon, ihnen „die Eier zu quetschen". Das Lachen verging ihm jedoch, als im Dezember 1992 gegen ihn insgesamt sechs Ermittlungsverfahren wegen Korruption, Hehlerei, Bestechung, illegaler Parteienfinanzierung, Führung schwarzer Konten und diverser anderer Vergehen eröffnet wurden, denen entsprechende Anklagen folgten. In einem Verfahren wurde er beschuldigt, 200 Millionen DM Schmiergelder kassiert, in einem anderen Fall, 600 Millionen Dollar auf geheimen Konten im Ausland angelegt zu haben. Sein Parteifreund Silvano Larini sagte aus, für ihn in Mailand regelmäßig die Schmiergelder für zugeschanzte Aufträge und dergleichen eingesammelt zu haben, die auf ein Schweizer Konto gingen, das er im Auftrag des Parteichefs eingerichtet hatte. Zwischen 1994 und 1996 verhängten die Gerichte gegen Craxi insgesamt 26 Jahre Gefängnisstrafen, von denen etwa die Hälfte wegen laufender Revisionen noch nicht rechtskräftig war. Da man ausgerechnet Craxi die Untersuchungshaft erspart hatte, konnte dieser noch vor dem ersten Urteil ins Ausland fliehen. Tunesien, wo er sich niederließ und Dutzende seiner Schmiergeld-Millionen investiert haben soll, verweigerte seine Auslieferung. Dort verstarb er Anfang Januar 2000 in dem mondänen Badeort Hammamet. Vom „Spiegel" nach seiner Haltung zur Korruption befragt, hinterließ er das Bekenntnis: „Alle haben das getan, alle haben davon gewusst".[198]

Die ISP hatte bereits vor dem Schmiergeldskandal ihren Charakter als sozialistische Partei verloren. In dem auf dem Parteitag 1991 angenommenen Programm hatte Craxi die Vokabel „sozialistisch" streichen lassen. Die eingeleiteten Korruptionsprozesse läuteten für die Partei, die 1992 ihren 100. Jahrestag feiern wollte, das Todesjahr ein.

Die Zahl der Mitglieder, welche die ISP in den 80er Jahren noch mit 580.000 angab, sank 1993 auf hunderttausend ab. Im Februar musste Craxi als Parteivorsitzender zurücktreten. Bei den Parlamentswahlen 1994 fiel die Partei, die im Frühjahr 1992 noch auf 13,6 Prozent gekommen war, auf 2,2 Prozent ab.[199]

7. PSIUP und PdUP - linke Alternativversuche

Es hat nicht an Versuchen linker Sozialisten gefehlt, der revisionistischen Entartung und Verbürgerlichung der ISP entgegenzutreten. Frühzeitig versuchten sie, der unter Nenni bereits Mitte der 50er Jahre einsetzenden Rechtsentwicklung mit linken Alternativen zu begegnen. Nach dem im Dezember 1963 erfolgten Eintritt der ISP in die DC-geführte Regierung verließen linke Sozialisten und bekannte Antifaschisten mit Lelio Basso, Emilio Lusso und Tullio Vecchietti an der Spitze, die bereits die Kündigung des Aktionseinheitsabkommens mit der IKP abgelehnt hatten, aus Protest gegen diesen Schritt die ISP und gaben im Januar 1964 die Gründung der Italienischen Sozialistischen Partei der Proletarischen Einheit (PSIUP) bekannt. Als sie im Dezember 1964 zu ihrem ersten Kongress zusammentrat, zählte sie bereits mehr als 150.000 Mitglieder. Die linken Sozialisten wählten mit PSIUP den Parteinamen, den die ISP in der Zeit des antifaschistischen Widerstandes bis 1947 geführt hatte. „Proletarische Einheit" sollte das im antifaschistischen Widerstand geborene einheitliche Handeln aller Arbeiter als Grundlage ihres erfolgreichen Kampfes ausdrücken. Der Gründungskongress verurteilte die Teilnahme der ISP an der bürgerlichen Regierung und die damit verbundene Aufgabe grundsätzlicher sozialistischer und internationalistischer Ziele, bekannte sich zu einer sozialistischen Gesellschaftsordnung, wandte sich gegen einen sich abzeichnenden Zusammenschluss der ISP mit der Sozialdemokratie, forderte die Wiederherstellung der Aktionseinheit mit der IKP und warnte vor der aggressiven und neokolonialistischen Politik des USA-Imperialismus, der sich zum Krieg gegen Vietnam anschickte. Die PSIUP betonte „die Einheit des Kampfes der gesamten Arbeiterbewegung, von den linken Sozialisten bis zur IKP" als Grundlage der Fortsetzung „der kämpferischen und internationalistischen Traditionen des italienischen Sozialismus", Der Gründungskongress wählte Alcide Malagugini zum Vorsitzenden und Tullio Vecchietti zum Sekretär.[200]

Eine Mehrheit der PSIUP orientierte sich an der IKP und trat ihr 1972 bei. Einigen ihrer führenden Vertreter waren dazu Posten in der IKP-Führung zugestanden worden, so Dario Valori im Politbüro. Andere Mitglieder der PSIUP gingen diesen Schritt nicht und entschieden sich für eine neue Parteigründung, die Partei der proletarischen Einheit für den Kommunismus (PdUP), der sich 1974 die Manifesto-Gruppe anschloss. Der IKP beizutreten lehnte dieser Teil der PSIUP ab, weil sich gegen Ende der 60er Jahre auch bei ihr bereits reformistische Tendenzen abzeichneten. Auf Unverständnis und Protest war gestoßen, dass die IKP bei der Präsidentenwahl im Dezember 1964 für Saragat gestimmt und damit seine Wahl ermöglicht hatte. Damit habe die IKP, so Stimmen in der PSIUP, dem von den ISP-Rechten angestrebten Zusammenschluss mit den Sozialdemokraten Vorschub geleistet. Die IKP machte geltend, dass dadurch zum ersten Mal die Wahl eines DC-Bewerbers (des Rechten Giovanni Leone) verhindert und mit Saragat nicht nur der sozialdemokratische Parteivorsitzende, sondern auch ein angesehener Antifaschist Staatschef geworden sei, was die antifaschistischen Grundlagen der Republik gestärkt habe. Intern verlautete, mit Saragat sei das „kleinere Übel" gewählt worden. Gleichzeitig wertete der XI. IKP-Parteitag im Januar 1966 die PSIUP-Gründung als Entstehen „einer neuen einheitlichen sozialistischen Klassenkraft", die „den kämpferischen sozialistischen Traditionen und den aktuellen Erfordernissen" entspreche. Die IKP sprach sich für eine enge Zusammenarbeit mit der PSIUP als Beitrag für „die Einheit der Arbeiterbewegung in ihrer Vielfalt" aus.[201] Das entsprach der von Anfang an verfolgten Linie, die PSIUP für einen Beitritt zur IKP zu gewinnen.

Ein wesentlicher Anlass für den Beitritt eines Teils der PSIUP zur IKP war, dass die Partei keine stabile Wählerbasis fand. Die 4,4 Prozent, die sie bei den Parlamentswahlen 1968 erreichte, resultierten fast ausschließlich aus Stimmen, die sie den Sozialisten nach deren Vereinigung mit den Sozialdemokraten entzog. 14,5 Prozent gegenüber 13,8 (sozialistischen) und 6,1 (sozialdemokratischen) 1963 belegten das recht eindeutig. 1972 erzielten die wieder getrennt antretenden ISP und ISDP 9,6 bzw. 5,1 Prozent, während die PSIUP nur auf 1,2 Prozent kam.

Durch die Bildung der PSIUP kam unterdessen die angestrebte Einheit nicht zustande, im Gegenteil: Die Linke zersplitterte sich eher noch mehr. Die studentische Protestbewegung 1968 brachte in Italien wie in den USA, Japan und anderen westeuropäischen Ländern als auch einer Reihe Entwicklungsländern eine radikale Linke hervor. 1969 folgte in Italien der heiße Herbst der Arbeiterbewegung. Die militärische Intervention der UdSSR in der CSSR 1968 stieß, im Unterschied zu Ungarn 1956, auch in der IKP-Führung weit gehend auf Ablehnung. Es wurden nur die Arbeiterproteste und die Kritik an Fehlern der Parteiführung gesehen, die im Rahmen der internationalen Klassenauseinandersetzung zwischen Imperialismus und Sozialismus wurzelnde konterrevolutionäre Komponente dagegen nicht erkannt. Im Gegensatz zur Haltung der IKP hielt sich die PSIUP mit Kritik zurück, wenngleich sie die Intervention auch nicht begrüßte.

Im Dezember 1969 begann mit dem Attentat der faschistischen Ordine Nuovo in der Schalterhalle der Mailänder Landwirtschaftsbank auf der Piazza Fontana (16 Tote und fast 100 Verletzte) die von CIA und Gladio mit den römischen Geheimdiensten und Faschisten inszenierte blutige Spannungsstrategie, die den linken Vormarsch stoppen und einem Putsch zur Installierung eines Regimes nach dem Vorbild der griechischen Obristen (später nach dem Pinochets) den Weg bereiten sollte. Dass es den Spannungsstrategen in Washington, zu denen kein Geringerer als der damalige Außenminister Kissinger gehörte, ernst war, bewies der Putschversuch des Mussolini-Kommodore und Kriegsverbrechers, Fürst Valerio Borghese, der im Dezember 1970 mit USA-Unterstützung losschlagen wollte, um die verfassungsmäßige Ordnung zu stürzen.

Kern der Spannungsstrategie war, Anarchisten und Autonome für faschistische Anschläge verantwortlich zu machen und die IKP als Drahtzieher hinzustellen. In großer Zahl schleusten die CIA und ihre italienischen Partnerdienste Agenten in linksradikale Organisationen und besonders in die Roten Brigaden ein, die „linke Anschläge" inszenierten und den bewaffneten Kampf der 70er Jahre anheizten. Jahrelang wurden unschuldige Anarchisten als Attentäter eingesperrt und verfolgt. In der ersten Reihe des Kampfes zur ihrer Verteidigung und zur Entlarvung der von den Faschisten und ihren Hintermännern ausgehenden Gefahr stand die autonome Organisation Lotta Continua, die gut 20.000 Mitglieder zählte und eine gleichnamige Tageszeitung herausgab.[202] Aus Lotta Continua ging 1976 die Democrazia Proletaria hervor, die sich im gleichen Jahr an den Parlamentswahlen beteiligte und immerhin 1,5 Prozent der Stimmen erzielte.[203]

Im Ergebnis der Arbeiterkämpfe um höhere Löhne, die 40-Stunden-Woche, um die von der ISP aufgegebenen sozialen Reformen und gewerkschaftliche Rechte kam es zu einem Wiederanwachsen der Arbeitsniederlegungen und im November 1969 zu einem Generalstreik, der zu beträchtlichen Ergebnissen führte. 1970 stiegen die Löhne im Durchschnitt um 18,3 Prozent, 1971 nochmals um 9,8 und ein Jahr später um weitere 9 Prozent. In den meisten Industriezweigen setzten die Arbeiter die 40-Stunden-Woche durch. Die politischen Kämpfe blieben dagegen hinter den sozialen zurück. Die IKP ging auf Distanz zu den Aktivitäten der APO und ließ es an Solidarität mit ihren von der Klassenjustiz verfolgten Anhängern fehlen. Die zunehmenden reformistischen Erscheinungen in der IKP riefen Proteste an der Basis hervor, als deren Wortführer sich mit den ZK-Mitgliedern Rossana Rossanda und Luigi Pintor an der Spitze die Gruppe Manifèsto formierte. Als die Gruppe das Recht auf Bildung einer eigenständigen Strömung bzw. Fraktion forderte, wurde sie auf einer Tagung des ZK im November 1969 aus der Partei ausgeschlossen.[204] Insgesamt verließen etwa 10.000 Mitglieder die Partei oder wurden ausgeschlossen.

Rossanda und Pintor gründeten Manifèsto daraufhin als lose kommunistische Vereinigung, welche die gleichnamige Zeitung herausgab.[205] In der Manifèsto-Gruppe zeigten sich jedoch neben dem Protest gegen den Reformismus in der IKP auch linksradikale Tendenzen aus der 68er Studentenbewegung, die in der Losung des antikapitalistischen Kampfes „tutto e subito" (alles und sofort) zum Ausdruck kamen. Früher und stärker als später in der IKP trat bei Manifèsto unter dem deutlichen

Einfluss der KP Chinas bereits eine generell ablehnende Haltung gegenüber dem „realen Sozialismus" auf, verbunden mit der Forderung nach einem „Bruch mit der UdSSR",

Auf einem Kongress Anfang Juli 1974 löste sich Manifèsto als Vereinigung auf, um sich zwei Wochen später mit der 1972 aus der PSIUP hervorgegangenen Partei der Proletarischen Einheit für den Kommunismus zu vereinigen.[206] Neben der bereits in der PSIUP hervorgehobenen proletarischen Einheit wurde nun im Parteinamen das Bekenntnis zum Kommunismus, auf den sich eine neue Gesellschaft beziehen müsse, betont.[207] Der Gründungskongress lehnte entschieden die von der IKP 1973 offiziell eingeleitete Politik der Zusammenarbeit mit der DC als führender Partei des Kapitals (Historischer Kompromiss) ab und forderte die IKP auf, diese zu beenden und eine klare Haltung des Klassenkampfes zu beziehen. Im Sinne von Gramsci betonte der Parteitag, die Ablehnung der Klassenzusammenarbeit bedeute nicht, auf ein Zusammenwirken mit den katholischen Massen zu verzichten, sondern sie für den gemeinsamen Kampf zu gewinnen. Im Kampf gegen die faschistische Gefahr wurde dem Historischen Kompromiss auch auf Regierungsebene eine linke Alternative entgegengesetzt, auch hier unter Einbeziehung der katholischen Schichten.[208] Eine bestimmte Resonanz auf diese Bündnisabsichten gab es, als sich die linkskatholische Organisation Movimento politico dei Lavoratori der PdUP anschloss.

Die PdUP löste sich 1984 auf. Die Mehrheit ihrer Mitglieder trat der IKP bei, in der Berlinguer bereits 1979 das Scheitern des Historischen Kompromisses eingestanden und die Rückkehr zu einer linken Regierungsalternative eingeschlagen hatte. Schon 1983 hatte die IKP zu den Parlamentswahlen mehreren PdUP-Vertretern auf sicheren Listenplätzen den Einzug ins Parlament ermöglicht. Die PdUP konnte ihr erklärtes Ziel, eine auf die proletarische Einheit begründete kommunistische Partei zur Verwirklichung einer linken Alternative, nicht realisieren. Sie hat sich jedoch der Sozialdemokratisierung der IKP entgegengestellt und dazu beigetragen, diesen Prozess zu verzögern. Darüber hinaus, und das zählt kaum weniger, hat die PdUP, trotz Fehlern und Irrungen, die Ideale des Kommunismus hochgehalten und auf der revolutionären Perspektive beharrt. Als die sozialdemokratische Mehrheit in der IKP im Januar 1991 diese Ziele mit ihrer „Heimkehr zur Sozialdemokratie" preisgab, gehörten nicht wenige aus den Reihen der PdUP zu denen, welche die verbliebenen Kommunisten im Dezember 1991 in der neuen KP Rifondazione Comunista zusammenschlossen.

Kapitel V:
Die IKP – Von Livorno nach Rimini

1. Keine Auseinandersetzung mit dem Reformismus

Am 31. Januar 1991 begann in der italienischen Hafenstadt Rimini der XX. Parteitag der IKP. Zehn Tage vorher, am 21. Januar, war die einst von Antonio Gramsci, Palmiro Togliatti und anderen revolutionären Sozialisten in Livorno gegründete Partei 70 Jahre alt geworden. Der Kongress, der am 3. Februar zu Ende ging, wurde zu ihrem letzten. Eine revisionistische Zweidrittel-Mehrheit beschloss, die IKP in eine Demokratische Partei der Linken (Partito Democratico della Sinistra) umzutaufen. Faktisch handelte es sich um eine Auflösung. Die Prozedur der Umbenennung wurde vor allem aus juristischen Gründen gewählt, um den Organisatoren einer bereits angekündigten KP-Neugründung die Nachfolgerechte auf das beträchtliche Parteivermögen und die Parteiinsignien Hammer und Sichel zu verwehren.

Keine andere KP im westlichen Lager hat sich angesichts des Zusammenbruchs der sozialistischen Staaten in Europa derart von ihrer kommunistischen Vergangenheit losgesagt und ist völlig auf Positionen der Sozialdemokratie der Neuzeit übergegangen wie die IKP. Sie übertraf selbst die gewiss nicht wendescheuen kommunistischen und Arbeiterparteien des früheren Ostblocks. Mit der Losung von der „Heimkehr zur Sozialdemokratie" schlossen sich die Initiatoren dieser Mutation der von den „Siegern der Geschichte" kreierten These an, die kommunistische Strömung in der Arbeiterbewegung sei ein „Irrweg" gewesen.

Was machte die IKP, die in der ganzen Nachkriegsperiode die zahlenmäßig stärkste und politisch einflussreichste KP der kapitalistischen Industriestaaten verkörperte, derart anfällig für revisionistische Versuchungen? Ein Blick in die Geschichte der IKP zeigt paradoxerweise zunächst, dass für die Politik und Strategie der Partei an sich charakteristische positive Faktoren auch negative Aspekte hervorbrachten. Das betrifft insbesondere das Verhältnis zur ISP und die Wertung der antifaschistischen Einheitsregierung von 1944 bis 1947.

Nachdem Mussolini im Oktober 1922 an die Macht gekommen war, zählten antifaschistische Positionen als ein entscheidendes Kriterium der Haltung der Arbeiterparteien. Solche Standpunkte bezogen, wenn auch bei weitem nicht mit der Klarheit, wie sie vor allem dank der Arbeit von Gramsci und Togliatti in der IKP erarbeitet wurden, auch die Sozialisten und selbst die 1922 von den Reformisten nach ihrem Ausschluss aus der ISP gebildete Sozialistische Einheitspartei. Das zeigte sich im Auftreten ihres Generalsekretärs, Giacomo Matteotti, der nach der betrügerischen Scheinwahl vom April 1924, mit der sich Mussolini eine erdrückende Parlamentsmehrheit verschaffte, in der Abgeordnetenkammer mutig die faschistischen Manipulationen und den blutigen Terror entlarvte und daraufhin auf Befehl Mussolinis ermordet wurde.

Das Beispiel verdeutlicht, dass in Italien zwischen Kommunisten und Sozialisten ein Verhältnis bestand, das sich positiv von dem zwischen den beiden Arbeiterparteien in Deutschland unterschied. Entscheidende Grundlagen dafür legte Gramsci, der sich frühzeitig gegen das Linkssektierertum wandte, was nicht zuletzt dazu führte, dass die IKP sich nie die Sozialfaschismusthese der Komintern zu Eigen machte und die Sozialdemokratie als Teil der Arbeiterbewegung anerkannte. Ergebnis dieser Politik war, dass die ISP 1934 das von der IKP vorgeschlagene Aktionseinheitsabkommen – übrigens gegen die Haltung der Sozialistischen Internationale – unterzeichnete. Die Politik der Aktionseinheit brachte es mit sich, dass in der IKP, von einer Debatte nach der Gründung abgesehen, eine Auseinandersetzung mit dem Revisionismus und seinen reformistischen Erscheinungen keine wesentliche Rolle spielte.[209] Hier ist jedoch auch zu sehen, dass die Partei seit dem Machtantritt des Faschismus im Oktober 1922, obwohl sie erst 1926 offiziell verboten wurde, bereits unter den Bedingungen der faktischen Illegalität arbeiten musste. Abgesehen davon, dass sich die IKP als erstes der Analyse des Faschismus widmete, schien für eine Auseinandersetzung mit den Sozialisten auch kein grundsätzlicher Anlass zu bestehen, denn diese bezogen in vielen Fragen gemeinsam mit der IKP antifaschistische und auch antiimperialistische Positionen. Innerhalb der ISP spielte man sogar mit dem Gedanken, sich wieder mit der IKP zu vereinigen, was jedoch an der ablehnenden Haltung Nennis scheiterte.

Am Verhältnis IKP-ISP änderte sich zunächst auch nach Kriegsende nichts, als die Rechtskräfte in der DC, unterstützt von den USA, die kapitalistische Restauration durchsetzten. Nach der Abspaltung der Saragat-Gruppe und der Gründung der ISDP konzentrierte sich die Auseinandersetzung auf diese, wobei es auch hier wiederum vor allem um aktuell-politische und weniger um grundsätzlich-theoretische Probleme ging. Das Aktionseinheitsabkommen zwischen IKP und ISP bestand noch bis in die Mitte der 50er Jahre. Zu den Parlamentswahlen im April 1948, bei dem die reaktionären und Rechtskräfte einen linken Sieg nur in einer Kampagne massivster antikommunistischer Propaganda verhindern konnten, traten IKP und ISP noch auf einer Einheitsliste an.

Die Aktionseinheit ermöglichte es während der Resistenza, das von Gramsci konzipierte breite, nationale, antifaschistische Bündnis herzustellen. Ohne die Aktionseinheit der beiden Arbeiterparteien wäre das unvorstellbar gewesen. Die IKP handelte, auch wenn sie das nicht in den Vordergrund stellte, als führende Kraft der Arbeiterklasse und wirkte auch grundsätzlich auf das Entstehen des nationalen Bündnisses ein. Sie gab geradezu ein klassisches Lehrbeispiel antifaschistischer Einheitsfrontpolitik, wobei sie auch in dieser Hinsicht nationale Eigenständigkeit herausstellte und zum Beispiel den Komintern-Terminus Volksfront vermied. Mit seiner Konzeption der „Wende von Salerno" lieferte Togliatti 1944 ein Beispiel meisterhafter Strategie, die nicht nur die Bildung einer breitestmöglichen, von Kreisen der Großbourgeoisie bis zu Monarchisten reichenden, antifaschistischen Einheitsregierung ermöglichte, sondern auch die vor allem von Churchill verfolgten Pläne, eine solche Regierung zu verhindern, durchkreuzte.

Mit der „Wende von Salerno" schien de facto jener Blòco stòrico entstanden zu sein, der in Gramscis Bündnispolitik einen zentralen Stellenwert einnahm, und zwar fast in größeren Dimensionen, als sein theoretischer Begründer gedacht hatte. Wenn die IKP später in der Nachkriegsentwicklung versuchte, in ihrer Bündnispolitik gegen die wieder entstandene faschistische Gefahr an 1944 anzuknüpfen, ist jedoch die historisch konkrete Situation zu sehen. In Salerno entstand eine Allianz, die sich in erster Linie gegen die deutschen Okkupanten richtete, für welche die Faschisten der Salò-Republik Mussolinis nur noch Erfüllungsgehilfen waren. Es war die Stoßrichtung gegen Hitlerdeutschland, welche die „Wende von Salerno" ermöglichte. Als dieses Ziel mit dem Sieg über den Faschismus wegfiel, verlor das Bündnis seinen wesentlichen Inhalt und brach auseinander.

2. Umstrittene Kompromisse

Nach dem Sieg über den Faschismus stellte sich die IKP keine sozialistischen Ziele als aktuelle Aufgabe. Entsprechende Ansprüche ihres linksradikalen Flügels, der sich vor allem auf die Garibaldi-Brigaden der Partisanenarmee stützte, wies sie zurück.[210] Dieser Verzicht ist der IKP-Führung oft als Unterordnung unter die in Jalta zwischen den Großmächten abgesprochene Aufteilung der „Einflusssphären" angelastet worden. Unter Togliatti verfolgte die IKP in ihrer Nachkriegsstrategie zunächst dennoch revolutionäre Ziele. Eine andere Frage ist, welche Fehler ihr dabei unterliefen. Die Partei ging von Gramscis Thesen des „Stellungskrieges" aus, die dieser im Unterschied zum „Bewegungskrieg" als der Periode des Kampfes um die politische Macht entworfen hatte. In diesem Rahmen orientierte sie sich zusammen mit den Sozialisten und den Aktionisten, unterstützt aber auch von linken Kräften der DC-Basis, auf eine antifaschistisch-demokratische Umwälzung hin, die das Eigentum des Großkapitals und der Großagrarier durch Nationalisierungen und eine Agrarreform beschneiden sollte. Der V. Parteitag im Januar 1946 forderte als Voraussetzung einer Industrie- und Agrarreform, „jene Gruppen aus der Leitung des Wirtschaftslebens auszuschließen, die uns schon einmal, als sie den Faschismus aus der Wiege hoben, zum Ruin führten und noch heute unsere wirtschaftliche und gesellschaftliche Entwicklung hemmen."[211] Auf ihrem VII. Parteitag im April 1951 forderte die IKP, die Macht der Monopole einzuschränken, die Großen unter ihnen zu nationalisieren, eine grundlegende Agrarreform durchzuführen und eine Regierung einzusetzen, die bereit und imstande ist, diese Forderungen zu verwirklichen.[212]

In diesem Prozess sollten die subjektiven Bedingungen für eine sozialistische Entwicklung heranreifen, was hieß, die Mehrheit der Bevölkerung dafür zu gewinnen. Für revolutionäre Veränderungen setzte die Parteiführung auf den parlamentarischen Weg, in diesem Rahmen auf die weiter bestehende Aktionseinheit mit den Sozialisten und - im engen Zusammenwirken mit der Aktionspartei - auf die Fortsetzung des Bündnisses vor allem mit der DC. Um das zu erreichen, machte sie weit reichende, in der Partei oft umstrittene Zugeständnisse. Dabei überschätzte sie zunächst ihren in der Resistenza errungenen Einfluss und ihr öffentliches Ansehen. Togliatti, seit Juni 1945 Justizminister, stimmte der Auflösung des „Hohen Kommissariats zur Verfolgung der Regimeverbrecher" und einer so genannten Amnestie der „nationalen Versöhnung" zu, die zu einer Revision der bereits ergangenen über 10.000 Urteile führte. Gegenüber den kleinen Parteigängern des Regimes war eine „nationale Versöhnung" gerechtfertigt. Wenn aber an den von der IKP in Rom und anderen Städten dazu organisierten Kundgebungen höchste Amtsträger des Faschismus, wie der ehemalige Minister der Salò-Republik, Ezio Maria Gray, teilnahmen, verunsicherte das nicht nur die Basis der IKP, sondern die zur Resistenza stehenden Kräfte insgesamt. Denn Gray wie viele andere Faschisten der ersten Garnitur blieben unbelehrbar und traten der MSI sofort nach ihrer Gründung bei.

Die Partei fand sich damit ab, der Verfassungsgebenden Versammlung keine gesetzgebende Gewalt zu übertragen und diese bei der Regierung zu belassen. Sie beugte sich einer entsprechenden Forderung der DC, die gedroht hatte, andernfalls das Referendum über die Staatsform zu verschieben, was die Chancen verringert hätte, die Monarchie zu beseitigen. Deren Sturz aber setzte die IKP voraus, um den Herrschaftsmechanismus des Großkapitals in antifaschistisch-demokratischem Sinne zu verändern. Dabei ging sie wiederum von der real erscheinenden Möglichkeit aus, zusammen mit ISP und PdA die Mehrheit in der Verfassungsgebenden Versammlung zu erringen, was fehlschlug. Vielfach verzichtete die Partei darauf, zu diesen Fragen die Öffentlichkeit zu informieren und die entsprechende Unterstützung für sich zu mobilisieren. Als De Gasperi IKP und ISP dann im Mai 1947 aus der Regierung ausschloss, konnte die DC mit ihren Verbündeten bei der Gesetzgebung schalten und walten, wie sie wollte.

In der Konstituante stimmte die IKP dafür, die unter dem Mussoliniregime geschlossenen Lateranverträge in der Verfassung zu sanktionieren, was nicht zuletzt bedeutete, ein Bündnis von Staat und Kirche zu begünstigen und die Positionen des Klerus und der rechten DC-Fraktion zu stärken.[213] Das war nicht nur für die Basis der Partei eine schwer verständliche Entscheidung. Das Konkordat hatte 1929 zum Konsens der Massen für den Faschismus beigetragen. Dass sich damals außer der Monarchie auch der Papst an die Seite des Duce stellte, hatte der faschistischen Diktatur den Anschein der Rechtmäßigkeit und gegenüber den Katholiken obendrein den Charakter einer von Gott gewollten Ordnung verliehen. Die Anerkennung der Verträge bedeutete, den antifaschistischen Widerstand im Nachhinein herabzusetzen, und gab der Opposition gegen antifaschistisch-demokratische Veränderungen Auftrieb. Die Haltung der IKP sorgte zudem für Missstimmung beim sozialistischen Bündnispartner, der gegen die Aufnahme des Konkordats stimmte. Ebenso votierten die Aktionisten und - aus historischen wie populistischen Gründen - die Liberalen mit den Sozialisten, was die IKP weiter isolierte. Togliatti begründete das Votum der Partei damit, dass das Land „den religiösen Frieden" brauche. Es war jedoch bekannt, dass die IKP-Führung auch in dieser Frage einer Erpressung der DC nachgegeben hatte. De Gasperi hatte gedroht, im Falle einer Ablehnung der IKP, deren Stimmen für die Annahme gebraucht wurden, ein neues Referendum über die Republik einzuberufen. Wahrscheinlich hatte Togliatti Recht, wenn er später sagte, in einer neuen

Abstimmung wäre die Republik vermutlich geschlagen worden.²¹⁴ Trotzdem, unter der Mehrheit der Mitglieder und Anhänger stieß die Entscheidung der Führung, die Togliatti maßgeblich beeinflusste, auf Unverständnis und gab radikalen Tendenzen Auftrieb.²¹⁵

Bereits in diesem Zurückweichen zeigten sich rechtsopportunistische Tendenzen als eine Folge der nach Livorno nicht konsequent geführten Auseinandersetzung. Luigi Longo, seit 1946 Stellvertreter Togliattis und nach dessen Tod sein Nachfolger, warnte vor zu weit gehenden Kompromissen sowie der Überschätzung der parlamentarischen Möglichkeiten und forderte, die außerparlamentarische Kraft der Arbeiterbewegung und die Mobilisierungsfähigkeit der Partei nicht zu vernachlässigen. Auf dem XII. Parteitag 1969 bezeichnete er es als entscheidend, „die Perspektive unseres Weges zum Sozialismus klar im Auge zu behalten" und den parlamentarischen Weg als eine, aber nicht die einzige Möglichkeit zu sehen.²¹⁶

Der Weg der IKP nach 1945 ist im Klima des Kalten Krieges und der Blockkonfrontation zu sehen. Revolutionär-demokratische Veränderungen als eine erste Etappe des Ausbrechens aus dem kapitalistischen System schienen in dieser Periode schwer vorstellbar, waren aber, wie die Ansätze der Aprilrevolution 1974 in Portugal zeigten, nicht unmöglich. Eine revolutionäre Strategie musste gegen die von den USA betriebene Politik des Roll back des Sozialismus und gegen ihr Weltherrschaftsstreben, von dem eine permanente Kriegsgefahr ausging, Stellung beziehen. In diesem Zusammenhang sind die unter Chruschtschow nach dem XX. Parteitag der KPdSU 1956 einsetzenden revisionistischen Erscheinungen, die zum Konflikt mit der KP Chinas führten und entscheidend die Deformierungen und Fehlentwicklungen der sozialistischen Staaten bedingten, zu sehen. Ohne die positiven Aspekte des XX. Parteitages zu übersehen, beginnt mit ihm ein Prozess, welcher Gorbatschow die Möglichkeit des Weges an die Macht ebnete. Dessen Ziel bestand - wie er nach der Niederlage des Sozialismus 1989/90 offen eingestand, schon lange bevor er 1985 KPdSU-Generalsekretär wurde - darin, die sozialistischen Gesellschaftsordnungen zu liquidieren und eine kapitalistische Restauration durchzusetzen.²¹⁷

Die von Togliatti herbeigeführte „Wende von Salerno" bildete eine entscheidende Grundlage des Beitrages der von der IKP geführten Resistenza als eines Bestandteils der Antihitlerkoalition zum Sieg über den Faschismus, welcher der Arbeiterbewegung einen großen Aufschwung eröffnete. Die negativen Aspekte bestanden in der Illusion, das Bündnis mit Kreisen der Großbourgeoisie auch für antifaschistisch-demokratische und ihrem sozialen Inhalt nach antiimperialistische Umwandlungen fortsetzen zu können. Diese Illusionen entstand jedoch nicht nur bei der IKP. Der Ausgang des Zweiten Weltkrieges, der insgesamt die Möglichkeiten für das weitere Voranschreiten des revolutionären Weltprozesses erweiterte, schuf zugleich Bedingungen, die der bürgerlichen Ideologie - vor allem in Gestalt neuer Erscheinungsformen des Revisionismus, auch „moderner Revisionismus" genannt - Wege des Eindringens nunmehr in die kommunistischen Parteien an der Macht einschließlich der KPdSU eröffneten. Gossweiler meint, die Antihitlerkoalition habe „in Teilen der Bewegung Illusionen über den Imperialismus genährt; nur der deutsche, italienische und japanische Imperialismus seien ‚böse' Imperialismen, die imperialistischen Bundesgenossen dagegen repräsentierten einen ‚guten' Imperialismus, von dem keine Gefahr für den Sozialismus mehr ausgine."[218]

Deformierungen und Fehlentwicklungen, wie sie von der UdSSR ausgingen, wirkten ebenso wie die Ereignisse in Jugoslawien, Ungarn, Polen und der CSSR tief auf die IKP ein. Hervorzuheben sind besonders die seit den 70er Jahren in der UdSSR und danach in anderen Ostblockstaaten, darunter in der DDR, sich breit machenden Tendenzen der „Rangerhöhung der Politik der friedlichen Koexistenz" und der Aushöhlung „dieser Politik als Form des Klassenkampfes", Die IKP nahm für sich nicht nur in Anspruch, diese Koexistenz gegenüber den USA und der NATO selbst zu praktizieren, sondern sie auch auf die Innenpolitik zu übertragen. Die KPdSU und andere Parteien der kommunistischen Bewegung, darunter die SED, wichen einer offenen Auseinandersetzung mit dem Eurokommunismus und den Erscheinungen der Sozialdemokratisierung der IKP aus.[219] Dabei hätte man vorgewarnt sein müssen. War es doch bezeichnenderweise der Theoretiker des Roll back des Sozialismus durch die Strategie der „Umarmung", der langjährige Sicherheitsberater im Weißen Haus, Zbigniew Brzezinski, der sich bereits 1976 dafür aussprach, Kontakte zu Berlinguer aufzunehmen.[220]

Togliattis Reaktion auf den XX. Parteitag war widersprüchlich. Der Stratege der „Wende von Salerno" begrüßte die aufgezeigten Möglichkeiten friedlicher Koexistenz zwischen den Systemen mit unterschiedlicher Gesellschaftsordnung; ebenso, die eines friedlichen, parlamentarischen Weges zum Sozialismus. Durch jahrzehntelange Arbeit als führender Komintern-Funktionär geprägt, bekannte Togliatti sich zwar grundsätzlich zur Vorhutrolle der KPdSU in der revolutionären Weltbewegung, setzte aber gleichzeitig kritische Akzente, indem er sich zu Fragen des Nationalismus und Provinzialismus als auch der Missachtung nationaler und historischer Besonderheiten äußerte, was sich eindeutig gegen die Praxis der sowjetischen Partei richtete. Er sprach von einer „bürokratischen Degenerierung der sowjetischen Gesellschaft" und wandte sich dagegen, die Ursache der Deformierungen in der KPdSU nur im Personenkult um Stalin zu sehen.[221] Kaum eine Rolle spielte dagegen, dass die von Chruschtschow eingeschlagene Linie von Subjektivismus und Wunschdenken geprägt wurde: so in der Verkündung des Aufbaus der Grundlagen des Kommunismus bis 1980, des Überholens der höchstentwickelten kapitalistischen Staaten in der Pro-Kopf-Produktion und insgesamt in dem abenteuerlichen Kurs, sich an der konsumorientierten Wertvorstellung des Kapitalismus zu orientieren und die Auseinandersetzung mit ihm auf dem Feld der Warenproduktion, auf dem dieser eine entscheidende Überlegenheit besaß, zu suchen.[222]

Während Togliatti sich zur Teilnahme an einem Vorbereitungstreffen auf eine neue kommunistische Weltkonferenz (die erst 1969 zustande kam) im August 1964 in Moskau aufhielt, legte er seinen Standpunkt zu vielen Problemen, zu denen es unterschiedliche Auffassungen gab, in einem Memorandum nieder, das er Chruschtschow übergeben wollte. Darin trat er für „die Einheit aller sozialistischen Kräfte in einer gemeinsamen Aktion gegen die reaktionären Gruppen des Imperialismus, auch über ideologische Divergenzen hinweg" ein, und betonte, dass es unvorstellbar sei, dass „aus dieser Einheit China und die chinesischen Kommunisten ausgeschlossen werden können", Er plädierte dafür, dass „die Einheit in der Verschiedenheit und völligen Selbstständigkeit der einzelnen Länder hergestellt und erhalten werden muss." Togliatti verstarb, noch bevor er Chruschtschow traf, am 21. August 1964 während eines Aufenthalts auf der Krim. Seine Thesen gingen als Memorandum von Jalta in die Geschichte ein und gelten als sein politisches Testament. Als die Weltberatung 1969 in Moskau zusammentrat, spielte Togliattis Memorandum keine entscheidende Rolle. Die Positionen der verschiedenen Parteien waren bereits so weit voneinander entfernt bzw. konträr, dass ein substanziell gemeinsames Dokument zur Lage und zu den Aufgaben der Kommunisten nur noch partiell zustande kam.

Der langjährige führende Theoretiker der IKP Giuseppe Chiarante schrieb, dass „1956 eine Wende einsetzte", von der man nicht habe absehen können „wohin sie führt", Togliatti habe sich dazu öffentlich nicht grundsätzlich geäußert.[223] Ungeachtet dessen muss zu einer Wertung Togliattis aus linker Sicht ohne Zweifel gehören, dass sein Wirken in dieser Etappe darauf gerichtet war, den Krisenerscheinungen in der kommunistischen Weltbewegung entgegenzutreten, um sie aufzuhalten und Deformierungen und Fehlentwicklungen zu korrigieren. Unter diesem Gesichtspunkt dürfte vieles, was er dazu zu Strategie, Theorie und Politik äußerte, zum positiven Erbe der internationalen Arbeiter- und kommunistischen Weltbewegung gehören und für ihren gegenwärtigen Kampf wertvolle Erfahrungen und Anregungen vermitteln.[224]

Die IKP und eine Zeit lang (etwa bis Mitte der 50er Jahre) auch die ISP, traten, wie ihr Auftreten gegen den Beitritt zur NATO und danach für den Austritt verdeutlichte, dem Vorherrschaftsstreben der USA entgegen.[225] Aspekte dieser Haltung zeigten sich auch bei linken DC-Kreisen, an ihrer Spitze der damalige Staatssekretär im Außenministerium, Aldo Moro. Zu ihnen gehörte ferner der führende Wirtschaftsmanager der DC und Präsident der staatlichen Energiegesellschaft ENI, Enrico Mattei, während der Resistenza Kommandant einer Partisanenbrigade. Leute wie Moro und Mattei traten der von den USA verfolgten Politik entgegen, die NATO als ihr Instrument zur wirtschaftlichen und politischen Unterwerfung der Mitgliedsländer unter ihre Vorherrschaft zu nutzen. Mit Moro und Mattei sympathisierten in dieser Zeit selbst Großindustrielle wie FIAT-Chef Agnelli, der sich später in seiner Zeitung „La Stampa" mehrfach offen gegen die massive Einmischung der USA wandte, die Italien wie „ein Protektorat" behandelten. Mattei plädierte dafür, „die Lösung der kommunistischen Frage in Italien über kraftvolle soziale und ökonomische Reformen herbeizuführen".[226] Wie später Moro wurde er deshalb in Washington als „Kommunistenfreund" diffamiert und fiel 1962 einem Attentat der CIA zum Opfer.[227] Reformpläne, wie sie Moro oder Mattei verfolgten, basierten auf der kapitalistischen Gesellschaftsordnung und verfolgten das Ziel, den Reformismus in der Arbeiterbewegung zu stärken und eine moderne Arbeiteraristokratie heranzubilden.

In der IKP-Führung nährten diese antiamerikanischen Aspekte die nie aufgegebene Hoffnung, einer Neuauflage einer „Wende von Salerno", Aus der Frontstellung großbürgerlicher Kreise gegen die Einmischungspolitik der USA schienen sich gemeinsame Anknüpfungspunkte zu ergeben. Hinzu kam, dass die DC bei den ersten Wahlen nach dem NATO-Beitritt 1953 die Quittung für ihren pro-atlantischen Kurs erhielt. Sie verlor über acht Prozent der Wähler und sank auf 40,1 Prozent ab.

3. Das Attentat auf Togliatti

Unter dem Gesichtspunkt der antiamerikanischen Haltung einflussreicher DC-Kreise mit Moro und Mattei an der Spitze kann die Bündniskonzeption der IKP nicht von vornherein und grundsätzlich als illusorisch abgetan werden. Schließlich gab es nicht nur in Italien, sondern ebenso in Westeuropa, besonders im Frankreich de Gaulles, die Hoffnung, das Vormachtstreben der USA könnte verhindert oder zumindest eingeschränkt werden. In dem Maße, wie das scheiterte, stand die IKP dann tatsächlich im Schatten von Jalta. Sie musste stets eines bewaffneten amerikanischen Eingreifens gewärtig sein, wie die Ereignisse in Griechenland zeigten. Wie schmal der Grat der möglichen Entscheidungen oft war, verdeutlichten das am 14. Juli 1948 auf Togliatti verübte Attentat und die damit verfolgten Ziele. Es war um 11.35 Uhr, als Togliatti durch einen Seitenausgang den Montecitorio verließ, um mit seiner Lebensgefährtin Nilde Jotti in der gegenüberliegenden Bar Da Giolitti in der Via Uffici del Vicario einen Kaffee zu trinken. Nur wenige Meter vor ihm zog ein Faschist namens Antonio Pallante einen Revolver und feuerte vier Schüsse auf ihn ab. Während der Generalsekretär von drei Kugeln im Nacken und in der Brust getroffen auf die Knie niedersank, traf ihn der vierte Schuss in die Herzgegend. Der Täter ergab sich widerstandslos den Sicherheitsbeamten.

Die IKP war das entscheidende Hindernis auf dem Weg der zu dieser Zeit stattfindenden kapitalistischen Restauration. Der Mordanschlag, dessen Fäden, wie sich später herausstellte, in Washington gezogen worden waren, sollte die Partei und ihre Anhänger zum bewaffneten Aufstand provozieren, um sie „per Blutbad" liquidieren zu können. Fast schien die Rechnung aufzugehen. Zwar gab es keinen Aufstandsplan, von dem in die bürgerliche Presse lancierte Berichte sprachen, die außerdem zur Unterstützung eine „Invasion von Titos Volksarmee" erfanden, aber die Bereitschaft Hunderttausender, auf die Provokation mit bewaffnetem Widerstand zu antworten. Während vor der Klinik, in welcher der lebensgefährlich verletzte KP-Chef operiert wurde, 200.000 Menschen schweigend vorbeizogen und im alten Stadtteil Trastevere Frauen vor Heiligbildern für Togliattis Genesung beteten, formierte sich in der Innenstadt eine riesige Menschenmenge zu einer Kundgebung, auf der das Mitglied der IKP-Leitung, Eduardo D'Onofori, sprach. Als der Rundfunk die Nachricht verbreitete, Togliatti liege im Sterben, riefen Sprechchöre dem Redner zu: „Gib uns das Startzeichen!" Gleichzeitig begann, ohne dass es dazu seitens der Partei einen Aufruf gab, ein Generalstreik, wie ihn das Land bis dahin nicht gesehen hatte.

Nicht nur Mitglieder und Sympathisanten der IKP, sondern auch viele andere Kräfte der Resistenza, darunter auch der linken DC-Basis, drängten zum Aufstand. Partisanen holten ihre Waffen aus den

Verstecken und traten den gegen die Streikenden und Demonstranten vorgehenden Armee- und Polizeieinheiten entgegen. In Genua stoppten sie Panzerwagen und nahmen ihre Besatzungen gefangen. In hunderten von Städten und Gemeinden übernahmen Streikleitungen die Macht. Bei FIAT in Turin besetzten die Arbeiter die Fabrik und nahmen den Direktor Valetta, einen verhassten Wirtschaftsführer aus der faschistischen Zeit, sowie über ein Dutzend Mitglieder der Konzernleitung fest.

Bei den bewaffneten Zusammenstößen gab es 20 Tote und über 600 Verletzte. 92.000 Personen, in erster Linie Arbeiter, wurden festgenommen, über 70.000 von ihnen später vor Gericht gestellt und die meisten verurteilt. Die IKP-Leitung rief am zweiten Tag dazu auf, den Generalstreik zu beenden. Es gelang der Parteiführung, ihre Basis vom Aufstand abzuhalten, vor dem der schwer verletzte Togliatti, bevor er operiert wurde, eindringlich gewarnt hatte. Zweifellos hatte Luigi Longo, der frühere Partisanenbefehlshaber, maßgeblich darauf eingewirkt, einen Aufstand zu verhindern.[228]

Eine bewaffnete Erhebung hätte nur in einen blutigen Bürgerkrieg übergehen und mit einem Eingreifen der USA-Truppen zu einer reaktionären Wende führen können. Eine physische Abrechnung mit der IKP wäre die Folge gewesen. Die faschistische Entwicklung hätte einen unausweichlich stärkeren Auftrieb erhalten. Von Ausnahmen abgesehen, konnte die IKP-Führung die Entscheidung ihrer Basis verständlich machen: Als der genesene Togliatti sie auf dem Pressefest der „Unita" am 27. September 1948 erläuterte, stimmten ihm die mehr als 500.000 Teilnehmer zu.[229]

Nach dem Attentat hielt die Verfolgung vor allem der IKP und ihrer Anhänger weiter an. Bis Mitte 1950 gab es bei Auseinandersetzungen mit Großagrariern, Faschisten und Zusammenstößen mit der Polizei 62 Tote, darunter 48 Kommunisten. 3.126 Personen, wurden verletzt, davon waren 2.367 Kommunisten. Von 92.169 Verhafteten waren 73.780 Kommunisten. 19.306 Menschen wurden unter fadenscheinigen politischen Vorwänden verurteilt, unter ihnen 15.429 Kommunisten.[230]

4. Der Historische Kompromiss

Die von den USA inszenierte Errichtung der Pinochet-Diktatur im September 1973 in Chile gab der faschistischen Gefahr in Italien neuen Auftrieb. Die MSI forderte offen für Italien eine Lösung „nach chilenischem Vorbild", Es blieb nicht bei Worten. Ein neuer Putschversuch folgte. Liberale und DC-Rechte liebäugelten angesichts des Anwachsens der IKP-Stimmen und der Möglichkeit eines linken Wahlsieges mit einem Bündnis mit dem so genannten moderaten Flügel der MSI.

Unter Enrico Berlinguer, seit März 1972 Generalsekretär der IKP, wurde nunmehr unter der Losung „einer demokratischen Wende" offen die Strategie eines neuen antifaschistischen Bündnisses mit den bürgerlichen Parteien, vor allem der DC verkündet. Auch wenn die Linke über 50 Prozent der Stimmen erreiche, dürfe sie nicht allein die Macht übernehmen, erklärte Berlinguer. Die Christdemokraten könnten andernfalls wie in Chile tatenlos einem faschistischen Vormarsch zusehen und einen Putsch wie unter Pinochet begünstigen. Die IKP schlug der DC vor, einen Historischen Kompromiss zu vereinbaren und auf Regierungsebene zusammenzuarbeiten.[231] Berlinguer berief sich auf Gramscis These vom Historischen Block. Dieser verstand darunter allerdings ein Bündnis mit den katholischen Volksmassen unter Führung der Arbeiterklasse, während es der IKP jetzt um eine Allianz mit der DC-Führung, um eine Klassenzusammenarbeit mit der Bourgeoisie ging.

Es ist aufschlussreich, Berlinguers Partner Aldo Moro etwas näher zu charakterisieren, weil sich an seinem Beispiel die Möglichkeiten zeigen, bürgerliche Reformer bei einem entsprechenden Kräfteverhältnis zugunsten linker Kräfte, die auf der Grundlage einer revolutionären Strategie handeln, zu einer weiter gehenden Zusammenarbeit zu gewinnen. Moro bot dazu sowohl von seiner sozialen Herkunft als auch von seiner politischen Einstellung her bestimmte Voraussetzungen.[232] 1916 in der Kleinstadt Maglie im südlichen Apulien geboren, kam er aus den einfachen Verhältnissen einer ländlichen Pädagogenfamilie. Nach einem Jura-Studium an der Universität von Bari stieg er zum habilitierten Professor für Strafrecht auf. Der sehr gebildete Jurist reifte frühzeitig zu einem außerordentlich fähigen Politiker mit Realitätssinn für die Probleme des eigenen Landes als auch für internationale Fragen heran. Seit der Wahl in die Verfassungsgebende Versammlung war er bis zu seinem Tod Mitglied der Abgeordnetenkammer. 1948 wurde er Staatssekretär, später Minister für Auswärtige Angelegenheiten und anderer Kabinettsressorts. Er stand fünfmal der Regierung vor und galt für die 1979 anstehenden Präsidentenwahlen als aussichtsreichster Kandidat seiner Partei.

Als Mitglied der an der Resistenza teilnehmenden DC hatte Moro nach 1945 zu den führenden Köpfen der „Initiativa Democratica" gezählt, einer Gruppe von linken DC-Politikern, die nach der Niederlage des Faschismus für eine soziale Erneuerung der italienischen Gesellschaft auf christlichen Grundlagen eintrat. Darunter waren soziale und politische Reformen im Rahmen der kapitalistischen Gesellschaft zu verstehen, um den in der Arbeiterbewegung vorherrschenden marxistischen Sozialismusvorstellungen eine Alternative entgegenzustellen. Grundlegendes Ziel der Reformpolitik Moros war ein neues Regierungssystem. Er strebte, ausgehend von der während der Resistenza entstandenen antifaschistischen nationalen Einheitsregierung, welche die Kommunisten und Sozialisten einschloss, die Fortsetzung einer solchen Koalition auch nach 1945 an. Während seiner Regierungszeit und als Parteivorsitzender ging es ihm darum, mit seiner Reformpolitik seiner Partei und damit dem kapitalistischen Gesellschaftssystem eine stabile Regierungsmehrheit zu verschaffen. Das sah er nur durch die Einbeziehung zunächst der Sozialisten und später der Kommunisten als realisierbar an, wenn man nicht auf die MSI zurückgreifen wollte, was Moro entschieden ablehnte. In seiner Politik trat der DC-Politiker gleichzeitig den USA-Plänen, Italien rücksichtslos ihrer Vorherrschaft unterzuordnen, entgegen.

Moro hatte die von Alcide De Gasperi unter massivem Druck der USA und ihrer Marshallplan-Strategie durchgesetzte Politik der konservativen kapitalistischen Restauration abgelehnt. Nachdem er gegen den Beitritt zur NATO aufgetreten war, hatte ihn De Gasperi aus dem Kabinett ausgeschlossen. Als dieser nach den Wahlen 1953 über seinen pro-amerikanischen Regierungskurs stürzte und die DC von 48,5 auf 40,1 Prozent absackte, kehrte Moro in die Politik zurück. Gegen den entschiedenen Protest aus Washington und den Widerstand der Rechtskräfte im eigenen Land und in der DC selbst, die im Parlament die MSI zur Regierungszusammenarbeit heranziehen wollten, setzte er seine erste „Öffnung nach links" durch und nahm die Sozialisten wieder in die Regierung auf. Es begann die Zeit der so genannten Centro-Sinistra-Regierungen.

Die Parlamentswahlen 1976 stürzten die DC erneut in eine tiefe Krise. Sie selbst konnte zwar ihre Stimmen halten, aber die Sozialisten, die sich im Regierungsbündnis mit der DC verschlissen, erreichten nur noch 10,2 Prozent, während die der IKP sprunghaft um 7,3 auf 34,4 Prozent anstiegen. Als DC-Vorsitzender begann Moro nunmehr, die Kommunisten in die Regierungszusammenarbeit einzubeziehen. Gegen die IKP, die von 12,6 Millionen Italienern gewählt wurde, konnte das Land, so Moros Meinung, nicht mehr regiert werden.[233]

Die IKP befand sich nach den Wahlen in einer starken Verhandlungsposition. Als zweitstärkste Fraktion belegte sie in der Abgeordnetenkammer 227 Sitze und stellte den Präsidenten, im Senat den Stellvertreter. Sieben IKP-Vertreter leiteten Parlamentsausschüsse. Der mächtige, zunehmend reformistisch geprägte parlamentarische Apparat, der das ausschlaggebende Gewicht in der Parteiführung bildete, nutzte diese Position jedoch nicht zur Durchsetzung linker Forderungen. Nach der Beteiligung an fast der Hälfte der Regierungen in den Regionen (Ländern) stellten die Reformisten sich das Ziel, auch im nationalen Rahmen „koalitionsfähig" zu werden. Dem wurde alles untergeordnet. Die ideologische Basis der sozialdemokratischen Strömung bildete der in den 70er Jahren von einigen KPs der westlichen Länder propagierte so genannte Eurokommunismus, dessen Protagonistin die IKP wurde. Für die in Aussicht gestellte Aufnahme in eine bürgerliche Regierung und die - niemals eingehaltene - Zusage, gewisse soziale und ökonomische Reformen einzuleiten, gab die IKP fundamentale Positionen auf. Neben berechtigter Kritik an sozialistischen Deformierungen und dem unter Chruschtschow begonnenen Voluntarismus in der UdSSR sowie an der Führerrolle der KPdSU beteiligte sich die IKP an der bürgerlichen Propaganda gegen die Sowjetunion. Sie proklamierte auf der Grundlage der Anerkennung der „Spielregeln der bürgerlichen Demokratie" und ihrer Integration in deren Parteiensystem einen eigenen „Weg zum Sozialismus", übernahm das bourgeoise Staatsmodell, für das sie lediglich eine „demokratische Transformation" forderte, sprach sich für die kapitalistische Marktwirtschaft aus und versprach eine „breite Förderung der Privatindustrie", Den Gipfel des Revisionismus erklomm die IKP, als Berlinguer mitten im Kalten Krieg und in der Blockkonfrontation nicht nur erklärte, die Bündnisverpflichtungen Italiens zu respektieren, sondern obendrein verkündete, die NATO eigne sich unter bestimmten Voraussetzungen als „Schutzschild" eines italienischen Weges zum Sozialismus.[234]

Die reformistische Konzeption wurde nach den Wahlen von 1976 umgehend in die Praxis umgesetzt. Die IKP half der DC über die schwere Regierungskrise hinweg, indem sie deren Kabinett im Parlament durch Stimmenthaltung stützte. Im Frühjahr 1978 schlossen Berlinguer und Moro ein Regierungsabkommen. Die IKP stimmte im Parlament für eine große Koalition, an deren Spitze der DC-Rechte und Vertrauensmann der CIA, Giulio Andreotti, trat. Für einen späteren Zeitpunkt war der direkte Eintritt der IKP in die Regierung vorgesehen.

Konnte man in der Konzeption eines breiten antifaschistischen Parteienbündnisses zunächst noch einen akzeptablen Ansatz zur Bekämpfung der faschistischen Gefahr sehen, wurde dieser durch die Untersetzung mit einer völlig reformistischen Politik und schließlich durch die Unterstützung einer Regierung mit Andreotti an der Spitze jeder Realität beraubt. Andreotti, der als der geheime Chef der von dem Altfaschisten Licio Gelli gebildeten Putschistenloge P2 galt, brachte nicht nur das Regierungsabkommen zum Scheitern, sondern lieferte auch den von den Roten Brigaden entführten Moro dem sicheren Tod aus.[235] Im Januar 1979 musste die IKP aus der großen Parlamentskoalition austreten. Der Historische Kompromiss war, wie Berlinguer auf dem IKP-Parteitag 1980 eingestehen musste, gescheitert. Es gab keinerlei soziale oder ökonomische Reformen. Statt einer Zurückdrängung der faschistischen und rechten Gefahr kam es zu einer Verschiebung der Regierungsachse nach rechts. In der DC erhielten rechte und mit den Faschisten paktierende Kräfte einen bestimmenden Einfluss auf die

Politik. Der politische Einfluss der IKP ging spürbar zurück. Sie verlor in den folgenden Jahren etwa ein Drittel ihrer 2,2 Millionen Mitglieder. Bei den vorgezogenen Parlamentswahlen 1979 war ihre Stimmenzahl zum ersten Mal seit Kriegsende rückläufig.

5. Heimkehr zur Sozialdemokratie

In der bürgerlichen Geschichtsschreibung hält sich hartnäckig die Auffassung, das Ende der IKP sei eine Folge der sozialistischen Niederlage in Europa gewesen. Als angeblicher Beweis wird eine Erklärung des letzten Generalsekretärs, Achille Occhetto, anschließend Sekretär der PDS, angeführt, der drei Tage nach dem Fall der Berliner Mauer offiziell die „Heimkehr zur Sozialdemokratie" ankündigte. Neben den bereits dargelegten, weit in die Geschichte der IKP und auch der ISP zurückreichenden Wurzeln dieses Werdeganges widerlegen auch die Ereignisse der 80er Jahre diesen Geschichtsrevisionismus. Die sozialdemokratische Strömung hatte bereits unter Berlinguer eine die Partei maßgeblich beherrschende Position erreicht. Jedoch waren ihr zu dieser Zeit bestimmte Grenzen durch die kämpferische Basis gesetzt worden, auf die Berlinguer Rücksicht nahm. Das geschah nicht nur aus taktischen Gründen. So viel über Berlinguer aus dieser Zeit bekannt ist, kann kaum angenommen werden, dass er die IKP in eine sozialdemokratische Partei vom Typ der PDS umgewandelt und danach in einen derartigen Niedergang geführt hätte.[236] Nach seinem unerwarteten Tod 1984[237] verfügte die Partei über keine Führerpersönlichkeit von Format mehr. Der Weg für die Revisionisten wurde dann schlagartig frei, als Gorbatschow 1985 das Amt des Generalsekretärs der KPdSU antrat. Sie setzten sich endgültig als die Partei allein beherrschende Fraktion durch. Bereits auf dem IKP-Kongress 1986 in Florenz schlug Berlinguers Nachfolger Alessandro Natta den Sozialisten vor, sich mit den Kommunisten zu einer neuen linken Partei zu vereinigen. Der korrupte ISP-Chef Craxi, der seine Partei 1992 in den Untergang trieb, lehnte jedoch ab. Der sozialdemokratische Kurs verstärkte sich, als Achille Occhetto im Mai 1988 als Generalsekretär an die Spitze der IKP trat. Italien erlebte das Phänomen, dass seine KP, die besonders seit den 70er Jahren ihre Unabhängigkeit von Moskau betont, jegliche Führerrolle oder Übernahme sowjetischer Erfahrungen abgelehnt und 1982 gegenüber der KPdSU auch offiziell den „strappo" (Bruch) verkündet hatte, plötzlich „moskauhörig" wurde und sich völlig am Kurs Gorbatschows orientierte. Unmittelbar nach seiner Wahl kündigte Occhetto den für März 1989 einberufenen Kongress als „Parteitag der Wende" an. Dessen Leitfigur war dann Gorbatschow, auf den sich Occhetto bereits in seiner Eröffnungsrede zehnmal als Hoffnungsträger berief. Die auf Video übermittelte Rede des KPdSU-Generalsekretärs wurde von der sozialdemokratischen Strömung, welche die Mehrheit der Delegierten stellte, stürmisch gefeiert. In seinen Beschlüssen erklärte der Kongress einen „riformismo forte" (tief greifenden Reformismus) zur „Leitlinie der Partei", Occhetto erhielt bei seiner Wiederwahl nur zwei Gegenstimmen. Selbst die kommunistische Strömung, die im neuen Zentralkomitee acht Sitze belegte, hatte für ihn gestimmt. Der ISP schlug Occhetto vor, die DC-Regierung zu verlassen und mit der IKP eine Reformkoalition zu bilden. Craxi lehnte allerdings postwendend ab.[238]

Im Dezember 1989 präzisierte Occhetto, wie der „Bruch mit der Vergangenheit" vor sich gehen sollte. In der „Unita" wandte er sich gegen die „Front des Nein", welche die „konstituierende Phase einer neuen Formation", wie die Umwandlung in eine sozialdemokratische Partei genannt wurde, nicht mitmachen wollte und für eine „Erneuerung" eintrat. „Eine Erneuerung der IKP reicht nicht mehr aus", erklärte Occhetto. Gleichzeitig versuchte er zu beruhigen. Es gehe nicht „um die Selbstauflösung der IKP, sondern um die Konstruktion einer neuen, demokratischen, politischen Formation des Volkes - reformerisch, offen für progressive laizistische und katholische Komponenten, Interpretin der neuen Fragen aus der Welt der Arbeit und der Kultur als auch aus den Bewegungen der Jugend und der Frauen, aus der Umweltbewegung, dem Pazifismus und der Bewegung für Gewaltlosigkeit", Occhetto versicherte, die Kommunisten würden „mit ihrem ideellen, organisatorischen und politischen Erbe Initiatoren dieser neuen Formation sein",²³⁹ Georgio Napolitano, als langjähriges Politbüromitglied seit den 60er Jahren aktiver Verfechter des reformistischen Kurses, bekannte zwei Wochen später, es gehe mit der Umwandlung darum, einer „Regierungsübernahme den Weg zu ebnen",²⁴⁰

Wie das vor sich gehen sollte, bewiesen die weiteren Schritte. Im Auftrag Occhettos arbeitete der Wirtschaftswissenschaftler Michele Salvati, der niemals der IKP angehört hatte, das „programmatische Manifest" der neuen Partei aus. Er hielt engen Kontakt zur SPD und orientierte sich an deren Godesberger Programm. Er schrieb u. a. Leitsätze wie die folgenden nieder: „Die Kapitalisten und die Unternehmer erfüllen eine Aufgabe von öffentlichem Nutzen" und „das Privateigentum an Produktionsmitteln spielt im Kontext des Wettbewerbs eine fundamentale Rolle von allgemeinem Interesse",²⁴¹ In nicht wenigen Punkten übertraf der Kongress in Rimini dann noch Bad Godesberg. So auch als er selbst auf die Vokabeln „sozialistisch" oder „sozialdemokratisch" in dem neuen Parteinamen verzichtete und die Nachfolgepartei der IKP sich schlicht Demokratische Partei der Linken (PDS) taufte. Salvati betonte ausdrücklich die Orientierung am Godesberger Programm, das „in den vergangenen 30 Jahren sehr gut standgehalten" habe. Occhetto selbst schrieb Willy Brandt als damaligem Vorsitzenden der Sozialistischen Internationale einen Brief, in dem er die Bedeutung der „Erfahrungen der Sozialdemokratie", die „trotz Begrenzungen und Schwierigkeiten von substanziellen Errungenschaften an Wohlstand und Kultur gekennzeichnet" seien, für die Umwandlung der IKP hervorhob. ISP-Chef Craxi zitierte die lobenden Ausführungen süffisant in seinem Bericht an den 46. Parteitag im Juni 1991.²⁴²

6. Ankunft bei den Agnellis

Genossen der Basis waren fassungslos, als sie am 13. Januar 2000 in Turin auf den Monitoren im Kongressgebäude die Eröffnung des Parteitages der Linksdemokraten²⁴³ verfolgten. Sie sahen ihren Sekretär Walter Veltroni und Massimo D'Alema, zu dieser Zeit noch Premier, auf der Tribüne nacheinander mit Gianni Agnelli, dem Besitzer des mächtigen FIAT-Imperiums, als Ehrengast in herzlicher Umarmung. „Gramsci si rivolterebbe nella tomba", Gramsci würde sich im Grab umdrehen, kommentierten FIAT-Arbeiter den Vorgang. Die DS-Führung wollte FIAT Dankbarkeit und Zuverlässigkeit in einem demonstrieren. Denn Agnelli hatte vor den 96er Wahlen offiziell zu erkennen gegeben, dass er eine Regierungskoalition mit den neuen Sozialdemokraten bevorzugen würde.[244] Der für seinen politischen Pragmatismus bekannte FIAT-Besitzer, der bereits zu Berlinguers Zeiten dessen Historischen Kompromiss mit Moro toleriert hatte, war der Meinung gewesen, dass die Linksdemokraten den Widerstand der Arbeiter gegen den rigorosen Sozialabbau am besten abblocken könnten. Auf Agnelli war allerdings kein Verlass. Als es vor den Wahlen im Mai 2001 darum ging, einen Sieg der Berlusconi-Koalition zu verhindern, schlug er sich auf die Seite seines Klassenkompagnons, was neben der Unterstützung durch den Vatikan letztendlich den Ausschlag dafür gab, dass eine profaschistische Regierung die Interessenvertretung des Kapitals übernehmen konnte.

Als Ergebnis dieser Verbrüderung mit dem Kapital stand die DS auf ihrem Parteitag im November 2001 in der Adriahafenstadt Pesaro vor dem Scherbenhaufen ihrer zehn Jahre vorher vollzogenen „Heimkehr zur Sozialdemokratie", In Rimini hatten sich die Heimkehrer noch auf Gramsci berufen und an die progressiven Traditionen der italienischen Sozialisten anknüpfen wollen. Stattdessen warf die opportunistische Führung in den folgenden knapp elf Jahren alles, was noch an kämpferischem sozialistischem Erbe existierte, über Bord. Zu ihren Vorbildern erkor sie Schröder, Blair und selbst Clinton. Als neue Vereinigungspartner hofierte sie die Zentrumsparteien, mit denen sie sich zu einer liberalen Mitte-Links-Partei zusammenschließen wollte. Die DS kreierte allen Ernstes für Italien ein Parteienmodell nach amerikanischem Vorbild, in dem ihre Linke Zentrumspartei den Part der Demokraten spielen sollte, während der rechtsextremen Allianz aus Forzapartei, AN-Faschisten und Lega-Rassisten die Rolle der Republikaner zugedacht war. Bereits nach dem Sturz Berlusconis im Dezember 1994, der durch einen Generalstreik und Massendemonstrationen herbeigeführt wurde, hatte sich D'Alema zur typisch sozialdemokratischen Rolle eines Retters des Kapitals in Krisenzeiten bekannt, als er ausführte, der Forza-Chef hätte seinen Sturz verhindern können, wenn er mit der Opposition zusammengewirkt und sich besonders „auf ihre prinzipielle Kraft (womit selbstredend die PDS gemeint war, d. Verf.) (...) gestützt hätte", Das Mehrheitswahlrecht reiche nicht aus, „die Regierbarkeit zu garantieren", belehrte er den Forzachef; Mehrheit und Opposition müssten sich gegenseitig anerkennen.[245]

Während die zur Vereinigung in einer Partei der linken Mitte angesprochenen Partner ihre historische Chance, die Arbeiterbewegung noch tiefer in die Krise zu stürzen, vorerst nicht wahrnahmen, führten die Pläne der Parteispitze an der Basis der DS zu einem Mitglieder- und Wählerschwund mit entsprechender sozialer Veränderung. Von 1,7 Millionen Mitgliedern, die sie 1991 zählte, sind ihr 2001 noch 650.000 geblieben, von denen wiederum etwa die Hälfte vorher nicht der IKP angehörten. Das Wählerpotenzial, das in der IKP in den 70er Jahren über 34 Prozent betrug und auf dem Weg des Reformismus bis zur Umwandlung bereits auf 26,6 Prozent schrumpfte, hat die DS bei den Wahlen im Frühjahr 2001 auf 16 Prozent heruntergewirtschaftet. Eine deutlichere Absage konnte es von der Wählerbasis aus kaum geben.

Rechtspolitik und Sozialabbau, welche die DS während ihrer Regierungszeit von 1996 bis 2001 betrieb, und die Teilnahme an der NATO-Aggression gegen Jugoslawien bildeten die Eckpfeiler des politischen Niederganges, der zur Wahlniederlage der von ihr angeführten Linken Mitte und dem Sieg der profaschistischen Berlusconi-Koalition im Mai 2001 führte. Die danach an der Basis und bei einigen führenden Funktionären (unter ihnen Achille Occhetto, bis 1994 Parteichef) einsetzende Kritik und die Forderung, den Rechtskurs zu beenden, fanden an der Parteispitze kein Gehör. Obwohl die DS unter den Parteien der linken Mitte mehr als die Hälfte der Parlamentssitze belegte, verzichtete sie darauf, den Oppositionsführer zu stellen, und überließ diese entscheidende Position dem Zentrumsmann Francesco Ruttelli. Den von der Partei der Kommunistischen Neugründung (PRC) vorgeschlagenen Dialog zur Herstellung eines alternativen linken Bündnisses lehnte sie ebenso ab. Von den machtvollen Kampfaktionen der Anti-Globalisierungs-Bewegung während des G8-Gipfels in Genua und danach hielt die DS-Führung sich fern und beteiligte sich auch nicht an den Aktivitäten, diese verschiedenartigen Kräfte zu weiteren antiimperialistischen Aktionen zusammenzuführen. Auf einer Demonstration von 150.000 Kriegsgegnern Anfang November 2001 in Rom ließ sich kein Mitglied der DS-Führung blicken. Den Gipfel erklommen die Linksdemokraten mit der Zustimmung zu dem von der Bush-Administration nach den Terroranschlägen vom 11. September 2001 proklamierten Aggressionskurs durch die Berlusconi-Regierung im Parlament und der Teilnahme führender DS-Politiker an einer chauvinistischen Kriegsdemonstration der profaschistischen Koalition. Allerdings verstärkte das auch die Proteste. Unter den fast 70 Parlamentariern, die gegen die Kriegsresolution in beiden Kammern stimmten, befanden sich mit Occhetto an der Spitze 23 Linksdemokraten. Im Gegensatz zur Jugoslawien-Aggression stimmten auch die zur Mitte-Links-Koalition gehörenden zwölf Parlamentarier der reformistischen Partei der Italienischen Kommunisten (PdCI) Armando Cossuttas geschlossen dagegen.

Der Parteitag in Pesaro vom November 2001 zeigte eine gespaltene Partei, die mit einer linken Ausrichtung nichts mehr gemein hatte, wie in der Diskussion betont wurde. Eine Einschätzung der faschistischen Züge der Regierung, die offen während der Polizeiorgien in Genua zum Ausdruck kamen, blieb ebenso aus wie eine Beratung des Vorgehens gegen den von Berlusconi angekündigten Demokratie- und Sozialabbau. Unter dem Slogan einer „Reformlinken" im Rahmen eines „europäischen Sozialismus" lancierte Ex-Premier D'Alema eine Neuauflage seiner alten Idee von der Schaffung einer „europäischen Sozialdemokratie", für die Schröders SPD und Blairs Labour-Partei Pate stehen sollen. Der Parteitag zeigte, wie „Liberazione" schrieb, dass die DS-Führung unfähig ist, „einen Ausweg aus der Krise aufzuzeigen", Die Parteilinke kritisierte zwar diesen Zustand, sprach sich für eine entschiedene Opposition und für ein Zusammengehen mit der Anti-Globalisierungs-Bewegung aus und zeigte sich skeptisch gegenüber dem „Modell einer europäischen Sozialdemokratie", war jedoch nicht in der Lage, einen konzeptionellen Ausweg aufzuzeigen. Vor allem fehlte es ihr an Geschlossenheit, um ihrer Kritik Nachdruck zu verleihen. [246]

7. Reformismus begünstigt faschistische Gefahr

Verhängnisvoll wirkte sich das Paktieren der DS-Führung mit den AN-Faschisten aus. Am Umtaufungskongress der MSI in die Alleanza Nazionale (AN) im Januar 1995 nahm eine Delegation der PDS teil, der mit Ugo Pecchioli, einst Kommandant der 77. Garibaldi-Brigade, einer der angesehensten Partisanenkommandeure angehörte.[247] Gegenseitiger Delegationsaustausch gehörte seitdem zur gängigen Praxis von Parteibeziehungen zwischen Linksdemokraten und AN-Faschisten. Über die von der AN geforderte so genannte Verfassungsreform, die einer Präsidialherrschaft den Weg ebnen soll, führte die Linkspartei mit der AN Konsultationen. 1997 nahm der Linksdemokrat und damalige Präsident der Abgeordnetenkammer, Luciano Violante, an einem Volksfest der AN teil und bezeugte in einer Geschichtsdebatte denjenigen, die von 1943 bis 1945 auf der Seite der unter der Okkupation Hitlerdeutschlands von Mussolini proklamierten Salò-Republik standen, seinen Respekt. Wiederholt mit stürmischem Beifall belohnt, sprach der hochrangige Parlamentarier sich ganz im Sinne der von AN-Chef Fini erhobenen Forderungen für eine Gleichbehandlung von Faschismus und Antifaschismus und dafür aus, „das Kapitel des Faschismus abzuschließen", um ein „einheitliches Geschichtsbild" zu gestalten. Die „Liberazione" wies diese Art des Geschichtsrevisionismus zurück und betonte, dass eine derart „politisch indifferente Geschichtsschreibung" nicht akzeptiert werden könne, da Geschichte „ niemals neutral" sei, weil dem der Klassenkonflikt entgegenstehe.[248]

Nachdem die PRC im Oktober 1998 der Regierung der linken Mitte ihre parlamentarische Unterstützung entzogen hatte, sicherte sich Premier D'Alema eine neue Mehrheit durch ein Bündnis mit einer Parlamentariergruppe des ultrarechten früheren Staatspräsidenten Francesco Cossiga, aus den Zeiten der Spannungsstrategie als ein Hauptverantwortlicher der Verbrechen der Gladio-Truppe und Wegbereiter der Regierungszusammenarbeit mit den Faschisten bekannt. Im Mai 1999 stimmte die DS bei der Wahl des Staatspräsidenten für den von der Forzapartei und den AN-Faschisten vorgeschlagenen konservativen Kandidaten Carlo Azeglio Ciampi. Der frühere Gouverneur der Banca d'Italia (Staatsbank) war zuletzt als Haushalts- und Finanzminister durch einen rigorosen Sozialabbau bekannt geworden. Vor allem aber wurde mit ihm ein Mann gewählt, der den von Berlusconi verfolgten Plänen zur Errichtung eines Präsidialregimes aufgeschlossen gegenübersteht. 1998 hatte der Präsidentschaftsbewerber die Vorwürfe eines sozialistischen Minister aus Belgien, in Italien säßen Faschisten im Parlament und die Regierung sei „faschistenfreundlich eingestellt", zurückgewiesen und erklärt, dass „im italienischen Parlament keine oder höchstens völlig gezähmte Faschisten säßen",[249] Kein Wunder, dass Ciampi nach dem Wahlsieg der profaschistischen Rechten der Berufung der AN-Faschisten und der Lega-Rassisten in die Berlusconi-Regierung keinerlei Widerstand entgegensetzte. Im Gegenteil, in einem Augenblick, da Berlusconi/Fini zum Angriff auf die Verfassung ansetzten, rief Ciampi zur „nationalen Einheit" mit ihnen auf. Der bekannte Verfassungsrechtler Professor Gianni Ferrara reagierte in scharfer Form und erklärte, „die nationale Einheit ist die der Befreiung vom Faschismus", die in der Verfassung festgelegt wurde, und Aufgabe des Staatschefs sei es, diese zu verteidigen.[250]

Mit Ciampis Wahl traten die Linksdemokraten offen gegen die Wiederwahl Oscar Luigi Scalfaros auf, der sich in seiner Amtszeit mehrfach gegen eine Präsidialherrschaft und die damit verbundene Einschränkung der legislativen Rechte ausgesprochen hatte. Vor allem aber hatte Scalfaro während der NATO-Aggression gegen Jugoslawien demonstrativ Skopje besucht und sich, wenn auch verhalten, von den völkerrechtswidrigen Luftangriffen distanziert und eine Verhandlungslösung befürwortet.

Kontakte pflegte die DS auch zur Lega Nord; sie war zu den Regionalwahlen 2000 sogar bereit, mit ihr Wahlbündnisse einzugehen. Im Parlament lehnte die von der DS angeführte Mehrheit der Mitte-Links-Koalition im Januar 1998 den Antrag der Mailänder Staatsanwaltschaft ab, die Immunität des in die Bestechungsaffären Berlusconis in Höhe von mehreren Dutzend Millionen DM verwickelten Fininvest-Anwalts und Ex-Verteidigungsministers in dessen Kabinett von 1994, Cesare Previtti, aufzuheben. Möglicherweise reichten die Korruptionsfälle in die Zeit der Putschistenloge P2 zurück, zu deren Mitgliedern wie Berlusconi auch Previtti gehörte. Mit der Weigerung, die Immunität Previttis aufzuheben, wurde auch Berlusconi selbst zunächst vor neuen Ermittlungen bewahrt.[251]

Das verdeutlicht, dass die Sozialdemokratisierung der IKP der faschistischen und rassistischen Gefahr einen ungeahnten Auftrieb gab. PRC-Sekretär Fausto Bertinotti schätzte ein: „Wäre die IKP am Leben geblieben, hätte es in der Politik der folgenden Jahre nicht so zersetzende und verwüstende Augenblicke gegeben, nicht derartige Erscheinungen der Auflösung und geradezu der Zerstörung des gesamten zivilen Zusammenlebens", Nach dem 13. Mai 2001 bezeichnete der PRC-Sekretär das Wahlergebnis der linken Mitte, für das die DS die Hauptverantwortung trage, als eine „strategische Niederlage", deren entscheidende Ursache ihr Rechtskurs sei.[252]

8. Rifondazione Comunista – die Neugründung der KP

Auf dem Kongress in Rimini widersetzte sich ein Drittel der Delegierten der Entscheidung, die IKP in eine sozialdemokratische Partei umzuwandeln. Noch am Abend des Abschlusses des Parteitages beschlossen rund 90 Delegierte, den Weg einer kommunistischen Neugründung zu beschreiten. Bereits eine Woche später versammelten sich etwa 6.000 Kommunisten und gründeten zunächst eine gleichnamige Sammlungsbewegung. Die Abgeordneten der früheren IKP, die der Rifondazione-Bewegung beitraten, bildeten eine eigene kommunistische Gruppe. Zur Vorbereitung der Neugründung wurde die Zeitung „Liberazione" herausgegeben. Ab Oktober 1991 zunächst Wochenzeitung, erscheint sie seit Mai 1994 als Tageszeitung, die eine Auflage von täglich etwa 40.000 verkauften Exemplaren angibt, an Wochenenden 100.000 und oft auch mehr.

Am 12. Dezember traten dann in Rom 1.300 in 113 Organisationen gewählte Delegierte, die über 100.000 Mitglieder der Sammlungsbewegung vertraten, zum ersten Kongress zusammen, der die Bildung der Partei der Kommunistischen Neugründung beschloss. Zusammen mit einer Mehrheit aus der früheren IKP stieß zur Neugründung ein Großteil der Mitglieder der zuvor aufgelösten Democrazia Proletaria, darunter viele Jugendliche. Die DP brachte in die PRC eine Wählerbasis ein, die 1983 und 1987 noch 1,5 Prozent betragen hatte. Das trug dazu bei, dass die PRC bei den Parlamentswahlen 1992 auf Anhieb mit über 2,2 Millionen Stimmen 5,6 Prozent erreichte und in Senat und Abgeordnetenkammer 55 Sitze belegte. Außerdem beteiligten sich noch andere frühere APO-Linke an der PRC-Gründung, darunter Mitglieder der einstigen PdUP. Die Zeitung „Manifesto" solidarisierte sich mit der KP-Neugründung, eine Herausgabe als Blatt der PRC kam dagegen nicht zustande. Obwohl sowohl „Manifesto" als auch „Liberazione" sich auch weiterhin gegenseitig ihrer Solidarität versicherten, war ein gewisses Konkurrenz-Verhältnis nicht zu übersehen.

Es waren vor allem die aus der DP kommenden Linken, die eine KP-Wiedergründung im Sinne einer Fortsetzung der IKP ablehnten und eine Neugründung forderten, um so den Bruch mit dem Reformismus zu dokumentieren. Die PRC interpretiert ihren Parteinamen dementsprechend als Neugründung und gleichzeitig als Wiedergründung einer von den kommunistischen Idealen geleiteten Partei, von der Gramsci ausging. Dem entsprach das Bekenntnis des Gründungskongresses zu den kommunistischen Ideen und zu ihrer Bewahrung in einer „realen Bewegung", die in Statut und Programmatik zusammen mit dem Ziel der Überwindung der kapitalistischen und des Aufbaus einer sozialistischen Gesellschaftsordnung festgeschrieben wurden. Als Symbol wurde die rote Fahne mit Hammer und Sichel gewählt, als Hymnen die Internationale und das legendäre Kampflied Bandiera Rossa gewählt.

Auseinandersetzungen über die Besetzung der Spitzenfunktionen führten zu einer Vertagung des Gründungsparteitages, der seine Arbeit am 18. Januar 1992 wieder aufnahm und Sergio Garavini zum Sekretär und das frühere Politbüromitglied der IKP, Armando Cossutta, zum Vorsitzenden wählte. Im Januar 1994 wurde Garavini von Fausto Bertinotti, einem langjährigen führenden Funktionär der CGIL-Gewerkschaft, abgelöst. Bertinotti war zunächst der PDS beigetreten. Als diese linke Alternativen ablehnte, darunter ein Zusammengehen mit der

PRC gegen die faschistische Gefahr (die 1994 zur ersten Berlusconi-Regierung mit Faschisten und Rassisten führte), verließ er die Partei und schloss sich der PRC an.

Die PDS versuchte immer wieder, die PRC zur Aufgabe ihrer organisatorischen Selbstständigkeit und zum Eintritt in die Linkspartei als politische Strömung zu bewegen. 1995 gelang es, mit dem abgelösten Garavini an der Spitze vor allem unter Parlamentariern eine Dissidentengruppe zu formieren, welche diese Forderung in der PRC offen erhob. Als die Reformisten sowohl an der Basis als auch in der Führung keinen Widerhall fanden, traten sie aus der PRC aus. Ihre 16 Parlamentarier schlossen sich der PDS an. Die Formierung einer eigenständigen „kommunistischen Gruppe" misslang.

Schwerer wog der Schaden, den eine vom Parteivorsitzenden Cossutta angeführte reformistische, ebenfalls vorwiegend aus Parlamentariern bestehende Gruppierung mit ihrer Abspaltung im Oktober 1998 anrichtete. Anlass war die Beendigung der parlamentarischen Unterstützung, welche die PRC mit ihren auf acht Prozent gestiegenen Stimmen der seit 1996 regierenden Linken Mitte gewährt hatte, die über keine Mehrheit verfügte. Rifondazione kündigte die Parlamentskoalition auf, weil Premier Roman Prodi die Regierungsvereinbarungen mit der PRC brach, einen Rechtskurs einschlug und einen forcierten Sozialabbau betrieb. Nachdem die Cossutta-Fraktion mit ihrer Forderung, die Parlamentskoalition nicht nur fortzusetzen, sondern direkt in die Regierung einzutreten, auf der Tagung des Politischen Komitees nicht durchkam, verließ sie die PRC und gründete die Partei der Kommunisten Italiens (PdCI). Die PDS, die nach dem Rücktritt Prodis mit Massimo D'Alema den Premier stellte, belohnte die PdCI mit zwei Ministerämtern. Die Anpassungspolitik der Cossutta-Gruppe gipfelte anschließend in der Teilnahme an der NATO-Aggression gegen Jugoslawien. Die PRC, die zu dieser Zeit 130.000 Mitglieder zählte, verlor bei dieser Abspaltung davon etwa ein Fünftel.[253]

Dem entsprachen in bestimmter Weise die Ausführungen Bertinottis vom Januar 2001 anlässlich des 80. Jahrestages der Gründung der IKP. Die faktische Auflösung der IKP und Gründung der PDS hatten „verheerende Auswirkungen" nicht nur für die Arbeiterbewegung und für die Linke, sondern für das gesamte Land, schätzte er ein. Die Linkspartei habe nicht, wie es in Rimini demagogisch versprochen worden sei, „das Erbe der IKP zur Entwicklung einer starken reformerischen sozialdemokratischen Partei" genutzt, sondern einen für die Arbeiterbewegung verhängnisvollen Weg eingeschlagen. „Eine sozialdemokratische Kultur" existiere heute nicht mehr. Die DS verfüge über keine antikapitalistische Theorie, ohne die von einer Umwandlung der Gesellschaft keine Rede sein könne. Der PRC-Sekretär zog eine schonungslose Bilanz der katastrophalen Auswirkungen der Politik „der reformistischen Zerstörer der IKP", Er sprach von der „Zerschlagung der Partei", die blitzartige Auswirkungen auf die ganze um die IKP gescharte Welt gehabt habe. Darunter fielen die einst kampfstarken Gewerkschaften, die linken Kommunalverwaltungen und die verschiedensten sozialen Vereinigungen - ein breites politisches Spektrum.

Bertinotti äußerte sich zur Verantwortung der Kommunisten in der Gesellschaft und der Welt für das Voranbringen eines revolutionären Prozesses zur Überwindung des Kapitalismus, zur Rolle der heterogenen Linken des Landes und dem Platz seiner Partei in der Bewegung. Die Realität erfordere, im gesamten langen revolutionären Prozess von der Existenz sowohl einer kommunistischen Kraft als auch anderer linker Kräfte auszugehen. Eindeutig an die Adresse der DS richtete sich Bertinotti, wenn er erklärte, die PRC könne im linken Pluralismus leben, wenn es für sie möglich sei, darin unabhängig zu agieren, wenn es gegenseitige Anerkennung der Standpunkte und der Organisationsformen gebe. Bertinottis Ausführungen erinnerten deutlich an Gramsci, wenn er erklärte: „Die kommunistische Kraft muss von ihrem Platz innerhalb einer pluralistisch unterteilten Linken ausgehen, in der sie sich der Herausforderung der Hegemonie stellt und in der sie ein System der Beziehungen entwickelt und verstärkt." Er wies auf die Erfahrungen der IKP in der Nachkriegsentwicklung hin, in der diese initiativ- und einflussreich in den Gewerkschaften und den Genossenschaften wirkte, Kulturhäuser ins Leben rief, eine aktive Basisarbeit betrieb, ein Massenblatt herausgab, die sozialen Konflikte anführte, ständig der kapitalistischen Gesellschaft kritisch gegenübertrat und die Perspektive des revolutionären Kampfes in der Gegenwart transparent machte.[254]

Vor den Parlamentswahlen im Mai 2001 lehnte die PRC den Eintritt in eine Koalition der Linken Mitte ab, da diese eine programmatische Vereinbarung darüber ablehnte, nicht bereit war, ihren Rechtskurs zu beenden noch den rigorosen Sozialabbau einzustellen, und nach einem Wahlsieg den Eintritt in eine Regierung forderte.

Nach dem von Berlusconi durchgepeitschten reaktionären Wahlrecht werden 75 Prozent der Parlamentarier direkt gewählt, was zur Folge hat, dass Kandidaten hier nur über Koalitionen durchgebracht werden können. Die PRC konnte auf sich allein gestellt deshalb nur auf der Parteienliste, auf der die restlichen 25 Prozent gewählt werden, antreten. Es ist ein bemerkenswertes Ergebnis, dass es ihr unter diesen Bedingungen und in einem Klima massivster antikommunistischer Hetze sowie der schweren Niederlage der Linken Mitte gelang, die vier Prozent-Hürde zu überwinden und mit etwas über fünf Prozent ihre Vertretung in Senat und Abgeordnetenkammer zu sichern.[255] Das Ergebnis zeigte gleichzeitig, dass es die PRC in den vergangenen Jahren verstanden hat, sich eine bestimmte Basis vor allem unter der Jugend zu sichern und als entschiedene Vertreterin der Interessen der Arbeiter und ärmsten Schichten anerkannt zu werden. Eine Massenbasis ist das, wie in der Partei auch selbst eingeschätzt wird, bei weitem noch nicht. Sie stellt sich jedoch, wie die größten antiimperialistischen Protestaktionen seit Jahren gegen den G8-Gipfel in Genua und der Widerstand gegen die faschistischen Ausschreitungen der Berlusconi-Polizei im Juli 2001 zeigten, an die Spitze der sozialen und politischen Auseinandersetzungen der Gegenwart. Sie bewährte sich nach den Ereignissen vom 11. September 2001 in New York und Washington ebenso als mobilisierende Kraft gegen die von den USA entfesselte weltweite Kriegs- und Expansionspolitik. Als ihr entscheidendes Ziel verkündete sie, gegen die rechtsextreme Berlusconi-Regierung eine entschiedene Opposition mit einer alternativen Linken an der Spitze zu formieren.[256]

Kapitel VI:
Kommt ein neuer Mussolini?

1. Der Zusammenbruch des alten Parteiensystems

Als Folge der Niederlage des Sozialismus 1989/90 und der damit einhergehenden Umwandlung der IKP in die sozialdemokratische Linkspartei verschwanden die von den USA und ihren italienischen Verbündeten im Kalten Krieg stets beschworene „kommunistische Gefahr" und der „kommunistische Hauptfeind", wenn auch nur für kurze Zeit, von der Bildfläche. Das führte zu einer vorübergehenden kritischen Auseinandersetzung mit der Korruptionspraxis der DC, deren Hauptverbündeten, der ISP, und, wenn auch in geringerem Umfang, weiterer Koalitionspartner. Das traditionelle System der Regierungsparteien brach einem Erdrutsch gleich zusammen. Auslösender Faktor war das im Februar 1992 einsetzende rigorose Durchgreifen der Ermittlungsgruppe Mani pulite der Mailänder Staatsanwaltschaft unter Leitung der Untersuchungsrichter Antonio Di Pietro und Saverie Borrelli. Die Ermittlungen erfassten etwa 6.000 Politiker, darunter ein Drittel der 945 Senatoren und Abgeordneten, ehemalige und im Amt befindliche Minister, unzählige Bürgermeister, Stadt- und Provinzräte. Anfang 1993 saßen 1.356 Staats- und Parteifunktionäre sowie Wirtschaftsmanager in Haft. Ob es sich um Verkehrsbetriebe, Kliniken oder Bauunternehmen handelte, die Beschuldigten hatten für die Vergabe von Bau- und Beschaffungsaufträgen oder auch nur für behördliche Genehmigungen Milliardensummen an Bestechungsgeldern kassiert. In der Region Venedig kontrollierten die ehemaligen

Minister Carlo Bernini (DC) und Gianni De Michelis (ISP) die Vergabe aller öffentlichen Aufträge und kassierten die entsprechenden Bestechungsgelder. Ebenso führten Manager der Staatskonzerne an ihre Parteiführungen, die ihnen diese Posten verschafft hatten, ihre Tagenten (zukommender Teil, Schmiergelder) ab. Das Turiner Einaudi-Institut errechnete die Summe von jährlich zehn Milliarden Dollar gezahlter Schmiergelder. Auf Schweizer Konten werden Bestechungserträge von umgerechnet 30 Milliarden Dollar vermutet. Besonders empört reagierte die Öffentlichkeit auf einen Bestechungsskandal in dem ob seines maroden Zustandes berüchtigten Gesundheitswesens. Der in Neapel ansässige damalige Gesundheitsminister Francesco De Lorenzo (PLI) hatte für die Freigabe von Medikamenten und die Genehmigung von Preiserhöhungen immense Bestechungsgelder eingestrichen. Es kam ans Licht, dass DC und ISP ihren Parteiapparat fast ausschließlich aus illegalen Einkünften finanzierten.[257]

Vom Schock, den führende Repräsentanten des Kapitals erlitten, zeugte, dass während der Voruntersuchungen über ein Dutzend der Beschuldigten Selbstmord begingen, darunter der Präsident des Feruzzi-Konzerns, Raul Gardini, und der frühere Chef der staatlichen ENI, Gabriele Cagliari. Beide hatten unter anderem eine etwa 400 Millionen Dollar umfassende Betrugsaffäre eingefädelt. Der Sozialistenführer Craxi, angeklagt unter anderem der Kassierung von 200 Millionen DM Bestechungsgeldern, erhielt in mehreren Verfahren insgesamt 26 Jahre Haft. Er konnte nach Tunesien fliehen, wo er im Januar 2000 verstarb.

Für das herrschende System entstand eine ernste Gefahr. Direkt bedroht war auch Silvio Berlusconi, als Chef der Fininvest-Holding von rund 300 Unternehmen mit einem Betriebswert von 30 Milliarden Euro der reichste Kapitalist des Landes, mit rund 13 Milliarden Euro persönlichem Vermögen an 14. Stelle der Weltrangliste der Reichen stehend: Obwohl er zu dieser Zeit als „Saubermann" demagogisch gegen die Bestechungspraxis auftrat, wurde er später in insgesamt 13 Verfahren der gleichen Praktiken, der Geldwäsche, des illegalen Waffenhandels, der Führung von Tarnfirmen, des illegalen Kapitaltransfers und zahlreicher weiterer Delikte angeklagt und zu über zehn Jahren

Freiheitsstrafe und zehn Millionen DM Geldstrafe verurteilt, deren Aufhebung seine Anwälte bereits vor seiner erneuten Berufung ins Amt des Premiers 2001 teilweise durchgesetzt hatten. Als Berlusconi zur Wahl kandidierte, warteten indes immer noch fünf Prozesse auf ihn.[258] Ein derart kriminell belasteter Politiker hätte bei einer einigermaßen funktionierenden bürgerlichen Demokratie gar nicht zur Kandidatur für das höchste Regierungsamt zugelassen werden dürfen.

Bereits während seiner Regierungszeit 1994 hatte Berlusconi, um sich selbst aus der Schusslinie zu bringen, die Ermittlungen und laufenden Verfahren, welche durch die Mailänder Staatsanwälte angestrengt worden waren, generell abzuwürgen versucht. Nach seinem zweiten Amtsantritt im Juni 2001 war eine seiner ersten Amtshandlungen als Premier, Regierungsdekrete einzubringen, um zu erreichen, dass die fünf gegen ihn noch laufenden Strafverfahren bzw. Urteile der ersten Instanz eingestellt oder kassiert werden. Dazu verhilft ihm zum Beispiel die Änderung eines Rechtshilfeabkommens mit der Schweiz, wonach Beweise aus der Eidgenossenschaft, die dort gegen ihn vorliegen, nicht mehr zulässig sind oder ihre Einbringung erschwert wird. Bilanzfälschungen, deren Berlusconi in großem Stil angeklagt wurde, unterliegen nicht mehr der strafrechtlichen Verfolgung oder fallen unter Verjährung. Allenfalls wird ein Bußgeld verhängt. Milliarden Euro dürfte Berlusconi „einsparen", wenn er im Rahmen einer Lösung des so genannten „Interessenkonflikts" seine Fernsehsender auch nur pro forma an seine Kinder übergeben würde. Dazu hat er ein Gesetz verabschieden lassen, das die Erbschafts- und Schenkungssteuer abschafft. Der Chef der Exekutive profitiert ebenso von einem Dekret, das satte Steuerersparnisse auf reinvestierte Unternehmensgewinne vorsieht. Wer seine Profite steuerfrei ins Ausland transferiert hat (Berlusconi soll Milliarden Euro außer Landes gebracht haben), wird von Strafverfolgung freigestellt, wenn er die Gelder nach Italien zurückbringt. Es wird lediglich eine lächerliche Steuer von 2,5 Prozent auferlegt, wenn die Gelder in staatlichen Schutzbriefen angelegt werden. Da keine Kontrolle der Herkunft der Gelder stattfindet, können auf diese Weise Schwarzgelder gewaschen werden, wovon auch die Mafia profitieren dürfte. Die Freisprüche für Berlusconi wurden vor allem mit seinen gegenwärtigen „gesellschaftlichen Lebensbedingungen" und seiner „objektiv herausragenden Position" begründet, was im Klartext so kommentiert wurde: „Einen Premier zerrt man nicht vor Gericht." Der Volksmund nennt das schlicht und einfach: „Regieren heißt abkassieren." Selbst die in solchen Fragen nicht gerade prüde „Financial Times" kommentierte, die in den ersten Wochen der Regierungszeit erlassenen oder auf den Weg gebrachten Dekrete nützten überwiegend den persönlichen oder geschäftlichen Interessen Berlusconis.[259]

Die Strafverhinderungsgesetze nutzen auch Berlusconis Klientel. Sie bewirken, dass rund 5.000 Strafverfahren, größtenteils einst im Ergebnis der Ermittlungen der Mani-pulite-Anwälte eingeleitet, eingestellt werden. In Hunderten von Fällen handelt es sich dabei auch um Mafiaverbrechen, illegalen Waffenhandel, Drogengeschäfte und Bandenkriminalität. Aus dem Bauministerium verlautete, man müsse eben auch „mit der Mafia zusammenarbeiten", „Die Cosa nostra bedankt sich", kommentierte die „Liberazione" die skandalösen Vorgänge. Das schamlose Abkassieren des Regierungschefs führte im Oktober zu einem ersten Zerwürfnis in der Regierungskoalition. Etwa 30 Parlamentarier des eigenen Lagers stimmten in einem Fall gegen Berlusconi oder enthielten sich der Stimme.[260] Als nächstes kam es zum Eklat mit Brüssel. Um Ermittlungen gegen seine Person seitens der EU-Behörden zu verhindern, verlangte der italienische Regierungschef allen Ernstes, aus den Vorschriften für den Erlass von EU-Haftbefehlen Verbrechen wie Korruption, Betrug und Geldwäsche zu streichen. Als das abgelehnt wurde, forderte er, die entsprechenden Haftbefehle erst 2005 in Kraft zu setzen, zu einem Zeitpunkt, von dem angenommen wird, dass alle gegen ihn noch laufenden Ermittlungen endgültig vom Tisch sind. Erst nach Protesten der EU-Kommissare lenkte Berlusconi unter dem Vorbehalt ein, vorher müssten entsprechende gesetzliche Zustimmungen durch das italienische Parlament beschlossen werden. Das aber kann lange dauern und von der Regierungsmehrheit auch abgelehnt werden.[261]

2. Der Mann der Putschistenloge P2

Berlusconis wirtschaftlicher und politischer Werdegang ist untrennbar mit dem Wirken der Putschistenloge P2 verbunden, die als ihr Ziel erklärte, die verfassungsmäßige Ordnung Schritt für Schritt mittels eines kalten, auch colpo bianco (weißer Staatsstreich) genannten Umsturzes zu beseitigen und ein diktatorisches Regime faschistischer Prägung zu errichten. In der P2 hatte Berlusconi zusammen mit Logenchef Gelli und ISP-Chef Craxi im so genannten Dreigestirn die Spitzenpositionen inne. Zu seiner Rolle haben die Publizisten Giovanni Ruggeri und Mario Guarino festgehalten, dass er nicht als „Tellerwäscher", als der er sich gern vorstellt, emporstieg, sondern die Logenbrüder die entscheidende Rolle für seine Unternehmerkarriere spielten, „allen voran die Bankiers der P2", die ihm „Unterstützung und Finanzierungshilfen, die weit über jede Kreditwürdigkeit hinausgehen", verschafften. Zunächst versuchte Berlusconi, seine Mitgliedschaft zu leugnen, dann als eine harmlose Episode herabzuspielen. Ruggeri/Guarino belegen jedoch, dass er „fest in das korrupte Netz der P2 verwoben war, sogar zu denen gehörte, die es knüpften".[262] Berlusconi versuchte, die Verbreitung dieses Buches mit allen Mitteln zu verhindern. Er bot den Autoren einen Blankoscheck, in den sie die Höhe des Betrages selbst einsetzen sollten. Als diese das Ansinnen zurückwiesen, verklagte er sie. Er verlor in drei Instanzen. Auch der Versuch, seine P2-Mitgliedschaft zu verharmlosen, missglückte. Er wurde wegen falscher Zeugenaussage verurteilt.

Die P2 war es auch, die Berlusconis Karriere vor allem in den Bereich der Massenmedien, in deren Händen Gelli „die wahre Macht" sah, lenkte. Auf dieser Grundlage konzipierte die P2 ihre Umsturzstrategie, demagogisch als „Plan zur demokratischen Wiedergeburt" bezeichnet. Dementsprechend stieg Berlusconi groß ins Fernsehgeschäft ein. Mit den Geldern der P2 machte er über Nacht aus dem kleinen „Telemilano" das landesweite TV-Netz „Canale 5", kaufte danach die größten Konkurrenten „Rete 4" und „Italia 1" auf und besitzt damit bis heute in den entscheidenden Bereichen in Italien das private Fernsehmonopol. Von Beteiligungen in Europa, die beträchtlich sein sollen, ist kaum etwas bekannt. Zum italienischen Medienimperium Berlusconis gehören noch zirka 40 Prozent aller italienischen Presseerzeugnisse, darunter die Montadori-Gruppe, nach Bertelsmann der größte europäische Medienverbund, und der einflussreiche Rizoli-Verlag. Ferner Cinema 5, die größte Kino-Kette des Landes, Musik- und Video-Produktionsgesellschaften und der Werbekonzern Pubitalia. Der Medienbeherrscher wurde Besitzer des Fußballclubs AC Milan, Organisator der Radtour Giro d'Italia, Herr über Rugby-, Hockey- und Volleyball-Mannschaften und mit 80 Prozent Anteilen Mäzen des Mailänder Teatro Manzoni.

Nach Meinung nicht nur von Ruggeri/Guarino, sondern auch weiterer Kenner der Lage in Italien ist auch Berlusconis Forzapartei ein Produkt, das bereits im „Plan" der P2 programmiert wurde. Berlusconi verfügte für seine Kandidatur für das Amt des Premiers, zu der er sich im Herbst 1993 entschloss, zwar über die einflussreichsten Kommunikationsmittel, aber über keine eigene Partei. Knapp vier Monate vor den für März 1994 anberaumten Wahlen gab er die entsprechende Gründung und seine Bewerbung bekannt. Da die Vokabel „Partei" durch die Korruptionsermittlungen derart in Verruf geraten war, bezeichnete er seine Partei als politische Bewegung, bei deren Aufbau ihm die 1945 von Mussolinifaschisten geschaffene und sich parteiunabhängig darstellende Uòmo Qualunque, Vorläufer der MSI, als Modell diente.[263] Als Namen der Partei wählte Berlusconi den Schlachtruf seines Fußballclubs AC Milan, der aber allgemein das Kampfgeschrei aller italienischen Fußballfans bei internationalen Spielen ist: Forza Italia (Vorwärts Italien, Starkes Italien). Die Wahl dieses Namens löste bei den Millionen zählenden Anhängern des Berlusconi-eigenen Clubs, aber nicht nur bei diesen, wahre Begeisterungsstürme aus. Bereits die Bekanntgabe dieses Parteinamens war ein populistischer Auftakt, der in der Geschichte der Wahlkämpfe nicht nur Italiens seinesgleichen suchte. [264]

Was in den folgenden Wochen als FI-Gründung vonstatten ging, stand ebenfalls, sowohl auf nationaler als auch auf internationaler Ebene, ohne Beispiel da. Es entstand innerhalb der Fininvest-Holding eine Partei, die nicht nur das Produkt, sondern auch ein Instrument des

Besitzers dieses riesigen Imperiums bildete. Die gesamte Führungsstruktur der am 25. November 1993 offiziell proklamierten Associazione Nazionale Forza Italia setzte sich aus Managern der Fininvest zusammen, genauer gesagt, aus ehemaligen Leitern des Imperiums, denn die für den Aufbau und die Führung der Forza Italia ausgewählten Manager schieden formell aus der Holding aus. Als eine Art Sekretariat oder politisches Büro fungierte das zur Fininvest gehörende Meinungsforschungsinstitut Diakron Spa, das gleichzeitig als Personalbüro diente, das die in Parteifunktionäre verwandelten Manager einstellte und auch bezahlte. Berlusconi selbst nannte seine FI auch unumwunden „ein unternehmerisches Projekt", das „bis zum geringsten Detail" von ihm entworfen worden sei.[265] Über die Diakron flossen der Forza auch andere finanzielle Mittel zu. So stellte das Institut der Partei in Mailand in der Viale Isonzo kostenlos einen der Fininvest gehörenden Palazzo als Parteizentrale zur Verfügung. In Rom wurde im Stadtzentrum für umgerechnet monatlich 50.000 Euro das 2.500 Quadratmeter umfassende Gebäude einer Immobilienfirma gemietet und zum prunkvollen Hauptstadtsitz ausgestaltet. Nachdem die italienische Justiz zwei Jahre lang dieser seltsamen Verquickung des Fininvest-Wirtschaftsimperiums mit der Forza tatenlos zusah, begannen im Januar 1996 gegen Berlusconi Ermittlungen wegen illegaler Parteifinanzierung, die zu einer seiner Verurteilungen führten, die wie alle anderen (ausgenommen die wegen Falschaussage zur P2) aufgehoben bzw. kassiert wurden. Konsequenter war die Internationale Vereinigung Demoskopischer Institute ESOMAR, die rund 3.000 Institute umfasst. Sie schloss die Diakron bereits im Oktober 1994 wegen parteipolitisch gebundener Tätigkeit aus.

Nachdem die zentrale Führungsstruktur der FI so nach dem Aufbau einer x-beliebigen Firma und bar jeder demokratischen Legitimität kreiert worden war, ging es in gleicher Weise mit der Schaffung einer „Parteibasis" in Form von Clubs weiter. Diese Arbeit wurde vor allem von dem zur Fininvest gehörenden Werbekonzern Pubitalia, der überhaupt die Öffentlichkeitsarbeit der FI managte, besorgt. Norberto Bobbio, einer der angesehensten liberalen Philosophen Italiens, verwies darauf, dass der Forza jegliche „demokratischen Merkmale" und eine „Transparenz der Macht" fehlen. Die Clubs bezeichnete er als ein

„Netzwerk halbklandestiner Gruppen",[266] Der Mailänder Rechtswissenschaftler Mario G. Losano charakterisierte die Forza als eine autoritäre Führerpartei. Berlusconi sei Alleinherrscher und die FI „die Bewegung, die den Autokraten flankiert",[267]

Die Verwurzelung der FI in der P2 wird auch in ihrer Struktur und Programmatik sichtbar, die sich bis hin zur Verwendung eines fast identischen Vokabulars aus deren „Plan der demokratischen Wiedergeburt" zeigt. Der „Plan" sah die Einrichtung von elitären Klubstrukturen vor, „in denen Wirtschaftsunternehmer, Freiberufler und Verwaltungsbeamte" und nur „einige ausgewählte" Berufspolitiker vertreten sein sollten. In die Clubs der Berlusconipartei sollen ebenfalls Personen aufgenommen werden, „die in Wirtschaft, in freien Berufen und an Universitäten gezeigt haben, was sie können", und nur wenige Berufspolitiker, so zum Beispiel Überläufer aus der DC, aber nur ihres rechten Flügels. Im „Plan" der Loge stand, dass es nötig sei, „pragmatische politische Handlungen durchzuführen, ohne auf abgenutzte ideologische Muster zurückzugreifen", Im Forza-Programm steht: „Es ist notwendig, sich für den Pragmatismus zu entscheiden. (...) Bezeichungen wie Rechte und Linke haben sich überlebt." Im „Plan" erfolgte die „Definition einer Strategie, die auf die Restauration der alten Werte wie Familie und Nation sowie auf eine völlige wirtschaftliche Handlungsfreiheit zielt", Bei Berlusconi wurde daraus die „Schaffung einer politischen Kraft, in der sich das ehrliche Italien wiedererkennt, das Italien, das an das freie Unternehmertum glaubt", Die „Rolle der Familie in der Gesellschaft muss bewahrt und gefördert werden (...) Auf die Bedürfnisse des freien Marktes muss besonders geachtet werden", heißt es weiter. Das Forza-Programm Berlusconis stelle „in Wahrheit eine aktualisierte Fassung des korrupten ‚Plans der demokratischen Wiedergeburt' der Geheimloge P2" dar, schlussfolgerten Ruggeri/Guarino. Es zeigten sich „die gleichen Voraussetzungen, der gleiche Zuschnitt, analoge Ideen und Konzepte", Die auf den „fantastischen Namen Forza Italia" getaufte Partei sei ein neues „atypisches Produkt" der Fininvest, geschaffen zu „dem Endzweck, die Kontrolle der Macht weiterhin auszuüben und der Linken den Zutritt zur Regierung zu verwehren."[268]

Bereits im Juli/August 1993 hatte Berlusconi für seinen „Marsch auf

Rom" eine entscheidende Voraussetzung geschaffen. Mit seinem Medieneinfluss setzte er die Einführung des nach dem Ersten Weltkrieg aufgehobenen reaktionären Mehrheitswahlrechts zu 75 Prozent durch.[269] Demagogisch geschickt nutzte er die Empörung breiter Bevölkerungsschichten über die Korruptionspraxis der alten bürgerlichen Parteien und redete ihnen ein, bei der Direktwahl könnten die Kandidaten sich nicht anonym auf Parteilisten verstecken, sondern müssten sich persönlich vorstellen, was den Wählern eine personenbezogene Entscheidung ermögliche und der Parteienherrschaft einen Riegel vorschiebe. Um dieses Bild zu vertiefen, stellte er seine Forza Italia nicht als Partei, sondern als Bewegung vor. Mit der gleichzeitig erstmals festgelegten Vier-Prozent-Sperrklausel zwingt das Mehrheitswahlrecht, wie von Berlusconi beabsichtigt und danach durchgesetzt, zu Wahlkoalitionen, denen sich kleinere Parteien, wenn sie ins Parlament wollen, zu deren Bedingungen anschließen müssen. Wie später offen zugegeben, wurde die Direktwahl vor allem eingeführt, um die PRC aus dem Parlament auszuschließen, ein Ziel, dem sich auch die DS-Führung später anschloss. Schließlich verfälscht die Mehrheitswahl in grober Weise die Wahlergebnisse, da es genügt, wenn ein Kandidat in einem Wahlkreis, manchmal mit kaum mehr als zehntausend Wählern, nach einer Stichwahl eine einfache Mehrheit erreicht. Erst die Durchsetzung des Mehrheitswahlsystems ermöglichte es Berlusconi, obendrein gestützt auf seine finanzielle und Medienmacht, „sich im politischen Leben als die herausragende Persönlichkeit zu präsentieren",[270]

Nachdem dieses reaktionäre Wahlgesetz durchgepeitscht worden war, schloss Berlusconi, auch das auf der Grundlage des aktualisierten „Planes" der P2, mit den Faschisten der MSI, die sich in Alleanza Nationale (AN) umbenannten, und der rassistischen und (damals noch) separatistischen Lega Nord ein Wahlbündnis, das sich „Pòlo della Libertà" (Freiheitspol) nannte und sich vor den Wahlen 2001 in „Casa della Libertà" (Haus der Freiheiten) umtaufte. Unter Einsatz seines Medienimperiums entfaltete er eine antikommunistische Kampagne wie in Zeiten des Kalten Krieges und gewann im April 1994 mit 43 Prozent Stimmen die Parlamentswahl. Anschließend bildete er mit seinem „Pòlo" die erste profaschistische Regierung der Nachkriegszeit, in der die AN, mit 13,5 Prozent drittstärkste Parlamentspartei, fünf Minister stellte, darunter den stellvertretenden Ministerpräsidenten.

Mit dem Amtsantritt der ersten Berlusconi-Regierung wurde ein weiteres Mal der Schatten der P2 sichtbar. Nachgewiesenermaßen waren drei Minister auf ihren Mitgliederlisten eingeschrieben, darunter Cesare Previti, der das Verteidigungsministerium übernahm.[271] Vor allem aber waren es die Maßnahmen des Premiers, die in frappierender Weise an Gellis „Plan" erinnerten. Gleich nach der Regierungsbildung wurden in den Fernsehsendern Berlusconis „Säuberungen in den öffentlichen Einrichtungen" angekündigt. Dazu waren bereits vorgefertigte „Listen" in Umlauf. Sie begannen bezeichnenderweise dort, wo laut Gelli „Macht ausgeübt" wird, in der staatlichen Rundfunk- und Fernsehgesellschaft RAI, in der die vorherigen Regierungsparteien den vorherrschenden Einfluss ausübten. Unter anderem wurde die kritische Sendereihe Milano-Italia des dritten RAI-Programms eingestellt. Als es danach zu Unruhen unter der Bevölkerung und zu Warnungen vor einem „faschistischem Regime" kam, verzichtete die Regierung vorerst auf ein weiteres Vorgehen.[272]

Einen „kalten Staatsstreich" ganz im Sinne der P2 planten Berlusconi und Fini mit der vorgesehenen Errichtung eines Präsidialregimes und dem Versuch, dieses in verfassungswidriger Weise bereits zu praktizieren und vollendete Tatsachen zu schaffen. Berlusconi hatte dazu in seiner Regierung ohne parlamentarische Voraussetzungen ein Ressort für „institutionelle Reformen" geschaffen. Vorgesehen war unter anderem, die Reste des Verhältniswahlrechts (25 Prozent) abzuschaffen und die reine Mehrheitswahl des Parlaments sowie die Direktwahl des Staatspräsidenten und des Premiers einzuführen, die beide größere Kompetenz und Unabhängigkeit von der Legislative erhalten sollten. Der Senat als zweite Kammer sollte beseitigt werden. Insgesamt wollte das Kabinett 84 der 184 Artikel der Verfassung streichen oder abändern. Das hätte nach Verfassungsgrundsätzen der Einberufung einer Verfassungsgebenden Versammlung bedurft. Die rechtsextreme Allianz plante jedoch, eine neue Verfassung Artikel für Artikel für ein Präsidalregime zurechtzuschustern. Nach Meinung des ehemaligen Präsidenten des Verfassungsgerichts, Ettore Pace, wäre das einem „Staatsstreich" gleichgekommen. Alle diese Pläne hat die im Juni 2001 erneut an die Regierung gekommene Koalition Berlusconi-Fini-Bossi wieder in Angriff genommen.

Gelli, sich nahe am Ziel seines seit über 20 Jahren verfolgten „Planes" sehend, lieferte zu der von Berlusconi proklamierten Politik selbst einen Beweis für deren Übereinstimmung mit der Strategie der Putschistenloge. Verschiedene Inhalte des „Planes der demokratischen Wiedergeburt" seien bereits „verwirklicht worden", frohlockt er schon nach der Proklamation der Polo-Koalition. Den Forzachef und seine Koalition, welche dann im Mai 1994 die Regierung bildete - von der Zeitung „Manifèsto" als eine „schwarze Regierung aus Faschisten und Monarchisten, Lega-Leuten und christdemokratischem Schrott, Industriellen, Anwälten und Managern der Fininvest" eingeschätzt[273] - bezeichnete der Altfaschist als Politiker, die gezeigt hätten, dass sie in der Lage sind, „das Land unter dem Banner von Verdienst und Hierarchie zu führen",[274]

Abgesehen davon, dass der politische Charakter der von Berlusconi angeführten Allianz maßgeblich von der Zugehörigkeit der AN und in bestimmtem Maße von der Lega charakterisiert wird, zeigen sich bei der FI und ihrem Führer selbst Erscheinungen der Faschisierung, faschistoide Methoden in Politik und Ideologie sowie eine diktatorische und autoritäre Praxis. Das wird unter anderem durch die Rolle belegt, die sein Medienimperium in seinen autoritären Plänen spielt. Diese Medienmacht ist als Faktor des Prozesses der Faschisierung, des An-die-Macht-Kommens und der Machtausübung Berlusconis bisher kaum untersucht worden.[275] Losano hebt die faschistoiden Züge der Mediendiktatur hervor und nennt sie eine „Medien-Agora", die „Erbin der ‚ozeanischen Versammlungen' der Mussolinizeit", Er verweist darauf, dass der Medientycoon nicht nur in den Teilnehmerzahlen, sondern auch in der Beeinflussung der Massen Mussolini übertrifft. Auch Losano verweist auf den von der P2 prognostizierten Machtfaktor in Gestalt der modernen Kommunikationsmittel. Für seine in Klubs zusammengefassten Forza-Mitglieder organisierte Berlusconi über seine Werbeagentur Pubitalia Instruktionen per Videokassette. Um seine Anhänger ständig an der Leitung zu haben, verband er die regionalen

Forza-Klubs über einen „Kanal der interaktiven Kommunikation" mittels eines Videotele-Systems über Kabel, Computer und Äther mit seiner Zentrale. Das so genannte Langzeitvideo der italienischen Telekom ermöglichte ihm, Mitteilungen, Informationen und Zielsetzungen für Kampagnen, Versammlungen, Demonstrationen und alle möglichen anderen Veranstaltungen, eingeschlossen natürlich Weisungen des Chefs, zu einer bestimmten Zeit zu übermitteln und per Bild zu begleiten. Auf diese Weise kann der Medienbeherrscher jederzeit seine gesamte Anhängerschaft in den regionalen Klubs versammeln und zu ihr sprechen. Aber auch in diversen Bars und Cafés sind die Inhaber, wenn sie nicht gerade ausgesprochen links eingestellt sind, bereit, die Videos des Fininvest-Chefs auszustrahlen. Denn neben ein paar Geldscheinen, welche die Klubchefs springen lassen, fördert das den Umsatz.

Da die Einschätzungen zum faschistoiden Charakter Berlusconis von bürgerlichen Ideologen gern als linke Übertreibungen, wenn nicht gar Erfindungen hingestellt werden, sei noch jemand zitiert, der über einen solchen Verdacht völlig erhaben ist. Die Rede ist von dem 2001 verstorbenen Doyen des italienischen Journalismus, Indro Montanelli. Der konservative Kolumnist des Mailänder „Corriere della Sera" sah Berlusconi, zu dessen politischem Weltbild die Bewunderung für Hitler wegen seines „heldenhaften Versuchs, Europa vor dem sowjetischen Imperialismus zu retten" gehört, durchaus in einem Faschisierungsrahmen. Er bejahte die Frage, ob Berlusconi „der neue Mussolini" sein könnte. Zumindest sah er den Mediendiktator, dem er in dessen Hausblatt „Giornale nuovo" wegen solcher Allüren die Mitarbeit aufgekündigt hatte, als „nationalistischen Einpeitscher", Er „könnte der Neue sein, eine Art lächelnder Diktator, Perón sehr viel ähnlicher als Mussolini. Mit Reden vom Balkon, wo er vom unsterblichen Italien schwadronieren würde, dass wir nach dem Sieg streben. Kurz und gut, mit diesen nationalistischen Phrasen, welche die Italiener wenigstens kurzzeitig trunken machen können."276 Montanellis Einschätzung erhielt nahezu sprichwörtliche Bedeutung, als sich Berlusconi nach den Terroranschlägen vom 11. September 2001 in New York und Washington als nationalistischer Einpeitscher an der Seite der von Bush verkündeten weltweiten Aggressionspolitik positionierte. Wenige Monate vor seinem Tod hatte Montanelli nochmals öffentlich Aufsehen erregt, als er zu den Parlamentswahlen bekannt machte, gegen Berlusconi für eine Mitte-Links-Regierung zu stimmen.[277]

Die Charakterisierung der Regierung unter Berlusconi wäre unvollständig, ohne zu erwähnen, dass es mit ihm zur Personalunion zwischen der stärksten Holding des italienischen Kapitals und der politischen Exekutive kam. Die parlamentarische Hülle wird weitgehend zur Makulatur. Diese zugunsten des Kapitals veränderte Konstellation kommt insbesondere in der gewachsenen Rolle des Industriellenverbandes Confindustria zum Ausdruck, die Berlusconi unmittelbar nach seinem Wahlsieg ihren Forderungskatalog präsentierte.[278]

3. Aus Movimento Sociale wird Alleanza Nazionale

Wenn es um den politischen Charakter der Berlusconi-Regierung geht, ist als eine wesentliche und einflussreiche Komponente die Alleanza Nazionale zu sehen, bei der es sich um die im Januar 1995 auf diesen Namen umgetaufte Movimento Sociale Italiano handelt. Es ist zweckmäßig, ihre Charakteristik mit ihrem Führer Gianfranco Fini zu beginnen. Dessen Person eignet sich besonders dazu, das Image zu nähren, die AN habe nichts mehr mit dem herkömmlichen Faschismus zu tun, da er erst nach dem Zweiten Weltkrieg geboren wurde. Die Tatsachen sprechen indessen eine andere Sprache.[279]

Fini, Jahrgang 1952, steht seit Dezember 1987 (mit einer kurzen Unterbrechung von Januar 1990 bis Juli 1991, in der ihn Pino Rauti ablöste) an der Spitze der Partei. Er ist kein Altfaschist, aber durch die Schule der Mussolini-Nachfolgepartei gegangen, war Leiter ihrer Parteijugend, die eine herausragende Rolle im Terrorapparat der Bewegung spielt. Almirante wählte ihn persönlich zu seinem Nachfolger aus. Fini verfolgte von Anfang an, besonders aber seit dem Zusammenbruch des alten Parteiensystems, eine Doppelstrategie: Bewahrung des Faschismus und seiner Traditionen und auf diesen Grundlagen Ausbau der MSI zur modernen Rechtspartei. Zielstrebig schuf er Klarheit über diese

Grundlagen, besonders durch ein eindeutiges Treuebekenntnis zu Mussolini und seinem Erbe, zu dem er nach seiner Wahl 1987 äußerte: „Unsere Pflicht ist es, dem Weg des Lehrmeisters des Faschismus in seiner klarsten Interpretation zu folgen." Zu einem Höhepunkt dieser Kampagne wurden fünf Jahre später, am 28. Oktober 1992, die Feiern zum 70. Jahrestag des Marsches auf Rom. In der Hauptstadt marschierten an diesem Tag 10.000 Faschisten, darunter zahlreiche Skins in T-Shirts mit dem Bild Mussolinis, durch die Straßen, erhoben die Arme zum Führergruß, schrieen „Duce, Duce" und „viva il Fascismo", Die postierten Polizisten schauten unbeteiligt zu. Zu einem Bankett mit dem „neuen Duce" versammeln sich am Abend 1.200 verdiente Parteikameraden und Veteranen der Bewegung, unter ihnen Margherita Mingarella, eine noch lebende Teilnehmerin des Marsches auf Rom, der älteste Sohn des Duce, Vittorio Mussolini, der Präsident der Salò-Kämpfer, Cesco Giulio Baghino, weitere altfaschistische Größen und Veteranen der Repùbblica Sociale Italiano und schließlich die Witwe des 1988 verstorbenen Vorgängers Finis, Assunta Almirante, die in der Bewegung die Rolle einer Königinmutter und Gralshüterin des faschistischen Erbes übernommen hatte. Unter einem gigantischen Foto Mussolinis stand die aufschlussreiche Losung: „70 Jahre Geschichte, Kampf, Träume. Es lebe der 28. Oktober, es lebe die faschistische Revolution", Fini ließ keinen Zweifel an den Zielen dessen, was er „modernen Faschismus" nannte, aufkommen: „Wir schauen in die Zukunft, aber wir halten an unseren Wurzeln fest." Zur Bekräftigung war selbst die riesige Festtagstorte in der Form der Flamme gestaltet, die seit der Wiedergründung der faschistischen Partei in Gestalt der MSI den Geist des historischen „Duce" verkörpert und die seine Nachkommen ständig ermahnen soll, sein Erbe zu verwirklichen. Und unter dem Zeichen der Flamme stimmten die Gäste den alten Choral der Sturmabteilungen an: „Zu den Waffen, wir sind Faschisten."[280]

Nachdem die MSI unbehelligt diesen traditionsreichen Jahrestag gefeiert hatte, organisierte Fini eine neue Demonstration faschistischer Stärke in Mailand. „Seit Jahrzehnten hatte die Stadt keinen derartig anmaßenden und kriegerischen Massenaufmarsch der MSI gesehen", beschreiben Locatelli/Martini die Atmosphäre, in der 5.000 Faschisten in Schwarzhemden, Jugendliche in Kampfanzügen und mit Hakenkreuzen, Sieg-Heil-Rufe schreiend, durch die Straßen zogen. Am Abend sprach Fini im Lyrischen Theater und verlas eine an ihn selbst gerichtete Grußadresse von Staatspräsident Cossiga, der die Teilnehmer stehend mit dem Führergruß und mit Duce-Rufen applaudierten. Fini brachte Lobeshymnen auf den Faschismus aus und heizte die Stimmung an: Es sei „notwendig, es auszusprechen: Nur dank Mussolinis ist Italien 1922 nicht kommunistisch geworden",[281] Cossigas Schützenhilfe trug dazu bei, die MSI-Ergebnisse bei den kommunalen und den Bürgermeisterwahlen im November 1993 zu verdreifachen. Nachdem die Sozialbewegung bereits im Sommer in 54 Stadtparlamenten und in einer Provinz erste Partei geworden war, zogen nun faschistische Bürgermeister in weitere 19 Ratshäuser ein. Danach erkor Berlusconi die MSI zum privilegierten Bündnispartner.

Nach diesen Wahlerfolgen, bei denen Fini selbst in Rom mit 43 Prozent nur knapp den Einzug ins Capitol verfehlte, entschloss sich der MSI-Führer, offen den Kurs einer „modernen" Rechtspartei faschistischer Prägung einzuschlagen. Im Vorfeld der für April 1994 anberaumten Parlamentswahlen proklamierte er am 22. Januar 1994 die AN als „neue" Partei, die zunächst den Doppelnamen Movimento Sociale-Alleanza Nazionale führte. Die AN wurde mit dem Ziel gebildet, „eine viel breitere Front zu schaffen, die eine viel größere Gefolgschaft um sich schart als die MSI, jedoch ohne auch nur im Geringsten die Vergangenheit zu leugnen; die auf nichts verzichtet, sondern die gemeinsamen Ziele weiter verfolgt."[282]

Es ist aufschlussreich, sich zunächst etwas näher mit dem neuen Namen zu befassen. Die Bezeichnung „Allianz" sollte nicht nur - wie bei der Forza und der Lega - Distanz zum kompromittierten Parteibegriff ausdrücken, sondern vor allem die Idee eines rechten Bündnisses verkörpern. Von einer rechten Benennung, die der Beiname der MSI (mit Nationale Rechte) enthalten hatte, wurde Abstand genommen, weil man auf Überläufer auch aus den Reihen der untergegangenen sozialistischen und der sozialdemokratischen Partei setzte. Auf Bezüge zu faschistischen Traditionen, wie sie im Namen Movimento Sociale im Begriff „Bewegung" und des „Sozialen" als Synonym für Mussolinis

Repùbblica Sociale enthalten waren, wurde ebenso verzichtet. Stattdessen wählte Fini die Vokabel des Nationalen als ein Synonym für Italien und vereinnahmte damit einen Mythos der Rechten, an den schon Mussolini anknüpfte, als er seine 1921 gegründete Partei national (Partito Nazionale Fascista) nannte. Fini gelang so ein verblüffendes Bekenntnis zum faschistischen Erbe, das er seit seiner Wahl zum MSI-Führer immer wieder verkündet hatte. Gleichzeitig konnte er „die Erneuerung der MSI behaupten, ohne dass diese stattgefunden hätte", schätzte Losano ein und fügte hinzu, dass auch „die Orientierung an der faschistischen Ideologie, (...) wenn auch mit verbalen Abänderungen und Abschwächungen, de facto eine Konstante dieser Partei geblieben" ist.[283] Schließlich wollte Fini mit der Überleitung der MSI in die AN verfassungsrechtlichen Vorbehalten gegenüber der MSI als Mussolini-Nachfolgepartei im Fall des Regierungseintritts vorbeugen, die später nur vorwiegend politischer Natur und vor allem auf internationaler Ebene (EU-Protestresolution) und auch da kaum vernehmbar vorgebracht wurden.

Während der Wahlkampagne 1994 zeigte Fini eine kaum für möglich gehaltene Ambivalenz. Obwohl die AN nur als Beiname zur MSI existierte, trat er bereits als Führer der nationalen Allianz auf, gab sich, völlig im Gegensatz zu seinen vorherigen Treuebekenntnissen zum Erbe Mussolinis, moderat und verzichtete „auf Parteisymbole und Berufungen auf den Faschismus", Seine neue Partei stellte er als „eine große, nicht ideologische nationale Allianz vor, die auf jedwede restaurative Nostalgie verzichtet und in Übereinstimmung mit den großen Werten der westlichen Kultur der bürgerlichen Gesellschaft offen steht",[284] Bei den Wahlen sah sich Fini mit seiner Doppelstrategie bestätigt. Fünfeinhalb Millionen Italiener wählten die Faschisten im neuen Gewand, die rund 13,5 Prozent der Stimmen gegenüber 5,5 Prozent zwei Jahre vorher erreichten. Sie zogen mit 105 Vertretern in die 630 Abgeordnete zählende Kammer ein und mit 43 in den 315 Mitglieder umfassenden Senat. In beiden Häusern waren die Faschisten erstmals drittstärkste Fraktion. Bei den anschließenden Siegesfeiern zeigten die Mitglieder und Anhänger der AN mit „Duce"- und „Sieg Heil"-Rufen sowie anderen Bekundungen faschistischer Tradition in

Rom und weiteren Städten wieder das Bild vom „gewöhnlichen" Faschismus.

Auch Fini selbst ließ nach den Wahlen im Siegesrausch seine sonst übliche Vorsicht fallen, bekräftigte, nunmehr als Chef einer Regierungspartei, offen seine vorausgegangenen Treuebekundungen zu Mussolini sowie der Aktualität seines Erbes und feierte den Duce als den „größten Staatsmann dieses Jahrhunderts", Altfaschist Rauti, die Nummer zwei der Bewegung, der in den Senat gewählt worden war, sekundierte: „Wir sollten uns daran erinnern, dass hinter uns der Marsch auf Rom liegt, der Korporativismus, der Zweite Weltkrieg gegen die Plutokratien, die Repùbblica Sociale", Rauti nannte das „bleibende Werte, (...) ein kulturelles und programmatisches Vorratslager, aus dem wir schöpfen",[285] Das Schöpfen begann damit, dass Mirko Tremaglia, in der Salò-Republik SS-Offizier, von Fini für einen Ministerposten vorgeschlagen, die früheren expansionistischen Ziele zur Regierungspolitik erhob und die Wiedereingliederung Istriens, Dalmatiens und der Hafenstadt Fiume in den italienischen Staatsverband forderte. Angesichts der Proteste der EU lehnte Staatspräsident Oscar Luigi Scalfaro, der sonst nur halbherzig den faschistischen Vorstößen entgegentrat, seine Nominierung für das Kabinett ab. Daraufhin übernahm Tremaglia das Amt des Vorsitzenden des außenpolitischen Ausschusses der Abgeordnetenkammer. Finis Postminister und Vizepremier, Giuseppe Tartarella, gab zum 50. Todestag des ideologischen Wegbereiters des Faschismus und späteren führenden Mussolini-Philosophen Giovanni Gentile eine Sonderbriefmarke heraus. In der Abgeordnetenkammer brachte Fini persönlich den Antrag ein, das in der Verfassung verankerte Verbot der Mussolinipartei aufzuheben, was eine Rehabilitierung der barbarischen faschistischen Herrschaft bedeutet hätte. Aufgrund der Proteste im In- und Ausland zog er den Antrag nicht zurück, sondern erklärte lediglich, er sei augenblicklich „nicht opportun", Der Abgeordnete Eugenio Scalfaro, damals Herausgeber der „Repùbblica", die als Sprachrohr der Linken Mitte gilt, kommentierte das als lediglich eine zeitliche Verschiebung. So wie Fini diesen Antrag nicht zurückgezogen hat, widerrief er keines seiner Bekenntnisse zu Mussolini und seinem faschistischen Erbe.[286]

Auf dem im Januar 1995 tagenden 17. MSI-Parteitag in Fiuggi bei

Rom wurde die Umwandlung in die AN offiziell abgeschlossen. In den Dokumenten[287] ist nachzulesen, dass es sich bei der AN-Proklamation um keine Auflösung der Sozialbewegung handelte. In seinem Bericht charakterisierte Fini den Prozess als „Fortentwicklung und Umwandlung und nicht Auflösung der MSI" und bezeichnete die Sozialbewegung als eine Partei, „die sich im Siegeszug befindet", Er betonte, dass die MSI in der AN fortbestehe und auch die „institutionellen, juristischen und vermögensrechtlichen Beziehungen der MSI und ihrer Organisationen in der AN weitergeführt" würden.[288] Gleichzeitig nahm Fini kosmetische Korrekturen vor, bei denen durchweg die Demagogie durchschimmerte. So verurteilte er als Verbündeter der rassistischen Lega den Rassenhass. Seine Bekundung, der antifaschistische Widerstand sei „in einer historischen Epoche eine große Leistung (gewesen), die zur Erneuerung des italienischen Staates beigetragen hat", stellte angesichts seiner Würdigung Mussolinis und dessen „vieler guter Taten" eine üble Heuchelei dar. Darüber hinaus ordnete der AN-Chef damit Faschismus und Antifaschismus als zwei gleichberechtigte und abgeschlossene Abschnitte in die italienische Geschichte ein. Davon ausgehend charakterisierte Piero Ignazi, ein Experte für Faschismus an der Universität von Bologna, den Umwandlungskongress in Fiuggi als letztendlich nur „ein Manöver", um die neue Wählerschaft, die der Partei nach dem Zusammenbruch des alten Parteiensystems „in den Schoß gefallen ist", zu halten.[289]

Vom 27. Februar bis 1. März 1998 veranstaltete die AN eine programmatische Konferenz. Sie trat nicht zufällig in Verona zusammen, wo Mussolini 1943 unter der demagogischen Losung der „Sozialisation" sein Regierungsprogramm der Salò-Republik verkündete. Das in Verona der faschistischen Ideologie und Politik verpasste demokratische Outfit ist vor allem für die eben erwähnte neue Wählerschaft der Partei bestimmt. Ansonsten ist vieles im benutzten Vokabular zwar neuzeitlich aufgemacht, erinnert inhaltlich aber an die unter Mussolini schon in der Gründerzeit des Faschismus benutzte nationalistische und soziale Phraseologie. Da diese der neuen Wählerschaft völlig unbekannt ist, kann sie schwer durchschaut werden. Im Rahmen von Globalisierung und europäischer Einigung fordert das Programm den italienischen Nationalstolz, den Bürgersinn und die patriotische Pflicht, den

Opfergeist und Gemeinsinn, die Identifikation mit dem Staat und die Anerkennung der Autorität zu entwickeln und zu stärken, ohne zu vergessen, darauf hinzuweisen, dass die Alleanza Nazionale mit ihrem „Reichtum an Wurzeln" die dazu erforderliche „patriotische und einheitliche Kraft" " darstelle.[290] Wie einst Mussolini erklärt auch die AN, sich „in Übereinstimmung mit den Werten des Risorgimento" zu befinden und eine „italienische Wiedergeburt" zu verkörpern. Natürlich fehlen auch Forderungen nach „Opfern" für die „nationalen Interessen" nicht, ebenso das Versprechen, „Arbeit" auf der Grundlage von „Innovation und Tradition" sowie einer „streng begrenzten Einwanderungspolitik" zu garantieren, die „Würde der Person", die „Rechte des Individuums" und natürlich „der Nation" zu sichern, auf die der „gute Staatsbürger" nicht nur stolz zu sein, sondern denen er auch „zu dienen" habe.[291] In dem ganzen AN-Programm sucht man dagegen vergeblich einen Widerruf oder eine Absage der bekannten Bekenntnisse zu Mussolini und seinem Erbe sowie der faschistischen Bewegung, ganz zu schweigen von einer Verurteilung ihrer verbrecherischen Herrschaft. Noch nicht einmal von Mussolinis Programm von Verona distanzierte sich die AN. Das einzige, was Fini von sich gab, war, dass er in einem Interview für den israelischen Rundfunk erklärte, seine „Postfaschisten" hätten mit den „Komplizen des nationalsozialistischen Judenmordes" nichts mehr gemeinsam.[292] Gleichzeitig setzte er den Völkermord an den Juden mit der Hinrichtung tausender Faschisten durch Partisanen in der Resistenza gleich. Sie seien, so diffamierte Fini, „liquidiert worden, weil sie gegen den Kommunismus waren", [293]

Auch mit der in bestimmten Medien als „Widerruf" verkauften Erklärung Finis vor seiner Nominierung für den Reformkonvent der EU[294] im Januar 2002, er würde heute nicht mehr wie 1994 sagen, Mussolini sei „der größte Staatsmann des Jahrhunderts", legte der AN-Chef lediglich wieder einmal demokratische Schminke auf. Fini, so karikierte der „Corriere", habe ja inzwischen selbst den Platz Mussolinis eingenommen.[295] Ohne den geringsten Einwand seitens Finis konnten denn auch führende AN-Vertreter wie Minister Tremaglia und die Duce-Enkelin Alessandra Mussolini klarstellen, das Statement ändere nichts an der Haltung der Alleanza.[296]

Im Ergebnis des Kongresses von Fiuggi ging der rund eine halbe Million Mitglieder zählende, straff organisierte faschistische Parteiapparat in seiner großen Mehrheit in die Allianz über.[297] Zur umgetauften Partei stießen ebenso die Teilorganisationen der MSI einschließlich der CISNAL-Gewerkschaft, die ihrerseits eng mit dem Geflecht der faschistischen Gruppen verschiedenster Couleur außerhalb der Partei verbunden sind. Da diese Struktur vom Zusammenbruch des alten Parteiensystems völlig unberührt blieb, besitzt die AN sowohl innerhalb der extremen Rechten als auch gegenüber der bürgerlichen Mitte den zahlenmäßig stärksten und bestorganisierten Apparat. Der steigende Stimmenanteil bei den Wahlen 1994 und 1996 zeigte, dass es den Faschisten gelang, sich wieder einen beträchtlichen Masseneinfluss zu verschaffen. Dabei ist auch zu sehen, dass FI und Lega bisher nicht oder kaum über Jugend-, Frauen- oder andere Organisationen mit Masseneinfluss verfügen. Bei der FI wird eine fehlende straff organisierte Massenbasis durch den Medieneinfluss zu einem großen Teil kompensiert. Im Ringen um Masseneinfluss spielen jedoch, besonders in Wahlkampagnen, die Aktionen auf der Straße nach wie vor eine wichtige Rolle. Hier wird längerfristig die organisatorische Überlegenheit der AN, zu der eine nicht zu unterschätzende politisch-ideologische Geschlossenheit hinzukommt, in Rechnung zu stellen sein. Aus den Organisationen, die aus der MSI in die AN eingingen, sind neben der CISNAL vor allem die Jugendfront, die studentische Aktionsfront FUAN, die Tricolore-Komitees (Auslandsleitungen) sowie die Umweltforschungsgruppen (Gruppi di Ricerca Ecologia), der Frauenbund Die Bienen (Le Api) und der Sportverein La Fiamma zu nennen. Zur AN gehören auch die noch immer hunderttausende Mitglieder zählenden Traditionsverbände der RSI. Bei Differenzen gegenüber dem bürgerlichen Outfit und der demokratischen Schminke der AN kann Fini generell auch mit der Unterstützung der nicht direkt zu seiner Partei gehörenden faschistischen Gruppierungen rechnen. Dazu gehören die teilweise illegal weiter bestehende Ordine Nuovo Rautis (der mit einigen tausend Anhängern der AN nicht beitrat und die Fiamma genannte Abspaltung gründete)[298], eine Fronte Nazionale und eine Avanguardie Nazionale, beide von Rauti-Anhängern geführt. Viele Mitglieder dieser stets eng mit der MSI verbundenen Organisationen sind heute gleichzeitig in verschiedenen Gruppen der Nazi-Skins (wie sich die Skinheads in Italien bezeichnen) aktiv. Sie orientieren sich besonders an deutschen Neofaschisten, huldigen Hitler, zeigen Hakenkreuze, erheben die Hand zum Führergruß und verherrlichen die RSI und ihre „Schicksalsgemeinschaft" mit Hitlerdeutschland. Sie geben mehrere in zehntausenden Exemplaren erscheinende Zeitungen und Zeitschriften heraus, die in dem von der AN unterstützten Siegelverlag erscheinen.

In Rom, wo die Zahl der aktiven Nazi-Skins mit etwa tausend angegeben wird, sind diese eng mit dem römischen Sekretär der AN, Teodore Buontempo, liiert, der auch ihr heimlicher Chef genannt wird. Der alte MSI-Kämpfer, der in der Öffentlichkeit demonstrativ die Hand zum Führergruß erhebt, ist ein enger Freund Finis und auch als dessen Organisator bei Straßenveranstaltungen bekannt.[299] Die Nazi-Skins terrorisieren in Rom und der Hauptstadtregion Lazio immer wieder Roma-Lager, überfallen Punks, Unterkünfte nichteuropäischer Einwanderer, drangsalieren jüdische Einwohner und schänden ihre Friedhöfe. Am Sitz des Fußballclubs Lazio erschienen Parolen wie „Juden raus" oder „Juden wollen wir hier nicht, wir verteidigen die Reinheit des Lazio", Im Stadion selbst wurden Schiedsrichter als „Juden" beschimpft.[300] Ähnlich der Organisation in der Hauptstadt sind in Italien Dutzende Nazi-Skin-Gruppen aktiv. Der führende AN-Mann und langjährige Chef der CISNAL, Maurizio Boccacci, fasste die Aktivitäten der Nazi-Skins wie folgt zusammen: „Wir sind gegen Drogen, gegen Ausländer, gegen Kommunisten, gegen Schwule, gegen den Staat, gegen die Politiker und gegen die Juden." In der Haltung Finis, der enge persönliche Kontakte zu den seiner AN angehörenden Chefs von Nazi-Skins unterhält und diese gleichzeitig - nicht immer, aber nach besonders schwer wiegenden Terrorakten - öffentlich verurteilt, kommt seine doppelzüngige Strategie zum Ausdruck. Buontempo selbst nimmt an solchen „Verurteilungen" keinerlei Anstoß. Angesichts der „Gegensätze", die in den bürgerlichen Medien zwischen Hardlinern und den „Moderaten" mit Fini an der Spitze gern hochgespielt werden, ist es aufschlussreich, dass Buontempo Fini höchste Anerkennung zollt und ihn „den geborenen Volksführer, den die Kameraden ob seines kühnen und kämpferischen Geistes lieben", nennt. Er habe schon als Jugendführer, wie der Mann, der Nazi-Skins anführt, „den Schlagstock gut zu gebrauchen" gewusst, zeigte sich aber gleichzeitig nie an der Spitze einer Demonstration.[301]

Da Fini gern von der AN als einer modernen Rechtspartei und auch vom Postfaschismus oder modernen Faschismus spricht, ist es angebracht, einige Beispiele dafür anzuführen, wie sich der „moderne" Faschismus im Alltag zeigt. In Mailand, wo seit 1993 eine mehrheitlich aus AN und FI zusammengesetzte Stadtverwaltung regiert, kam es im Dezember 1997 vor der Wahl der Bürgermeister und Stadträte zu schweren faschistischen Ausschreitungen gegen den in der Stadt weilenden Ministerpräsidenten der Mitte-Links-Regierung, Roman Prodi. Mitglieder der verbotenen Schwarzen Ordnung randalierten mit Senator Rauti an der Spitze stundenlang in den Straßen der Stadt. Vor dem Rathaus grölten sie: „Prodi, du wirst aus Mailand nicht lebend herauskommen", Nachdem der Ex-Kommunist und DS-Sekretär Massimo D'Alema 1998 Ministerpräsident geworden war, versuchte die profaschistische Rechte, die Regierung zu stürzen und Neuwahlen zu erzwingen. Um das Parlament unter Druck zu setzen, organisierten AN, FI und Fiamma in Rom schwere Ausschreitungen, die gleichzeitig das Klima für die Wahlen zum Präsidenten und zum Parlament der Provinz anheizten. Nach einer Demonstration durch die Straßen versammelten sich annähernd 100.000 Teilnehmer, vor allem Faschisten, viele im Schwarzhemd oder Kampfanzug, unter Hakenkreuzen und der Flamme des Duce auf der Piazza San Giovanni und grölten in Sprechchören: „Nieder mit den Kommunisten", „mit der Italienischen Republik wurde eine Hure geboren", „Scalfaro (der damalige Staatspräsident) ist ein Henker und D'Alema sein Zuhälter", Als sich Fini wie einst Mussolini in der Pose des faschistischen Imperators an die Versammelten wandte und sie mit „Römer" ansprach, erhoben diese, wie zu Zeiten Mussolinis, die Hand zum Führergruß und feierten ihn als „Duce, Duce", Der AN-Führer kündigte einen „schonungslosen Kampf" und „eine lange Schlacht" gegen die Regierung an. Nach dieser faschistischen Machtdemonstration siegte bei der Wahl des Provinzpräsidenten der AN-Kandidat Silvano Moffa mit 51,5 Prozent. Der „Sieger" ließ sich von seinen Anhängern, angeführt von Fiamma-Führer Rauti, mit Führergruß und Sieg Heil feiern und rief ihnen im Sturmabteilungston zu: „Hier in Rom werden wir die Linken zerquetschen",³⁰²

4. Die Lega Nord

Noch bevor Berlusconi im Herbst 1993 seine Forza Italia aus dem Boden stampfte, entstand in Norditalien die Lega Nord, die das durch den Zusammenbruch des alten Parteiensystems entstandene Vakuum ausfüllte. Sie formierte sich im Februar 1991 aus den sechs regionalen Ligen der Lombardei, Piemonts, Liguriens, des Veneto, der Emilia Romagna und der Toskana. Der auf einen scharfen, zunächst vor allem antimeridionalen Rassismus und Separatismus gegründete Bund stieg rasch zur stärksten parlamentarischen Kraft Norditaliens auf, erreichte 20 und mehr Prozent der Wählerstimmen und warf die politisch abgewirtschaftete DC völlig aus dem Rennen.

An der Spitze der Lega steht Umberto Bossi, Jahrgang 1941, Sohn eines Kleinbauern und Gelegenheitsarbeiters, der sich über Facharbeiterabschluss und Abitur emporarbeitete. Nebenbei scheiterte er als Mundartdichter in lombardischen Dialekten und versuchte, seine Kenntnisse auf diesem Gebiet in sein politisch widersprüchliches ahistorisches Konzept eines Padania getauften norditalienischen Separatstaates einzubringen. So stellte die Lega lange Zeit den Sieg des Mailänder Bundes der lombardischen Städte 1176 bei Mailand über das Ritterheer Kaiser Friedrich I. (Barbarossa) als nationales Unabhängigkeitsfanal heraus, wobei die historische Realität und Komplexität grob verfälscht werden. Denn während der Städtebund, der eine frühkapitalistische Entwicklung verkörperte, seine Unabhängigkeit gegen den Expansionsdrang des deutschen Kaisers verteidigte, sieht Bossi in Langobarden, Kelten und Franken eher die geschichtlichen Ahnen der Norditaliener denn in den Latinern und stellt ihre Zugehörigkeit zu Mitteleuropa statt zum Mittelmeerraum, konkret auch schon mal direkt zu Deutschland, heraus. Dem liegt die berüchtigte faschistische

Blut-und-Boden-Ideologie zugrunde, an deren Stelle lediglich die etwas weniger diskreditierten ethnischen und kulturellen Differenzen gesetzt werden. Rassistische Ausfälle gipfelten in der Hetze gegen den Fußballclub von Neapel, der in Mailand von Lega-Anhängern mit Spruchbändern empfangen wurde, auf denen stand: „Was Hitler mit den Juden gemacht hat, wäre auch das Richtige für Napoli" oder „Keine Tierversuche - nehmen wir Neapolitaner", An der Tagesordnung ist, dass Lega-Anhänger - ob im piemontesischen Turin oder in der Adriastadt Rimini - Afrikaner durch die Straßen jagen und in mehreren Fällen auch zu Tode prügelten. Die Festlandsgrenze zu Ex-Jugoslawien will Bossi mit einer Mauer nach dem Vorbild der USA gegenüber Mexiko abriegeln. Nach dem Wahlsieg am 13. Mai 2001 brachte er, der bereits früher illegale Einwanderer in Arbeitslager sperren wollte, ein Gesetz ein, nach dem solche Immigranten nunmehr zu langjährigen Gefängnisstrafen verurteilt werden sollen.

Wählerzulauf erhielt die Lega mit ihrer Kritik an der von der DC angeführten römischen Parteienmisswirtschaft, ihrer maßlosen Korruption und der Verfilzung mit der Mafia und an der hohen Subventionierung des armen Mezzogiorno durch den reichen Norden, von der sich die Regierungsparteien jahrzehntelang beträchtliche Summen in die eigene Tasche steckten. Bossi unterschlägt dabei, dass die Großindustriellen des Nordens ihre Profite in der ganzen Nachkriegsperiode mit den aus dem Süden kommenden billigen Arbeitskräften erwirtschafteten.

Die sezessionistische Linie der Lega kam lange Zeit in Losungen wie „weg von Rom" und „die Lombardei den Lombarden" zum Ausdruck. An Stelle des Zentralstaates forderte sie eine Föderation autonomer Regionen Nord-, Mittel- und Süditaliens, angefangen bei der Steuerhoheit und regionalem Wehrdienst bis hin zur unabhängigen Renten- und Sozialversicherung und Selbstständigkeit im Arbeitsrecht und Preisgefüge. Um seine Ziele durchzusetzen, drohte Bossi wiederholt, die reichen Industrie-Regionen des Nordens abzuspalten und eine Nordrepublik Padania zu proklamieren.[303] All diesen im Grunde genommen verfassungsfeindlichen Aktionen schaute der Zentralstaat jahrelang tatenlos zu. Erst 1995 eröffnete die Staatsanwaltschaft gegen Bossi ein

Ermittlungsverfahren wegen „verfassungswidriger Tätigkeit zum Zwecke der Zerstörung der territorialen Einheit des italienischen Staates", Es verlief unter der Mitte-Links-Regierung im Sande, was sicher auf die einflussreichen Industriekreise zurückging, für die Bossi ein wichtiges Eisen im Feuer war. Denn die Forderungen nach regionaler Autonomie bis hin zu föderalen Strukturen entsprangen vor allem den ökonomischen Interessen der großen Konzerne, sich am supranationalen „Alpengroßraum" der EU zu beteiligen. Unter diesen Gesichtspunkten zählte FIAT zu den Protegés der Lega. Deren Rolle war und ist noch heute im Kontext des neu entbrannten Kampfes des europäischen und US-amerikanischen Kapitals um Einflusssphären, darunter auf dem Balkan, zu sehen. Bezeichnenderweise war es der damalige deutsche Außenminister Genscher, der die Ansprüche der deutschen EU-Führungsmacht anmeldete, als er bezüglich Italien betonte, sein nördlicher Teil werde entdecken, „dass er mehr gemeinsame Interessen mit Süddeutschland als mit Süditalien hat",[304] Hier darf wiederum nicht vergessen werden, dass die Lombardei einst zu Österreich gehörte, auf das Deutschland noch immer einen Erbanspruch erhebt. Die „International Herald Tribune" warf in diesem Zusammenhang Deutschland eine Ausdehnung seines Einflusses über Österreich nach Süden bis Mailand vor. Bereits zwei Tage später sprach der „Corriere" ebenfalls unverblümt vom Stattfinden „der Neuaufteilung des europäischen Raumes und der Eroberung neuer Einflusssphären", die innerhalb eines „historischen Raumes" stattfänden.[305] Ihre Forderungen nach einer Abspaltung Norditaliens hat die Lega inzwischen zugunsten eines weit gehenden Autonomiestatus aufgegeben. Ohne dieses Nachgeben wäre auch eine erneute Koalition mit Berlusconi und Fini zu den Wahlen am 13. Mai 2001 kaum zustande gekommen. Besonders mit der AN, die als Verfechterin der Einheit des Nationalstaates auftritt, waren hier die Gegensätze hart aufeinander geprallt.

5. Die zweite Regierung Berlusconi

Berlusconis Wahlkampf 2001 unterschied sich kaum von den hetzerischen Slogans auf faschistischen Kundgebungen. Die Ex-Kommunisten, die sich 1991 in die sozialdemokratische Linkspartei umgewandelt und zum kapitalistischen System bekannt hatten, verketzerte er als „Enkel Stalins", die ein „kommunistisches Regime" errichten wollten. D'Alema nannte er „einen alten Bolschewisten", dem er „das Arbeiten beibringen" werde. Selbst die Politiker der Zentrumsparteien wurden als „Stalinisten" verunglimpft. Die Entscheidung müsse getroffen werden zwischen „Freiheit oder Knechtschaft", „Wohlstand oder Elend", tönte es pausenlos über die Fininvest-Sender. Der Großkapitalist versprach jedem Wähler etwas: weniger Steuern, weniger Umweltverschmutzung, eine Million neue Arbeitsplätze, mehr Solidarität mit den sozial Schwachen, höhere Renten und mehr Fürsorge für die Alten.

Dario Fo, der Theaterregisseur und Autor subversiver politischer Farcen, hatte bereits 1994 verdeutlicht, dass Italien mit Berlusconi als Regierungschef nicht nur einen diverser krimineller Vergehen angeklagten und mehrfach verurteilten Politiker erhalten werde, sondern auch einen Gaukler von Jahrmarkt- oder Zirkusformat. Er beschrieb den Aufwand, den der Forza-Führer vor seinen Fernsehauftritten betreibt, um telegen beim Wahlpublikum anzukommen. Um jünger auszusehen (Berlusconi ist Jahrgang 1937), benutzt er „Gelatine-Folien wie die größten Diven im Kino. Dann lässt er auf das Kameraobjektiv einen feinen Seidenstrumpf ziehen, der filtert. So wirkt sein Gesicht wie glatt gezogen, es wird wieder faltenfrei." Berlusconi konnte auch 2001 im Wahlkampf kein Programm vorlegen. Seine Propaganda bestand aus Werbespots, die sich auf seine Person bezogen. Seine Reden verfasste sein PR-Konzern, der sonst die Produkte seiner Fininvest vermarktet. Er sei, so Fo weiter, selbst die „Verkörperung des Marketings", Er verkaufe sich und sein politisches Image als Kandidat für das Amt des Premiers „wie einen Schmierkäse, wie eine Windel, wie Schinken oder Salami",[306] Wie der Medientycoon seine Fernsehshows vorbereitet, wie er jeden Auftritt probt, wie er übt, betont locker, stets eine Hand in der Hosentasche, über die Bühne zu schlendern, das erinnert an die Szene in Bert Brechts „Der aufhaltsame Aufstieg des Arturo Ui", in der Hitler-Ui seine Rede über Brutus, den ehrenwerten Mann, einstudiert.

Vor dem Wahltermin am 13. Mai 2001 sagten Meinungsumfragen ein Kopf-an-Kopf-Rennen voraus. Als jedoch Agnelli, bis dahin ein Protegé der Linken Mitte, die Front wechselte, gab das mit hoher Wahrscheinlichkeit den Ausschlag für Berlusconis Wahlsieg. Nicht wenige Beobachter hatten diesen bereits nach der offiziell erfolgten Unterstützung des Vatikans, die der römische Kardinal Ruini verkündete, als gesichert angesehen. Um auf Nummer sicher zu gehen, setzte Berlusconi drei Tage vor dem Urnengang einen letzten Trick ein. Über seine Fernsehsender lancierte er, der Ferrari-Chef Luca Cordero di Montezemolo, der die von FIAT übernommene legendäre Automarke in der Formel 1 an die Weltspitze gebracht hatte, werde bei seinem Wahlsieg Sportminister. Das Dementi des völlig überraschten Montezemolo erreichte kaum noch einen Wähler; die falsche Nachricht dürfte dem Medientycoon aber Stimmen in Millionenhöhe gesichert haben.

Berlusconis Koalition erhielt – wie bereits 1994 - rund 43 Prozent der Stimmen und erreichte in der Abgeordnetenkammer und im Senat eine Mehrheit. Die Lega Nord erlitt mit 3,9 Prozent eine Niederlage und kam nicht einmal über die Vier-Prozent-Hürde. Sie verlor etwa zwei Drittel ihrer Wähler und zog nur über die Direktmandate in das Parlament ein. Die AN lag mit zwölf Prozent etwa zwei Punkte unter ihren Ergebnissen von 1996. Von den Verlusten seiner Verbündeten profitierte Berlusconi, dessen Forza von 20,6 auf rund 30 Prozent und zur stärksten Partei aufstieg. Der erreichte Wahlsieg bedeutet nicht, dass tatsächlich eine Mehrheit der Italiener die Berlusconi-Koalition gewählt hat, da das 75-prozentige Direktwahlsystem die Ergebnisse verfälscht.

Die Verluste der AN und der Lega, die zusammen etwa zehn Prozent betrugen, stellten eine bestimmte Absage an den sich noch immer auf Mussolini berufenden Faschismus Finis und den zügellosen Rassismus Bossis dar. Der Zustrom dieser Wähler zu Berlusconi zeigte aber auch, dass die autoritären, faschistoiden Züge und die Duce-Praktiken des „lächelnden Diktators" nicht erkannt oder unterschätzt werden. Er kommt bei vielen Wählern, die sich zu einem Teil aus früheren Anhängern der untergegangenen DC zusammensetzen, als Mann der bürgerlichen Mitte an. Obendrein meinen nicht wenige seiner Wähler, dass Berlusconi AN und Lega Zügel anlegen und ihre Entwicklung in „gemäßigte" Bahnen lenken werde. Weiterhin wird der rechtsextreme Charakter der „Casa della Libertà" durch die Zugehörigkeit der kleinen DC-Nachfolger, der Vereinigten Christdemokraten (CDU) und des Christdemokratischen Zentrums (CCD), kaschiert. Beide Parteigrüppchen erreichten zusammen nur 3,2 Prozent und lagen unter der Sperrhürde. Berlusconi hatte jedoch ihre parlamentarische Präsenz in der Direktwahl nicht nur abgesichert, sondern ihnen auch eine unverhältnismäßig hohe Zahl von Mandaten zukommen lassen. Sie stellen 40 Abgeordnete und 29 Senatoren.[307] Im krassen Widerspruch zu den Wahlergebnissen wurde CCD-Chef Pier Ferdinando Casini zum Präsidenten der Abgeordnetenkammer gewählt, auf einen Posten, der für gewöhnlich der zweitstärksten Regierungspartei zugestanden wird. In der Regierung belegen CDU und CDD zwei bzw. einen Ministersessel. Das „demokratische" Outfit seines 25-köpfigen Kabinetts wollte Berlusconi weiter durch vier „parteilose" Politiker verstärken. Eine Schlüsselrolle unter ihnen war dem früheren Direktor der Welthandelsorganisation, Renato Ruggiero, der das Außenministerium übernahm, zugedacht. Neben der Pflege eines „guten Images" gegenüber der EU sollte der langjährige Botschafter in Washington auch die von Berlusconi erklärten „besonderen Beziehungen" zu den USA unterhalten.[308] Bereits nach sieben Monaten trat der Chefdiplomat allerdings wegen „ernsthafter Meinungsverschiedenheiten" mit Berlusconi zurück. Er war nicht bereit, das Lavieren seines Regierungschefs zwischen EU und USA länger mitzumachen. Der offizielle Anlass des Rücktritts war, dass Berlusconi eine italienische Beteiligung an dem für den Aufbau einer von den USA unabhängigen EU-Streitmacht wichtigen Militärtransporter A400M ablehnte. Ruggiero dagegen, ein Mann von Agnelli, dessen Konzern immense EU-Rüstungsaufträge erwartet, befürwortete das Projekt. Zu den tiefer gehenden Gründen des Rücktritts gehörte indessen, dass der angesehene konservative Diplomat der alten Schule den autoritären faschistoiden Kurs Berlusconis, Finis und Bossis nicht mittragen wollte, sich vor allem aber an der schamlosen Praxis des

Fininvest-Chefs stieß, sein Amt zur maßlosen eigenen Bereicherung zu missbrauchen. Ruggieros Ausscheiden verdeutlichte schließlich zum ersten Mal, dass Berlusconi nicht, wie er behauptet, die gesamte Unternehmerschaft des Landes vertritt, sondern dass die von FIAT angeführten Industriekreise vielmehr Distanz signalisierten.[309]

Die AN stellt mit Fini als Vizepremier an der Spitze fünf Kabinettsmitglieder. Schon die Tatsache, dass es sich durchweg um Hardliner handelt, verdeutlichte, dass der Parteichef nicht beabsichtigt, in der Regierung einen „moderaten" Kurs zu fahren. Mit Mirka Tremaglia übernimmt der bereits erwähnte frühere SS-Offizier, Altfaschist und bekannte Revanchist ein wie für ihn geschaffenes neues Ministerium für „Auslandsitaliener", Der als Braccio di ferro (Eisenarm) bekannte Maurizio Gasparri hat das ebenfalls neu geschaffene Telekommunikationsressort inne, dem die RAI untersteht, deren Säuberung von „linken Elementen" im Gange ist.[310] Landwirtschaftsminister (und damit zuständig für die faschistischen Hochburgen im Süden) wurde Giovanni Alemanno, der wie Buontempo eng mit den Nazi-Skins liiert ist. Die Lega belegt drei Ressorts, darunter das für sie wichtige für Reformen und Dezentralisierung, das Bossi selbst übernahm.

Die faschistischen Charakterzüge der Regierung werden besonders unter dem Gesichtspunkt der von ihr verfolgten innen- und außenpolitischen Ziele deutlich. Nur eine Woche nach seinem Amtsantritt zeigte Berlusconi beim EU-Gipfeltreffen in Göteborg unverhüllt die dazu wichtigste Voraussetzung auf: „Italien vom Kommunismus und Postkommunismus zu befreien",[311] Damit geht es nicht nur um das bereits im Wahlkampf offen erklärte Ziel, die Rifondazione Comunista politisch zu eliminieren (was bei der Wahl misslang), sondern auch darum, die Linksdemokraten und im weitesten Sinne die mit ihnen verbündete Linke Mitte aus dem politischen Leben auszuschalten. Da Berlusconi seine Auftritte für gewöhnlich bis ins Kleinste plant, dürften Ort und Auditorium dieser Proklamation, nämlich der Gipfel der mehrheitlich von Sozialdemokraten angeführten Mitte-Links-Regierungen, die beispielsweise im Gastgeberland Schweden die Kommunisten einschließen, eine gezielte Provokation dargestellt haben.

Als nächstes folgte die blutige Niederschlagung der Proteste gegen den G8-Gipfel im Juli 2001 in Genua. Auf der Tagesordnung bleibt die Schaffung eines Präsidialregimes, für dessen Durchsetzung, wie bereits 1994, ein entsprechendes Ressort geschaffen wurde. Das verdeutlicht, dass Berlusconi-Fini für einflussreiche Kapitalkreise - was bei Berlusconi immer heißt, in erster Linie auch für sich selbst - Aufgaben wahrnehmen, denen die herkömmlichen Regierungskräfte, die Linksdemokraten eingeschlossen, nach deren Meinung nicht mehr gewachsen waren.

6. Eine chilenische Nacht

Konnte sich die Regierung in den ersten Wochen nach ihrem Amtsantritt noch unter einem demokratischen Mäntelchen verbergen, so stand sie nach den Polizeiorgien in Genua ohne Maske da. Während des Gipfels stürmten Polizisten in Kampfanzügen das Zentrum des Genueser Sozialforums (GSF) und eine Unterkunft in der gegenüberliegenden Diaz-Schule, in der sich etwa 100 Journalisten, Funktionäre des GSF und nur wenige Demonstranten aufhielten. Der „Sturmangriff" wurde zum Höhepunkt des in faschistischer Manier während des Gipfels praktizierten Terrors. Die Zahl der oftmals schwer Verletzten betrug über 600. Der Student Carlo Giuliani wurde ermordet, andere Demonstranten lebensgefährlich verletzt. Über 300 Personen wurden verhaftet, darunter 70 Deutsche. Nicht nur linke Zeitungen, sondern auch die römische „Repùbblica" oder der großbürgerliche, aber der Regierung kritisch gegenüberstehende Mailänder „Corriere" berichteten über Folterungen in Gefängnissen und Krankenhäusern. Unzählige Betroffene und Augenzeugen, deren Aussagen die Medien seitenlang wiedergaben, beschrieben die Ereignisse als eine „chilenische Nacht",[312] Die Pariser „le Monde diplomatique" charakterisierte die Gewaltorgien der Polizei als Ausdruck einer „totgeglaubten Gewaltideologie namens Faschismus"[313]

Ein „geheimes Polizeidossier", das Medien bekannt wurde, belegte, dass die Polizei die gewaltsamen Ausschreitungen nicht nur provozierte, sondern regelrecht organisierte, um einen Vorwand für ihr brutales Vorgehen gegen die Demonstrationen und die Proteste insgesamt zu haben.³¹⁴ Die für den Einsatz vorgegebene Linie lautete, „kein neues '68" zuzulassen. In Genua wurden Carabinieri-Einheiten aus Süditalien, wo sich die Hochburgen der Faschisten befinden, eingesetzt. Der Polizist, der den Studenten Carlo Giuliani gezielt niederschoss, gehörte dem Bataillon „Sizilien" aus Calabrien an. Ein Beraterteam der für ihre Brutalität bekannten Polizei von Los Angeles trainierte die italienischen Spezialeinheiten. Die Angriffe auf die Ordnungskräfte lösten Polizeiagenten aus, darunter Faschisten aus der „Forza Nuova", die in den so genannten „schwarzen Block" der Anarchisten eingeschleust wurden. Das bestätigten selbst mehrere Polizisten, die sich von dem brutalen Vorgehen distanzierten, gegenüber Zeitungen. Der Regisseur Davido Ferrario beobachtete Offiziere der Polizei bei der Zusammenarbeit mit ihren „Schwarzblock"-Agenten und hielt das mit der Kamera fest. Der Senator Gigi Malabarba sagte aus, er habe Leute des „schwarzen Blocks" mit ihren Waffen in einem Polizeiquartier ein- und ausgehen sehen. Ans Licht kam ferner, dass sich AN-Chef Fini mit seinen vier Ministern während des Gipfels in der Einsatzzentrale der Carabinieri in Forte San Giuliano aufhielt.³¹⁵

Während des Polizeieinsatzes wurden, wie unter anderem der italienische Presseverband FNSI enthüllte, in massiver Weise grundlegende verfassungsmäßige Rechte verletzt, herrschte Ausnahmezustand. Den Festgenommenen, darunter zahlreiche Journalisten, wurde anwaltlicher Beistand verweigert, sie drei und vier Tage festgehalten, ohne sie einem Haftrichter vorzuführen (die Frist dazu beträgt maximal 48 Stunden). Selbst Anwälte, die zu ihren Mandanten wollten, wurden festgenommen, Parlamentarier an ihrer Arbeit gehindert und, wie im Fall des Abgeordneten und Sekretariatsmitglieds der PRC, Ramon Mantovani, tätlich angegriffen. Es ging dem Kabinett Berlusconi-Fini nicht nur darum, jeden Protest gegen den Gipfel in Genua zu unterdrücken, sondern auch und vor allem darum, ein Exempel zu statuieren, um in Zukunft generell Kritik an der Regierung nicht zuzulassen, schätzte PRC-Sekretär Fausto Bertinotti ein und bezeichnete als Ziel, „systematisch jeden Widerstand zu zerschlagen und sein Wachstum unmöglich zu machen." Als die Opposition im Parlament die faschistischen Ausschreitungen anprangerte und die Absetzung des Innenministers forderte, hatte dieser die Stirn, zu erklären, die Polizei habe „ihre Aufgabe mit Würde erfüllt", Vizepremier Fini sekundierte, die Demonstranten hätten „bekommen, was sie verdienen",

Es ist zutreffend, dass mit der Berlusconi-Fini-Regierung kein - oder sollte man besser formulieren: noch kein - mit Hitler oder Mussolini vergleichbares, offen terroristisches, faschistisches Regime an der Macht ist. Professor Bodo Zeuner von der Berliner Freien Universität ist jedoch zuzustimmen, dass es von derart blutigen Polizeiorgien „zu Folterkellern wie denen der SA im Deutschland von 1933 nur noch ein Schritt" wäre. Wer den Überfall auf die Dias-Schule in Genua als irgendwie entschuldbar durchgehen lasse, leiste Beihilfe zu „einer schleichenden Faschisierung der Gesellschaft", Zu den Äußerungen Scajolas und Finis erklärte Zeuner: „Dies ist exakt die Sprache von Hitler und Göring aus dem Jahr 1933. Wenn Herr Scajola nicht abgelöst wird, wenn diese Denkweise sich durchsetzt, sind wir in - Italien und in Europa insgesamt - auf dem Weg in eine andere Republik."[316]

Es gab entschiedene Proteste gegen die faschistischen Ausschreitungen, darunter Demonstrationen mit etwa einer Million Teilnehmern in ganz Italien. Die Absetzung Scajolas durchzusetzen, gelang der Opposition jedoch nicht. Berlusconi konnte sich damit begnügen, drei Polizeikommandeure aus der zweiten Reihe zu opfern, die Ende 2001 nicht nur in ihre Dienststellen zurückkehrten, sondern obendrein auf höhere Posten befördert wurden. Anklagen wegen „Übergriffen" gegen 23 Polizisten verliefen ohne ernst zu nehmende Konsequenzen.[317] Aus der Schusslinie der Kritik zu kommen war dem Regierungschef durch die nach den Terroranschlägen am 11. September 2001 in New York und Washington geschürte Kriegshysterie möglich, welche Berlusconi und seine Mannschaft dazu nutzten, die Gegner der Globalisierung mit Bin Laden-Leuten gleichzusetzen.[318] Seitdem die Ereignisse vom 11. September 2001 den USA als Vorwand eines weltweiten Expansionskrieges dienen, werden in deren Vorgehen selbst faschistoide Methoden offen sichtbar: Missachtung eigenen, darunter Verfassungsrechts und nahezu jeglichen Völkerrechts; Verfolgung der offen verkündeten Weltherrschaft mit aggressiven terroristischen Mitteln, darunter einer

Doktrin der Unterjochung der Völker unter USA-Diktat. Zusammen mit dem Auftrieb, den faschistische und rechtsextreme Bewegungen nach Österreich jüngst bei Wahlen in Frankreich und den Niederlanden erhielten, und der Aufnahme der rechtsextremen Schillpartei durch CDU und FDP in die Hamburger Stadtregierung trägt das dazu bei, den Vorgängen in Italien einen Anschein der Normalität zu verleihen bzw. sie zu verharmlosen.[319]

7. Nie gekannter Demokratie- und Sozialabbau

Die „Kernaussage" der so genannten neoliberalen Wirtschafts- und Sozialpolitik Berlusconis ist, sie würde „ein neues italienisches Wirtschaftswunder initiieren", In Anlehnung an die Politik Reagans und Thatchers, auf die sich Berlusconi ausdrücklich bezieht, „steht der Abbau des Sozialstaates neben der konsequenten Steuersenkung (selbstredend für das Großkapital, d. Verf.), der Verbesserung der Angebotsbedingungen für Unternehmen und der Verstärkung des Wettbewerbs" auf der Tagesordnung. Die Forderungen im Wirtschafts- und Sozialbereich entsprechen nahezu Wort für Wort denen, welche der Industriellenverband Confindustria vor den Wahlen präsentierte: Steuersenkungen, Arbeitsmarktflexibilisierung, Investitionen in die Infrastruktur, Umbau des öffentlichen Sektors.[320] Die wirtschaftlichen Ziele stießen bei der EU nur unter dem Gesichtspunkt der demagogischen Wahlversprechen Berlusconis, die soziale Lage der breitesten und vor allem unteren Bevölkerungsschichten entscheidend zu verbessern, auf vehementen Widerspruch, da diese nicht realisiert werden könnten, ohne drastisch gegen die EU-Auflagen zu verstoßen. Die Sorgen erwiesen sich als unbegründet. Noch vor seiner Berufung zum Premier legte Berlusconi seine Wahlversprechen ad acta und erklärte: „Ich bin zu unpopulären Schritten bereit",[321] Damit hat er nicht mehr und nicht weniger als einen massiven Sozialabbau angekündigt, der den bisher bereits von der Mitte-Links-Regierung verfolgten weit in den Schatten stellt.

Es ist keine Rede mehr davon, für eine Million Rentner, ohnehin eine Minderheit, die Renten zu erhöhen oder Kleinunternehmern Steuererleichterungen zu gewähren. Eine bescheidene Rentenerhöhung könnte auf der Basis der Heraufsetzung des Rentenalters erfolgen, was aber zunächst bedeuten würde, die meisten Betroffenen in die Arbeitslosigkeit zu schicken. Eine Arbeitslosenunterstützung aber soll „nur für einen klar begrenzten kurzen Zeitraum" gewährt und bei der ersten Weigerung, eine wie auch immer geartete Arbeit anzunehmen - und sei es die eines Straßenkehrers für einen Akademiker - entzogen werden. Die Altersversorgung soll - noch über das derzeitige deutsche Modell hinaus - weitgehend in den Bereich der Versicherungskonzerne verlagert werden, wovon vor allem das marktbeherrschende Unternehmen Mediolanum, an dem Berlusconi 37 Prozent Anteile hält, kräftig profitieren würde.

Das Ganze wird untersetzt durch den angekündigten Abbau elementarster Arbeiterrechte. Ein zur Unterdrückung des Widerstandes dagegen zwischen der Confindustria und der Regierung vorgesehenes Abkommen wird „Stahlpakt" genannt, was an das Vokabular aus Mussolinis Zeiten erinnert. Die wesentlichen Inhalte sollen im Rahmen der so genannten Flexibilisierung des Arbeitsmarktes die Beseitigung des in Artikel 18 des Arbeitsstatuts verankerten Kündigungsschutzes (der neun Millionen Beschäftigte in Unternehmen mit über 15 Arbeitern betrifft), die generelle Aufhebung der Tarifverträge und die Befristung von Arbeitsverträgen bilden. Ferner sollen erstmals in der Nachkriegsgeschichte die Löhne gesenkt werden. Es wird auch bereits von Plänen gesprochen, das Streikrecht einzuschränken.[322] Welchen Ton die Unternehmer unter der profaschistischen Regierung anschlagen, verdeutlichte eine Bemerkung des Sprechers der Confindustria, Guidalberto Guido, der Artikel 18 des Arbeitsgesetzes habe ähnlich „destruktive Effekte wie der Terrorismus Bin Ladens",

Ebenso wird der Demokratieabbau vorangetrieben. In der dem Kommunikationsminister der AN, Maurizio Gasparri, unterstehenden staatlichen Rundfunk- und Fernsehanstalt RAI wird Kritik an Berlusconi schonungslos unterdrückt, werden stattdessen nur regierungsfreundliche Sendungen ausgestrahlt, „widerspenstige Journalisten" rausgeworfen.³²³ Als der Journalistenverband FNSI dagegen protestierte, diffamierte Gasparri ihn als „ein Überbleibsel der Sowjets und des Ostblocks",³²⁴ Die rassistische Lega Nord hat ein neues Einwanderungsgesetz eingebracht, das in Wahrheit ein Einwanderungsverhinderungsgesetz ist. Es sieht strenge Quoten, Fristen und Gefängnisstrafen vor. Illegal eingewanderte Nichteuropäer werden wie Kriminelle behandelt und per Fingerabdruck registriert. Geplant ist eine generelle Überprüfung der Aufenthaltsgenehmigungen der 1,23 Millionen nichteuropäischer Emigranten. Eine Aufenthaltserlaubnis soll nur noch erhalten, wer einen Arbeitsvertrag vorweisen kann. Noch vor seiner Verabschiedung durch die Parlamentsmehrheit der Regierung im Juni wurde es bereits angewandt; im April/Mai 2002 über 7000 Einwanderer ausgewiesen.³²⁵ Geplant ist, das Recht auf Demonstrationen einzuschränken und diese aus den belebten Innenstädten in die Randbezirke der Städte zu verbannen.

8. Strategische Expansionsziele

Der von Berlusconi unter dem Slogan der Beseitigung des „Wohlfahrtsstaates" verfolgte rigorose Sozialabbau verdeutlicht, dass die rechtsextreme Koalition eine dem Faschismus seit jeher wesenseigene grundlegende Aufgabe wahrnimmt: Dem Kapital, das heißt für den Fininvest-Chef in erster Linie auch sich selbst, maximale Profitbedingungen zu sichern, was eine drastische Einschränkung der in der Nachkriegsentwicklung hart erkämpften Arbeiterrechte und als Voraussetzung gleichzeitig einen ebenso rigorosen Demokratie-Abbau bedeutet, für welche die bisherige Mitte-Links-Koalition, bei aller Mühe, die sie sich gab, nicht mehr die Gewähr bot. Das war einer der Gründe, dass Agnelli sich auf die Seite Berlusconis schlug.

Bei der Entscheidung des FIAT-Besitzers spielte des weiteren eine Rolle, dass sich die Linke Mitte während der NATO-Aggression gegen Jugoslawien als „unsicherer Kantonist" erwies. Wie in keinem anderen EU-Staat formierte sich in Italien gegen die Aggression eine machtvolle Protestbewegung, welche die führenden Kapitalkreise an die Antikriegshaltung der Arbeiterbewegung im Ersten und Zweiten Weltkrieg erinnerte. Zu Ostern und eine Woche danach demonstrierten allein in Rom 300.000 Menschen, darunter unübersehbar die Basis der Linksdemokraten. Ähnliche Kundgebungen fanden in Hunderten Städten, darunter in Mailand, Turin, Genua, Florenz, Neapel sowie vor den Einsatzbasen der NATO statt. Unüberhörbar ertönte der Ruf „Yankee go home" und „Nato raus aus Italien", Der parteilose frühere Präsident der Abgeordnetenkammer, das langjährige Politbüromitglied der IKP, Pietro Ingrao, verurteilte die Teilnahme der Mitte-Links-Regierung an dem Überfall. Aldo Tortorella, ebenfalls früheres IKP-Politbüromitglied, trat aus Protest aus dem DS-Vorstand aus. Unter dem Druck der Antikriegsbewegung kam die Parlamentsmehrheit der linken Mitte ins Wanken. Selbst der eher konservative Außenminister Lamberto Dini gab den Charakter des Abkommens von Rambouillet als „Besatzungsstatut" zu und räumte ein, es sei „für die jugoslawische Seite unannehmbar" gewesen. Etwa 90 Parlamentarier der Linksdemokraten und der Grünen, aber auch aus den Reihen der Zentrumsparteien sprachen sich für einen Bombenstopp und für Verhandlungen mit der Regierung in Belgrad ohne Vorbedingungen aus und kündigten an, die Regierungskoalition zu verlassen, wenn dem nicht stattgegeben werde. D'Alema musste sich die Forderungen zu Eigen machen und der NATO einen entsprechenden Vorschlag unterbreiten. Berlusconi und Fini reagierten mit massiven Forderungen nach dem Rücktritt der Regierung, der Auflösung des Parlaments und der Ausschreibung von Neuwahlen.[326]

Mit der Aggression gegen Jugoslawien hat ein neues Kapitel begonnen - das jedoch nicht, wie manchmal fälschlich behauptet wird, den Anbruch einer neuen Phase des Kapitalismus bedeutet. Vielmehr beginnt, was an Parallelen vor dem Ersten Weltkrieg erinnert, im Rahmen einer mörderischen Konkurrenz der Kampf um Märkte und die letzten Rohstoffreserven. Die USA postulieren in dieser Auseinandersetzung ihren Weltherrschaftsanspruch, ihre Rolle als einzig führende Weltmacht und wollen verhindern, dass ihnen diese Funktion streitig gemacht wird. Trotzdem rechnen sie damit, dass andere Großmächte bzw. entsprechende Gruppierungen (worunter im Kern die EU und

Japan gesehen werden können) sie im Abstand etwa eines Jahrzehnts in die Schranken fordern könnten. Die Anschläge in New York, deren Hintergründe derzeit mehr oder weniger im Dunklen liegen,[327] waren für Washington willkommener Anlass, seinen Weltherrschaftsanspruch nachhaltig und in aller Offenheit zu bekräftigen.

Nach seinem Wahlsieg hatte Berlusconi ein Bekenntnis zur Bush-Administration abgelegt und „besondere Beziehungen" zu ihr proklamiert. In den Medien war bereits von einer „Achse Rom-Washington" die Rede.[328] Nach den Anschlägen in New York und Washington stellte er sich in einer Erklärung zur „Überlegenheit des Westens" gegenüber der islamischen Kultur in kaum zu überbietendem Chauvinismus an die Seite der Bush-Administration und der von ihr geschürten Kriegshysterie. Während das New Yorker „Wall Street Journal" Lob spendete, gab es scharfe Proteste in regierungskritischen italienischen Zeitungen, die kommentierten, nun versuche Berlusconi, nach den Kommunisten „die Araber zum Hauptfeind" zu stempeln.[329] Die entbotenen Solidaritätserklärungen dienten aber auch dazu, die in Washington entfachte Kriegshysterie für die Kaschierung der eigenen innenpolitischen Repression zu nutzen, ohne die eigenen außenpolitischen Expansionsziele zu vergessen.

Denn für das römische Kapital geht es darum, seine bereits im Ersten und Zweiten Weltkrieg verfolgten Interessen und Vorrechte als erstes auf dem Balkan - in Jugoslawien und seiner alten Kolonie Albanien - zu sichern.[330] Dieser Aspekt wird bei der künftigen Einschätzung faschistischer Erscheinungen entsprechend beachtet werden müssen. Hier sei noch einmal PRC-Sekretär Bertinotti erwähnt, der warnend darauf hinwies, dass der Kampf der Gruppierungen des Kapitals um eine neue Weltordnung „den Krieg als untrennbares Element" beinhalte und dieser „Fundamentalismus des Marktes zur Notwendigkeit des Krieges" führe. Schon heute sei ersichtlich, dass der Kampf um die Neuaufteilung der Einflusssphären einen „starken autoritären und militaristischen Staat" erfordere.

Schlussbetrachtungen

Mit Mussolini spielte Italien eine Vorreiterrolle für die Etablierung faschistischer Regimes im Europa der 20er und 30er Jahre des vorigen Jahrhunderts. Wird es unter Berlusconi und Fini wieder zur Avantgarde einer Faschisierung? Oder gelingt es, die Tradition der Resistenza wieder zu erwecken, die von Berlusconi mit Faschisten und Rassisten gebildete Regierung zu Fall zu bringen und die Etablierung eines faschistischen Regimes zu verhindern? In diesem Zusammenhang ist zu sehen, dass nach Österreich auch in Frankreich und den Niederlanden bei Wahlen faschistische Kräfte einen gefährlichen Auftrieb erhielten, dass in der Bundesrepublik mit der Aufnahme der Schillpartei durch CDU und FDP in den Hamburger Senat auf Landesebene erstmals mit einem rechtsextremen Partner regiert wird und dass Stoiber die K-Frage für sich entschied.

Mit dem Nationalisten Stoiber käme ein Mann nach Berlin, der Rechtsaußenspieler wie den Polizeisenator Schill und den österreichischen Landeshauptmann Haider politisch noch in den Schatten stellen würde, auch wenn er im Habitus des konservativen Demokraten alter Schule daherkommt und mit einem Harmlosigkeitslächeln zu punkten sucht. Wird Europa ab Herbst 2002 nach Berlusconi mit seinem faschistischen Vizepremier Fini den zweiten Regierungschef erhalten, dessen wahre Farbe jenseits von schwarz ist? Wird die NATO, in der mit Bush ein Mann gleicher Couleur den Takt schlägt, dann bereits den dritten Ultrarechten nach vorn stellen? [331] Unter diesen Vorzeichen wird es noch bedeutungsvoller, die italienischen Ereignisse aufmerksam zu verfolgen.

Welche Situation zeigt sich in Italien ein Jahr nach dem Regierungsantritt der profaschistischen Koalition? Bis Ende 2001 gelang es der Opposition nicht, gegen Berlusconi, Fini und Bossi, die sofort begannen, ihr rechtsextremes Programm zu verwirklichen, einen nennenswerten Widerstand zu organisieren. Die massiven Proteste gegen die faschistischen Ausschreitungen in Genua verebbten zunächst. Dazu trug bei, dass die unverhüllten Drohungen, die Repression bei wachsendem Widerstand zu verschärfen, vor allem Kreise der bürgerlichen Mitte einschüchterten und die Linksdemokraten Bereitschaft zum Konsens mit Berlusconi zeigten, wenn er die bürgerlich-demokratischen Spielregeln respektiere.

Es waren mehrere Faktoren, die eine Wende herbei und zur Formierung eines von einer Massenbewegung der Arbeiter getragenen Widerstandes führten: Einmal, dass Italien in Gestalt der PRC über eine wenn auch relativ kleine, aber doch kämpferische KP mit einer Verwurzelung unter den Massen verfügt, die sich an die Spitze des Kampfes stellte. Zum anderen, dass Berlusconis Angriffe auf elementare Arbeiterrechte, eingeleitet mit dem Versuch, den Artikel 18 des Arbeitsstatuts über den Kündigungsschutz (demagogisch als „Reform des Arbeitsmarktes" bezeichnet) zu beseitigen, den Widerstand der Betroffenen hervorriefen und die Gewerkschaften zu alter Kampfkraft ansetzten. Des weiteren, dass die Antiglobalisierungsbewegung sich diesem Widerstand generell anschloss. Schließlich, dass Intellektuelle der verschiedensten Disziplinen, Schriftsteller, Künstler, Schüler und Studenten, Lehrer der allgemeinbildenden und Hochschulen erkannten, dass mit dem Sozialabbau ein in der Nachkriegsgeschichte nie gekannter, auch sie treffender Demokratieabbau einsetzt und sich mit den Arbeiterprotesten solidarisierten. Ein Vorgang, den man ohne Übertreibung mit dem Engagement dieser Kreise in der Resistenza vergleichen kann. Diese Faktoren blieben nicht ohne Wirkung auf die Haltung der Linksdemokraten und ihrer Zentrumspartner.

Einen nachhaltigen Anstoß gab der Theaterregisseur, Nobelpreisträger Dario Fo, der in seinem stark beachteten Vortrag vor dem College International de Philosophie in Paris am 12. Januar 2002 vor einer „Etablierung des Faschismus" warnte" und an die Lehren der Resistenza erinnernd zur antifaschistischen Aktionseinheit mahnte. [332] Umberto Eco sieht im Regierungskurs Berlusconis ein Erbe des „übelsten Faschismus" des Landes. Er und international bekannte Schriftsteller wie Andrea Camilleri, Vincenzo Consolo und Antonio Tabucchi protestierten öffentlich gegen Berlusconi. Rund 200 bekannte Intellektuelle unterschrieben einen von Gian Mario Anselmi und Alberto Asor Rosa initiierten Appell zur Verteidigung der grundlegenden demokratischen Freiheiten und des zivilen Lebens. Namhafte Schriftsteller erklärten ihren Boykott der Pariser Frühjahrsbuchmesse 2002, da der italienische Pavillon unter der Schirmherrschaft Berlusconis stand und dieser zur Eröffnung Auftreten wollte. Berlusconi musste absagen. [333]

Die Versetzung eines Mailänder Staatsanwalt, der gegen den Premier die Ermittlungen wegen Korruption fortsetzte, löste landesweit Proteste von Juristen aus. Sie wiesen die antikommunistische Propaganda entschieden zurück, mit der sie als „rote Richter, welche die Regierung stürzen wollen", diffamiert wurden. Der für sein unerschrockenes Eintreten gegen die faschistische Gefahr bekannte Mailänder Generalstaatsanwalt Gerardo D'Ambrosio appellierte, den verfassungsfeindlichen Machenschaften Berlusconis entgegenzutreten, sonst werde „die Demokratie im Dunkel der Nacht Versinken". [334]

Eine unüberhörbare Kampfansage stellte am 26. März 2002 in Rom eine Drei-Millionen-Demonstration dar, der am 16. April ein Generalstreik folgte. Das rückte vor allem deshalb landesweit in den Blickpunkt, weil im Dezember 1994 ein Generalstreik den Sturz der ersten Berlusconi-Regierung ausgelöst hatte. Es herrschte eine seit Jahren nicht gekannte kämpferische Atmosphäre. Neben Plakaten wie „Hände weg vom Artikel 18 des Arbeitsstatuts", „Schluss mit dem Sozialabbau" oder „für ein menschenwürdiges Dasein", immer wieder die Forderung der Anti-Global-Bewegung „eine andere Welt ist möglich", oder „wir sind das Volk von Seattle", Sprechchöre, Losungen und Transparente prangerten Berlusconis Politik des „Wirtschaftens in die eigene Tasche" an. „Schickt ihn nach Hause", war noch eine recht harmlose Forderung. Eine radikalere lautete „Schluss mit der Herrschaft des Padrone", Andere erinnerten an die „chilenische Nacht" in Genua und warnten vor einer „Etablierung des Faschismus", Dazwischen Karikaturen, die Berlusconis Konterfei als „lächelnden Diktator, wie ihn der 2001 verstorbene Kolumnist des großbürgerlichen aber regierungskritischen Mailänder „Corriere della Séra" Indro Montanelli charakterisiert hatte, mit Napoleon-Hut zeigten. Dann ertönte „hoch die internationale Solidarität", „wir stehen an der Seite des palästinensischen Volkes", „gegen den Terrorkrieg der USA" oder „schützt unsere ausländischen Mitbürger" und „stoppt Rassismus und Ausländerfeindlichkeit". [335]

Schlussbetrachtungen

Mit der Demonstration scheiterten auch die Versuche Berlusconis, mit einer Neuauflage der berüchtigten Spannungsstrategie Vorwände zur noch schärferen Unterdrückung des Volkswiderstandes zu schaffen und die Protestbewegung zu spalten. Nach Bombenanschlägen in den vorhergegangenen Wochen gipfelten die Provokationen vier Tage vor der Demonstration in Bologna im Mord an dem Beamten Marco Biagi, eines Beraters des Arbeitsministers Roberto Maroni. Prompt tauchte per E-Mail ein 26 Seiten langes Bekennerschreiben neuer „Roter Brigaden für den Kommunismus" auf. Der Informatik-Experte Michele Landi, von der Staatsanwaltschaft mit einer Computerrecherche zur Identität des angeblichen Bekenner-Mail beauftragt, stieß offensichtlich auf Erkenntnisse, die den Absichten Berlusconis zuwider liefen. Nach Vorlage seines Berichts wurde Landi am 5. April tot in seiner Wohnung in Rom aufgefunden. Obwohl die gerichtsmedizinische Untersuchung Fremdeinwirkung nicht ausschloss, teilte das Innenministerium umgehend „Selbstmord durch Erhängen" mit. Mehrere Personen bezeugten, dass der Computerexperte vor seinem Tod die Echtheit des „Bekenntnisses" der „Roten Brigaden" bestritten und von „wichtigen Entdeckungen" gesprochen hatte, die einen der Hauptverdächtigen entlasteten. Freunden hatte er weiter anvertraut, er werde „beschattet", Nachdem die Familie des Toten bei der Staatsanwaltschaft Mordanzeige erstattet hatte, erschütterten weitere Untersuchungsergebnisse die Selbstmordbehauptung. An der Leiche gefundene Fasern stammten nicht von dem in der Wohnung gefundenen Seil, mit dem sich Landi erhängt haben sollte. Ferner wurden in der Wohnung Haare gefunden, die weder von dem Toten noch Freunden oder Verwandten stammten. Ein mit der Untersuchung befasster Staatsanwalt, der den Computerexperten bereits früher mit Recherchen beauftragte hatte, erklärte unumwunden, dass „der Geheimdienst Landi 'selbstermordet' hat", da er mit seinen Untersuchungsergebnissen zur vermeintlichen linksextremistischen Terrorszene zu einem Sicherheitsrisiko geworden sei. Innenminister Scajola trat im Fernsehen den Ermittlungsergebnissen entgegen, erklärte, es sei unverändert „von Selbstmord" auszugehen und forderte von den Medien „diskreteres Verhalten".[336] Die Drohung zeigte Wirkung: Die Medien schwiegen, von

Ausnahmen wie der „Liberazione" oder „Manifesto" abgesehen mehrere Wochen. Umberto Eco bezeichnete das als einen Ausdruck dafür, dass Pressezensur herrsche und der Regierungschef „die Medien manipuliert", In der RAI würden Journalisten, die sich dem widersetzen, rausgeschmissen. Am 16. Mai wurden weitere Untersuchungsergebnisse bekannt, welche die Selbstmordbehauptung des Innenministers widerlegten. Danach zeigten sich am Hals des Opfers Verletzungen durch Fremdeinwirkung. Außerdem stand Landi zum Zeitpunkt des Todes unter derart schwerer Alkoholeinwirkung, die eine Selbsterhängung nahezu völlig ausschloss. Schwerwiegendstes Indiz: Eine von Landi geführte Geheimdatei über seine Recherche-Ergebnisse zum Mord an Biagi war in seinem Computer gelöscht worden.[337]

Um die anhaltenden Untersuchungen über die faschistischen Ausschreitungen in Genua im Juli 2001, zu denen Betroffene 87 neue Strafanzeigen erstatteten, zu Fall zu bringen und Vorwände zur Verfolgung der Globalisierungsgegner zu haben, vor allem aber, um den Generalstreik zu verhindern, lancierten Berlusconi und sein Innenminister, ohne eine Spur von Beweisen vorlegen zu können, die neuen „Roten Brigaden" hätten gemeinsam mit Al Quaida-Terroristen geplant, US-Präsident Bush während des G8-Gipfels in Genua zu ermorden. Mit dem Generalstreik begäben sich die Gewerkschaften auf die Linie der „Roten Brigaden", Domenico Losurdo bezeichnete das als eine „üble Provokation"; die Anschläge wie auch derartige Behauptungen sollten „die Möglichkeit geben, auf breiter Ebene gegen die Linke vorzugehen",[338] Der für seine Enthüllungen über Gladio und Geheimdienstkomplotte bekannte Professor De Lutiis[339] verwies darauf, dass die jüngsten Szenarien an die von den Geheimdiensten mit Faschisten organisierte Spannungsstrategie der 70er und 80er Jahre erinnerten, welche der schleichenden Faschisierung den Weg bereitete. Die „Liberazione" befasste sich in mehreren Beiträgen mit den Methoden der Spannungsstrategie, zu deren Begleiterscheinungen die Ermordung von Geheimdienstagenten, die sich als unsichere Kantonisten erwiesen, gehörte. Ähnliche Aktionen würden auch jetzt „gegen die Bewegung, gegen den Generalstreik" organisiert. Der Arzt Vittorio Agnoletto, Mitglied des Sozialforums, sagte, es gehe darum, Vorwände für die

Unterdrückung des Volkswiderstandes zu schaffen und die Protestbewegung zu spalten.

Der Versuch einer Neuauflage der Spannungsstrategie offenbart, dass der Terror, ein Wesenmerkmal der faschistischen Bewegung in der italienischen Nachkriegsgeschichte, in alten und neuen Elementen, darunter bereits der Drohung mit Gewaltanwendung und der Einbeziehung der Mediendiktatur, zu einem wesentlichen Instrument der Machtausübung der Berlusconi-Fini-Regierung wird. Die „Liberazione" warnte, eine Neuauflage der „Strategie der P2", der „Intrigen der bleiernen Jahre" und der „faschistischen Massaker" nicht zu unterschätzen und dieser Gefahr entschlossen entgegenzutreten.[340]

Der Prozess der Formierung des Widerstandes dagegen geht weiter. Er erhielt neuen Auftrieb durch den Aufruf des 5. Parteitages der PRC Anfang April, gegen Berlusconi eine neue Aktionseinheit mit den Linksdemokraten und auf dieser Basis ein neues Mitte-Links-Bündnis zu bilden.[341] Bereits vier Tage nach dem Parteitag kam es zu einem Spitzengespräch der Führungen der Parteien der Linken Mitte und der PRC. Erste Vereinbarungen kamen zu den Wahlen in Provinzen, Städten und Gemeinden am 26./27. Mai zustande. Da dazu mit 12,3 Millionen etwa ein Viertel der Wähler aufgerufen war, stellten sie einen Test für die Haltung zur Berlusconi-Regierung dar. Es gelang der Linken Mitte und den Kommunisten, ihre Positionen in Norditalien leicht zu verbessern. Herausragend in Genua der Erfolg des Kandidaten der DS, der mit 62 Prozent zum Bürgermeister gewählt wurde und drei Prozent mehr erreichte als der bisherige Amtsinhaber seiner Partei vier Jahre vorher. Auch im Parlament der Hafenstadt bereiteten Linke und Zentrumsparteien mit 49 Prozent der profaschistischen Rechten, die nur auf knapp 39 Prozent kam, eine Niederlage. In Süditalien dominierten dagegen Berlusconis Forzapartei und Finis AN-Faschisten. In Reggio Calabria kamen sie auf knapp 60 Prozent, während Linke und Zentrum nur etwas über 38 Prozent erreichten.[342] Nach der Stichwahl zwei Wochen später wuchs der Vorsprung der Linken Mitte noch weiter an. In neun von elf Provinzhauptstädten stellte sie die Bürgermeister, die in Verona mit 54, 1 und Piacenza mit 54,6 Prozent gewählt wurden.[343] Berlusconi war es damit nicht gelungen, sein offen verkündeten Ziel zu verwirklichen, Linken und Zentrum wie im Mai 2001 bei den Parlamentswahlen eine Niederlage zu bereiten. Die Regierung, so die „Repùbblica", beunruhige die Vorstellung, der Trend könne sich fortsetzen und dem Widerstand gegen den von ihr verfolgten Kurs weiteren Auftrieb geben.[344] Das vor allem, weil die Gewerkschaften weitere Kampfaktionen zur Verteidigung des Artikel 18 ankündigten und dazu auch einen neuen Generalstreik nicht ausschlossen. Gleichzeitig zu den Wahlen begann eine Unterschriftensammlung (erforderlich eine halbe Million) für ein Referendum, das die Opposition beantragen will, falls das entsprechende Dekret zur Liquidierung des Artikel 18 verabschiedet wird. Eine Kombination von parlamentarischen Aktivitäten und dem Massenkampf auf der Straße und in den Betrieben wie sie Gewerkschaften und Opposition anstrengen, fürchtet Berlusconi am meisten.

Bei der Einschätzung der Wirksamkeit des Widerstandes gegen Berlusconi ist Nüchternheit geboten. Das gegenwärtige rechtsextreme Kabinett sitzt fester als vor sieben Jahren im Sattel. Denn während der Regierungschef und alle Minister sowie viele Parlamentarier damals als Neulinge antraten, verfügte die Allianz bei ihrem zweiten Start in der Exekutive neben den, wenn auch kurzzeitigen Erfahrungen der Regierungszeit 1994 über mehr als sechs Jahre politisch-parlamentarische Praxis in der Opposition. Berlusconi heute zu Fall zu bringen oder zumindest seiner rechtsextremen Politik Einhalt zu gebieten wird vor allem davon abhängen, ob es gelingt, die Aktionseinheit zwischen Kommunisten und Linksdemokraten herzustellen und auf deren Grundlage sowie einer klaren Haltung zur Verteidigung der demokratischen und Arbeiterrechte und des entschiedenen Kampfes gegen die schleichende Faschisierung eine Erneuerung des Mitte-Links-Bündnisses zu Stande zu bringen. Das könnte CDU und CCD unter Druck setzen, die Regierung zu verlassen. Eine Erneuerung des Mitte-Links-Bündnisses setzt vor allem voraus, dass die Linksdemokraten sich ihrer Verantwortung für die 2001 erlittene Niederlage bewusst werden, ihren Rechtskurs korrigieren und zur sozialen Interessenvertretung der Arbeiter und der ärmsten Schichten zurückfinden.

Für ein breites Mitte-Links-Bündnis hat die PRC beträchtliche

Zugeständnisse gemacht. War Fausto Bertinotti anlässlich der Würdigung des 80. Jahrestages der IKP noch ganz auf der Linie Gramscis davon ausgegangen, dass die PRC innerhalb einer „pluralistischen Linken" sich „der Herausforderung der Hegemonie stellt", so ist das auf dem 5. Parteitag in Rimini de facto zurückgestellt worden.[345] Andererseits spiegelten die Beratungen und die gefassten Beschlüsse zur Bündnispolitik geradezu Gramscis Gedanken über einen „Historischen Block" im Kampf gegen den Faschismus wider. Befürchtungen, mit dem 5. Parteitag könnte eine Entwicklung wie in den 70er Jahren in der IKP einsetzen, hält die marxistische Strömung der Partei, zu der Domenico Losurdo gehört, entgegen, dass der Kongress ein klares Bekenntnis zu einer sozialistischen Gesellschaft ablegte, eine entschiedene Antikriegsposition bezog und die „kommunistische Identität" der Partei bekräftigte, zu der Bertinotti betonte, „eine große Idee stirbt nicht",[346]

Wie sieht es mit Widersprüchen innerhalb der führenden Kapitalkreise und ihrer Widerspiegelung in der rechtsextremen Koalition aus? Gibt es für die Opposition Möglichkeiten, daraus Nutzen zu ziehen? Nach seinem Wahlsieg 2001 trat Berlusconi mit dem Anspruch an, die Interessen des gesamten italienischen Kapitals zu vertreten. Das ist inzwischen umstritten. Wohl keineswegs zufällig ist im April 2002 die sogenannte FIAT-Krise ausgebrochen, in der es vordergründig um Zahlungsschwierigkeiten und den evtl. Verkauf der legendären Automobilfabrik gehen soll.[347] In Wahrheit dürfte es ausgehend von den Expansionszielen im Zusammenhang mit der Führerschaft um lukrative Rüstungsgeschäfte beim Aufbau der EU-Streitkräfte gehen. Einige Beispiele: Die Auto-Produktion macht bei FIAT nur etwa 40 Prozent des Volumens aus. Im Kalten Krieg belegte der Turiner Konzern den Löwenanteil an der Rüstungsproduktion und lieferte nahezu alles Wichtige, was die italienische und andere NATO-Armeen brauchten: von Kriegsschiffen über Panzerfahrzeuge bis zu Jagdflugzeugen; von Granaten, Torpedos und Raketen der verschiedensten Art bis zur Gewehrpatrone. FIAT beteiligte sich an Ariane-Space-Satelliten und Eureka-Raumfahrt-Projekten, war Zulieferer für Washingtons SDI-Programm und fertigt „intelligente Raketenleitwerke" und Aufspürsensoren für Flugabwehrsysteme, die während der NATO-Aggression gegen Jugoslawien erprobt wurden.[348] FIAT ist unverändert der größte Industrie- und gleichzeitig Rüstungskonzern Italiens. Berlusconi, mit seiner Fininvest-Holding der reichste Kapitalist des Landes, will Agnelli, die frühere Nummer Eins, nicht nur endgültig ins zweite Glied verweisen, sondern auch selbst ins Rüstungsgeschäft einsteigen. Bei der Neuwahl des Confindustria-Vorstandes wurde die Vertretung der von FIAT angeführten Kapitalkreise eingeschränkt und an die Spitze mit Antonio D'Amato ein „knallharter Mann" Berlusconis gewählt, gegen den 16 Prozent aus dem Agnelli-Lager stimmten. Dass Berlusconi „den alten Industrieadel" ausschalten wolle, sorge „für Zwiespalt im Unternehmerlager", kommentierte die „FAZ",[349]

Wird sich Agnelli, der vor den Wahlen 2001 als vorheriger Protegé der Linken Mitte zu Berlusconi wechselte, neu positionieren? Manches deutet darauf hin. So wenn Agnellis Generaldirektor Cesare Romiti den Konfrontationskurs Berlusconis gegenüber den Gewerkschaften mit den Worten „man hat sich in einer Sackgasse verirrt" ungewöhnlich scharf kritisierte.[350] Auch die regierungskritische Haltung des „Corriere", an dem Agnelli die Aktionsmehrheit besitzt, ist ein beredtes Indiz für die Distanz gegenüber Berlusconi. Allerdings kann im Gegensatz zu 1994, als Agnelli Bossi gegen Berlusconi aufbrachte, das derzeit allein den Premier nicht in Schwierigkeiten bringen, da die Regierung auch ohne die Lega in beiden Kammern des Parlaments über eine Mehrheit verfügt. Als Faktor der Aufweichung der rechtsextremen Koalition könnte die Lega gemeinsam mit CDU und CCD eine Rolle spielen. Neuen Diskussionsstoff lieferte dazu kürzlich der Parlamentspräsident, CCD-Chef Pierferdinando Cassini, als er öffentlich kritisierte, die Regierungsmehrheit mache das Parlament zur reinen „Abstimmungsfabrik", dazu aufrief, die „Ideale und Werte" der Legislative zu wahren, sich obendrein gegen einen zu forcierten Sozialabbau wandte und einen „sozialen Dialog" anmahnte.[351]

Bleibt ein Blick auf die immer zwischen Forza und Alleanza latent bestehenden Fragen der Führerschaft im rechtsextremen Lager. Sie sind angesichts des überragenden Wahlerfolgs Berlusconis vorerst in den Hintergrund getreten, bestehen aber weiter. Das Bündnis mit dem reichsten Kapitalisten des Landes bleibt in der AN, besonders bei ihrem Hardlinerflügel umstritten. Generell gibt es in der AN noch immer zahlreiche Anhänger der demagogischen Ideen vom „linken" Faschismus aus Mussolinis Zeiten, darunter seines „Sozialisierungsprogramms" aus der Salò-Republik, aber auch der von Gregor Strasser in der Hitlerpartei vertretenen Ansichten eines „Kampfes gegen Kapitalismus und Bolschewismus", die der AN einen „proletarischen Anstrich" verleihen möchten.[352] Einer dieser „Theoretiker" ist der bereits erwähnte AN-Chef von Rom und Fini-Vertraute Buontempo, der ständig die Parolen von „sozialer Gerechtigkeit" im Munde führt, die „Bande Berlusconis" für die Ausplünderung Italiens durch „das internationale Finanzkapital" verantwortlich macht und dagegen ist, dass die AN für den Großkapitalisten den Mehrheitsbeschaffer spielt. Als Wortführer dieser Meinungen hat sich in der AN eine sogenannte „soziale Rechte" formiert, auf die sogar Fini Rücksicht nimmt. Der AN-Chef selbst hat in der Opposition mehrfach zu verstehen gegeben, dass im Interesse der Gewinnung der Massen ihm die Führung des rechtsextremen Lagers zustehe. In Presseberichten hieß es schon mal, Fini erhebe sich „mit seinem hageren Gesicht und den eiskalten Augen zum eigentlichen Führer der Rechten Italiens", Daneben sehe „der Medienmogul recht alt aus", Nimmt man das wörtlich, dann ist Fini auch 16 Jahre jünger als der 1936 geborene Berlusconi.[353]

Aufschlussreich war diesbezüglich der jüngste AN-Kongress im April 2002. Zunächst bekräftigte Fini die „komplexe Identität" der AN mit ihrer Vergangenheit in der MSI, würdigte „die alten Kämpfer der RSI" und rief unter tosendem Beifall, mit erhobenem rechten Arm den römischen Gruß andeutend unter der Flamme des Duce aus: „wir haben unsere Seele nicht verkauft, um an die Macht zu kommen",[354] Um das Bekenntnis auch öffentlich zu demonstrieren, begab sich eine Abordnung von 200 Parteitagsdelegierten zum Geburtsort Mussolinis in Predapio zur Grab- und Gedenkstätte des Duce. Ihr Sprecher Gigi Zingari würdigte die „guten Taten" Mussolinis und erklärte, „wir schauen in die Zukunft, aber wir werden der Vergangenheit nicht abschwören", Obwohl Fini mit dem am Kongress teilnehmenden Berlusconi Einheit und Harmonie bekundete, war Dissens nicht zu übersehen. Während der AN-Chef die ständigen Parolen über ihn als Nachfolger des Premiers dementierte, brachte er gleichzeitig in seinen Forderungen nach einem Präsidialregime geschickt die Stärkung der darin herausragenden Funktion des Staatspräsidenten unter, was postwendend als sein Anspruch auf das erste Amt im Staate gewertet wird. Im Gegensatz zu Berlusconi sprach sich der wendige Fini auch für einen „sozialen Dialog" mit den Gewerkschaften und verschwommen für einen „sozialen Ausgleich" aus. [355]

Wenn dem rechtsextremen Vormarsch nicht Einhalt geboten wird, halten es Kenner der Lage für sehr wahrscheinlich, dass Fini in nicht allzu ferner Zukunft Berlusconi den Platz an der Spitze der Koalition streitig machen wird. Das aber ruft Erinnerungen über das unberechenbare Verhalten des machthungrigen Berlusconi nach seinem durch das Ausscheiden der Lega aus der Regierungskoalition 1994 erzwungenen Rücktritt wach. Damals versuchte der Forza-Führer faktisch zu offen diktatorischen Methoden überzugehen. In einer über seine drei Fernsehsender ausgestrahlten Rede behauptete der noch als Regierungschef amtierende Berlusconi, die Misstrauensanträge gegen ihn [356] trieben das Land "in eine Falle", die nicht hingenommen werden dürfe. Er drohte mit „einem Aufmarsch" seiner Kräfte, bezeichnete den von Lega-Chef Bossi gegen ihn im Parlament gestellten Misstrauensantrag als „Pflichtverletzung, Intoleranz und Verrat einer liberalen Minderheit", Italien, so drohte er, dürfe „nicht den Kommunisten überlassen werden", Er forderte Staatspräsident Scalfaro auf, sofort das Parlament aufzulösen und Neuwahlen festzulegen, deren Termin er auch noch selbst festlegen wollte. Wäre der Staatschef diesem Ansinnen nachgekommen, hätte er einen glatten Verfassungsbruch begangen. Nachdem Scalfaro das zurückgewiesen und den Auftrag zur Bildung einer neuen Regierung erteilt hatte, verbarrikadierte sich Berlusconi mit zahlreichen Anhängern tagelang im Regierungspalast und weigerte sich, ihn zu räumen. In verschiedenen Medien war bereits von einem „neuen Marsch auf Rom" die Rede. Die Versuche des FI-Chefs, die Abwahl seiner Regierung zu verhindern und, als das misslang, den Staatspräsidenten in verfassungswidriger Weise zu Neuwahlen zu zwingen, ähnelten sehr einem „kalten Staatsstreichversuch", wie ihn die P2 verfolgte.[357]

Setzen wir auf eine andere Sicht: Darauf, dass Italien zu seinen antifaschistischen Traditionen zurückfindet, die in der Drei-Millionen-Demonstration im März und im Generalstreik im April 2002 gezeigte Widerstandskraft sich festigt und Kommunisten und Linksdemokraten zur Aktionseinheit finden. Nur auf dieser Grundlage wird es möglich werden, mit bürgerlichen Zentrumskräften das Mitte Links-Bündnis zu erneuern und eine geschlossene und einheitlich handelnde Opposition zu bilden. Dann kann es gelingen, die Pläne der profaschistischen Koalition zum Scheitern und sie schließlich zu Fall zu bringen.

Anhang

Ausgewählte Kurzbiografien

Almirante, Giorgio: 1914-1988. In Mussolinis Salò-Republik Staatssekretär und führender Rassenideologe. Unterzeichnete noch kurz vor Kriegsschluss einen Genickschuss-Erlass gegen Partisanen. Seit Gründung der MSI 1946 mit kurzer Unterbrechung bis 1987 ihr Nationalsekretär. Vertrat die Strategie der Umwandlung der MSI in eine moderne Rechtspartei auf faschistischen Grundlagen. Unterstützte wiederholt die Wahl von DC-Minister- und Staatspräsidenten und beteiligte die MSI an Regionalregierungen in Süditalien.

Andreotti, Giulio: Jahrgang 1919. In der Resistenza Leiter der DC-Jugend. Führender Vertreter der rechten DC-Fraktion und der engen Zusammenarbeit mit den USA. 1947 Staatssekretär, mehrfach Minister, siebenmal Ministerpräsident, Senator auf Lebenszeit. Brachte als Regierungschef 1978 das Regierungsabkommen mit der IKP zu Fall, lehnte nach der Entführung des DC-Vorsitzenden Moro durch die Roten Brigaden Verhandlungen mit diesen ab und lieferte den Politiker so dem angedrohten Tod aus. Nach der Aufdeckung der geheimen NATO-Truppe der verfassungswidrigen Zusammenarbeit mit dieser und der Verwicklung in Staatsstreichpläne, der Anstiftung zum Mord und der Mitgliedschaft in der Mafia beschuldigt und angeklagt. In zwei Verfahren freigesprochen, darunter in einem nur wegen Mangels an Beweisen.

Badoglio, Pietro: 1871-1956. Ab 1926 Marschall. In den 20er und 30er Jahren Exponent der faschistischen Expansionspolitik, ließ als Befehlshaber im Aggressionskrieg gegen Libyen zehntausende Nomaden umbringen, setzte während der Aggression gegen Äthiopien Giftgas ein, das zehntausende Soldaten tötete (Schlächter von Abessinien). Wandte sich 1940 gegen den Kriegseintritt Italiens, beteiligte sich 1943 an der Palastrevolte zum Sturz Mussolinis. Vom König danach zum Ministerpräsidenten ernannt, schloss er am 3. September mit den Alliierten einen Waffenstillstand und erklärte am 13. Oktober Hitlerdeutschland den Krieg. Nahm im April 1944 auf Vorschlag Togliattis die antifaschistischen Oppositionsparteien des CLN in sein Kabinett auf (Wende von Salerno). Nach der Einnahme Roms durch alliierte Truppen im Juni 1944 vom CLN zum Rücktritt gezwungen.

Bakunin, Michael: 1814-1876. Russischer Revolutionär. Teilnehmer an den europäischen Revolutionen 1848/49, militärischer Leiter des Dresdener Aufstandes, nach Russland ausgeliefert, zum Tode verurteilt, zur Verbannung nach Sibirien begnadigt. Nach Flucht in London Bekanntschaft mit Marx, 1864-67 in Italien, Organisator der Anfänge der italienischen Arbeiterbewegung, Übergang zum Anarchismus, 1872 mit der anarchistischen Fraktion aus der IAA ausgeschlossen.

Berlinguer, Enrico: 1922-1984. Ab 1943 Mitglied der IKP, führender Jugendfunktionär, 1949-1956 Präsident des Weltbundes der demokratischen Jugend. Seit 1962 Mitglied des Politbüros und Sekretariats des ZK, 1972 Generalsekretär. Trat nach dem faschistischen Putsch in Chile im Rahmen einer „demokratischen Wende" für Regierungsbündnis mit der DC (Historischer Kompromiss) ein, das auf starken Widerstand in der Partei stieß und zum Ausschluss bzw. Austritt von etwa 10.000 Mitgliedern führte. Nach Regierungsabkommen mit dem DC-Vorsitzenden Moro ab März 1978 Unterstützung der DC-geführten Regierung im Parlament. Nach Ermordung Moros und Sabotage des Abkommens durch DC-Rechte unter Ministerpräsident Andreotti im Januar 1979 Austritt aus der Koalition.

Berlusconi, Silvio: Jahrgang 1936. Besitzer der Fininvest-Holding (rund 300 Unternehmen, Wert 30 Milliarden Euro, vor allem im Medienbereich, u. a. drei Fernsehsender), reichster Kapitalist des Landes. Wird der Mitgliedschaft in der Putschloge P2 beschuldigt, die ein Regime faschistischen Typs an die Macht bringen wollte. Die P2 soll auch den Aufbau seines Fininvest-Imperiums maßgeblich finanziert haben. Wird der Korruption, Bestechung, Geldwäsche, illegalen Kapitaltransfers, Unterhaltung von Tarnfirmen und diverser weiterer Delikte beschuldigt. In 13 Verfahren angeklagt, in Revision größtenteils freigesprochen, fünf Verfahren laufen noch. Stieg nach dem Zusammenbruch des alten Parteiensystems 1993 in die Politik ein, gründete die autoritäre Partei Forza Italia, Koalition mit MSI/AN-Faschisten, Lega-Rassisten und rechten christdemokratischen Parteigrüppchen, 1994 Wahlsieg, Bildung der Regierung. Dezember 1994 gestürzt. 2001 erneute Kandidatur und Wahlsieg, zweite Regierung mit alten Koalitionspartnern. Namhafte Politologen charakterisieren seine Forzapartei und seine Regierungen als profaschistisch, ihn als „lächelnden Diktator", der ein „neuer Mussolini" werden könnte. Strebt die Errichtung eines Präsidialregimes an.

Bordiga, Amadeo: 1889-1970. Ab 1910 Mitglied der ISP, verteidigte den Marxismus gegen die Reformisten, bezog 1914 Antikriegspositionen. Seit 1919 führender Vertreter der Kommunisten in der ISP, 1921 Mitbegründer der IKP, bis 1926 Generalsekretär. Vertrat sektiererische Haltung, trat gegen Teilnahme der IKP an Wahlen und Formen des parlamentarischen Kampfes ein, deswegen 1931 auf dem illegalen Parteitag in Köln aus der IKP ausgeschlossen.

D'Alema, Massimo: Jahrgang 1949. Führender Funktionär der IKP, zunächst Vorsitzender des Jugendverbandes, später Chefredakteur der „Unita", Mitglied des Politbüros. Bereitete 1989/90 mit Occhetto und Natta die Umwandlung der IKP in die sozialdemokratische PDS vor. Nach Wahlniederlage von 1994 (Sieg der profaschistischen Berlusconi-Fraktion) und Rücktritt Occhettos Sekretär der Partei. Betrieb die zweite Umwandlung in Linksdemokraten als sozial-liberale Partei der Mitte. 1998-2000 Ministerpräsident der Mitte Links-Regierung, danach Parteivorsitzender.

De Gasperi, Alcide: 1891-1954. Als Führer der DC Teilnahme am antifaschistischen Widerstand, mehrjährige Kerkerhaft. 1945-1953 Ministerpräsident, Bruch der antifaschistischen Regierungskoalition durch Vertreibung der IKP und ISP aus dem Kabinett. Setzte kapitalistische Restauration und Beitritt zur NATO durch. Trat nach Wahlniederlage der DC 1953 als Regierungschef zurück.

Fini, Gianfranco: Jahrgang 1952. Seit Dezember 1987, mit einer kurzen Unterbrechung vom Januar 1990 bis Juli 1991, in der ihn Pino Rauti ablöste, an der Spitze der MSI. Kein Altfaschist, aber durch die Schule der Mussolini-Nachfolgepartei gegangen, war Leiter ihrer Parteijugend, die eine herausragende Rolle im Terrorapparat der Bewegung spielte. Almirante wählte ihn persönlich zu seinem Nachfolger aus. Fini verfolgt von Anfang an, besonders aber seit Zusammenbruch des alten Parteiensystems, eine Doppelstrategie: Bewahrung des faschistischen Erbes und auf diesen Grundlagen Ausbau der MSI zur modernen Rechtspartei. Dazu wandelte er 1994/95 die MSI formell in die AN um. Vor den Wahlen 1994 Eintritt in die Koalition Berlusconis; nach deren Wahlsieg (AN 13,4 Prozent) erstmals nach 1945 Aufnahme der Faschisten in eine Regierung. Zu den Wahlen 2001 erneut Koalition mit Berlusconis FI und der rassistischen Lega Nord. Nach deren Wahlsieg wiederum Eintritt in Regierung, Fini als Vizepremier. Januar 2002 Delegierung als Regierungsvertreter in den Reformkonvent der EU. Nachdem er zunächst Anspruch auf Amt des Regierungschefs anmeldete, betont er nach klarem Kurs auf Präsidialregime Ambitionen als Staatspräsident. Gilt als aussichtsreicher Konkurrent des 16 Jahre älteren Berlusconi.

Gramsci, Antonio: 1891-1937. Seit 1913 Mitglied der ISP, zum linken Flügel gehörend, 1914 Organisator des Antikriegsaufstandes in Turin. 1919 mit Togliatti, Tasca und Terracini Begründer der kommunistischen Zeitschrift „Ordine Nuovo", die den Weg zur IKP-Gründung bereitete. 1922/23 Vertreter der IKP im EKKI. Mit Togliatti entscheidend an der Ausarbeitung einer antifaschistischen und nationalen Strategie der IKP beteiligt, die der Parteitag von Lyon 1926 bestätigte und ihn zum Generalsekretär wählte. Trotz Immunität als Parlamentsabgeordneter im gleichen Jahr verhaftet und vom faschistischen Sondertribunal zu 20 Jahren Kerker verurteilt. Im Kerker weiter konspirativ an der Ausarbeitung der nationalen Strategie der IKP (Gefängnishefte) beteiligt. 1937 nach internationalen Protesten todkrank entlassen, verstarb am 27. April des gleichen Jahres an den Folgen der Kerkerhaft.

Longo, Luigi: 1900-1980. Mitbegründer der IKP. Teilnahme am IV. und VI. KI-Kongress, seit 1933 Mitglied des EKKI. Nach Arbeit in der Führung des Jugendverbandes seit 1927 Mitglied des Politbüros. Bereitete Aktionseinheitsabkommen mit ISP vor, unterzeichnete es 1934 mit Nenni. In Spanien Generalinspekteur aller Inter-Brigaden. Aktiv an der Ausarbeitung und Durchsetzung der „Wende von Salerno" beteiligt. In der Partisanenarmee stellvertretender Befehlshaber. Seit 1946 stellvertretender Generalsekretär, seit 1965 Generalsekretär, ab 1972 Vorsitzender der IKP.

Lusso, Emilio: 1890-1965. Seit 1919 in der Arbeiterbewegung aktiv, trat für Aktionseinheit zwischen Sozialisten und Kommunisten sowie für antifaschistische Einheitsfront ein. Nach Verbannung Flucht nach Frankreich. Dort 1929 Mitbegründer der Giustizia e Libertà, später der Aktionspartei, aktive Teilnahme an der Resistenza. In Parri-Regierung Staatssekretär, Mitglied der Verfassungsgebenden

Versammlung. Nach Auflösung der PdA 1947 Eintritt in die ISP, 1964 Mitbegründer der PSIUP.

Matteotti, Giacomo: 1895-1924. Führender Funktionär der ISP, Vertreter des reformistischen Flügels, nach Ausschluss der Reformisten aus der ISP im Oktober 1922 Mitbegründer der Sozialistischen Einheitspartei, die ihn zum Generalsekretär wählte. Entlarvte 1924 im Parlament die betrügerischen faschistischen Scheinwahlen, daraufhin auf Befehl Mussolinis ermordet, was die nach ihm benannte Krise des faschistischen Regimes auslöste.

Moro, Aldo: 1926-1978. Als Mitglied der DC Teilnehmer an der Resistenza. Trat als Vertreter der linken Strömung für soziale Reformen auf kapitalistischen Grundlagen ein. 1949 als Staatssekretär wegen Auftretens gegen NATO-Beitritt aus der Regierung ausgeschlossen. Fünfmal Ministerpräsident, nahm 1964 als erstes die Sozialisten wieder in die Regierung auf und trat für Regierungszusammenarbeit mit Kommunisten ein. Dazu schloss er als Parteivorsitzender (seit 1976) Abkommen (Historischer Kompromiss) mit IKP-Generalsekretär Berlinguer, gegen das führende Vertreter der USA und Italiens (Kissinger, Andreotti) mit Geheimdienstkreisen ein Staatskomplott inszenierten, in dessen Ergebnis er von den Roten Brigaden und infiltrierten Geheimdienstagenten entführt und im Mai 1978 ermordet wurde.

Nenni, Pietro: 1891-1980. 1908 bis 1919 Mitglied der Republikanischen Partei, gegen Beteiligung Italiens am Ersten Weltkrieg, 1921 Eintritt in ISP. Zunächst Chefredakteur des „Avanti", später Jahrzehnte in Spitzenpositionen, darunter als Generalsekretär. Unterzeichnete 1934 gegen die Linie der SI mit Luigi Longo das Aktionseinheitsabkommen mit der IKP. In Spanien Politkommissar der XII. Internationalen Garibaldi-Brigade. Von 1945 bis zum Ausschluss von ISP und IKP aus der Regierung Vizepremier. 1963 bis 1968 unter Moro Vizepremier der linken Zentrumsregierung. Ab 1970 Senator auf Lebenszeit.

Parri, Ferrucio: 1890-1981. Mitbegründer und Führer der Aktionspartei, kleinbürgerlicher radikaler Demokrat, aktiver Teilnehmer an der Resistenza, Vorsitzender des Nationalen Befreiungskomitees von Oberitalien, einer der Organisatoren der Partisanenarmee. Arbeitete eng mit der IKP und der ISP zusammen. Vom Juni bis Dezember 1945 Ministerpräsident. 1963 zum Senator auf Lebenszeit ernannt.

Pertini, Alessandro (Sandro): 1896-1988. Führender Sozialist und aktiver Antifaschist, nach Flucht ins Ausland 1929 Rückkehr und illegale Arbeit, im selben Jahr Verhaftung und Verurteilung zu Kerker und Verbannung, durch Sturz Mussolinis befreit. Danach führender Vertreter des CLN und einer der Organisatoren des bewaffneten Kampfes. 1968-1976 Parlamentspräsident, 1978-1985 Staatspräsident.

Pintor, Luigi: Jahrgang 1925. Von 1946 bis 1965 Redakteur der „Unita", Gegner des Historischen Kompromisses, deswegen aus IKP ausgeschlossen. Danach Gründer und langjähriger Herausgeber der linken Zeitung „Manifesto", 1974 Mitbegründer der PSIUP.

Rossana, Rosanda: Jahrgang 1924. Als ZK-Mitglied der IKP Gegnerin des

Historischen Kompromisses und der reformistischen Strömung in der Partei. Nach Ausschluss aus der IKP Mitbegründerin der Zeitschrift und Gruppe „Manifesto" sowie der PSIUP. Langjährige Chefredakteurin von „Manifesto",

Saragat, Giuseppe: 1898-1988. Rechter Führer der ISP, verließ 1947 mit seiner Fraktion die ISP und gab De Gasperi Anlass, IKP und ISP aus der Regierung zu vertreiben und die antifaschistische Koalition aufzukündigen. Die von ihm gegründete ISDP galt wegen ihrer proamerikanischen Haltung als NATO-Partei. Seit 1947 mehrfach Ministerämter, 1954/55 stellvertretender Ministerpräsident, 1964-1971 Staatspräsident.

Terracini, Umberto: 1895-1983. Sozialist, aktive antimilitaristische Arbeit, Mitbegründer der Ordine Nuovo, später der IKP, Delegierter zum III. KI-Kongress, von einem Sondertribunal 1926 zu 20 Jahren Kerker verurteilt, aktiv in der Resistenza, 1947 Präsident der Verfassungsgebenden Versammlung. Bis zu seinem Tod Mitglied des Senats.

Togliatti, Palmiro: 1893-1964. Mitbegründer der Ordine Nuovo und der IKP, seit Gramscis Verhaftung als Generalsekretär amtierend, nach dessen Tod im Amt bestätigt. Seit 1934 an der Seite Dimitroffs zweiter Mann an der Spitze der Komintern. Arbeitete mit Gramsci die nationale Strategie der IKP aus und setzte sie in die Praxis um, konzipierte die „Wende von Salerno" (Regierung der nationalen Einheit). Mitglied dieser Regierung; von 1945 bis zur Vertreibung der IKP und ISP aus der Regierung, 1947 Justizminister. Schloss umstrittene Kompromisse (im Rahmen einer „nationalen Versöhnung" Amnestie für hohe Funktionsträger des Faschismus, Anerkennung des von Mussolini geschlossenen Konkordats in der Verfassung). Bei faschistischem Attentat im Juli 1948 schwer verletzt. Billigte nach Teilnahme am XX. Parteitag der KPdSU die unter Chruschtschow einsetzenden revisionistischen Tendenzen in der Außenpolitik (Überschätzung der Möglichkeiten der Politik der friedlichen Koexistenz), sprach sich für eine kritische Auseinandersetzung mit der „bürokratischen Degeneration der sowjetischen Gesellschaft" und gegen den Führungsanspruch der KPdSU aus. In seinem für Chruschtschow bestimmten Memorandum legte er unmittelbar vor seinem Tod Gedanken zur „Einheit der kommunistischen Bewegung (...) unter Respektierung der Vielfalt" dar.

Turati, Fillipo: 1857-1932. Sohn eines hohen Beamten monarchistischer Gesinnung, verheiratet mit der russischen Emigrantin Anna Kuliscioff (Rosenstein). Mitbegründer der ISP, 1893 Leiter der Parteidelegation auf dem Zürcher Sozialistenkongress, wo er mit Engels zusammentraf. Trat in der ISP dem Anarcho-Syndikalismus entgegen, vertrat Anfang 1900 gemäßigte reformistische Positionen der Zusammenarbeit mit der liberalen Bourgeoisie, wandte sich jedoch gegen Bissolati. Nach dem Wahlsieg der Sozialisten 1919 für einen Übergang zum Sozialismus durch Reformen. Wegen Kollaboration mit der Monarchie zur „Begrenzung der faschistischen Gefahr" 1920 aus der ISP ausgeschlossen, Beitritt zur SEP. Nach Errichtung der offenen Diktatur 1926 Flucht nach Frankreich, Mitbegründer der Concentrazione Antifascista, 1930 mit Nenni für die Wiedervereinigung von ISP und Einheitssozialisten.

Parteien, Organisationen, Institutionen, politische Begriffe

Alleanza Nazionale (AN), Nationale Allianz. 1994/95 aus der MSI hervorgegangen, de facto unter diesem Namen Fortführung der MSI. Parteichef Gianfranco Fini. 1994 erste Regierungsbeteiligung, nach Wahlsieg der rechtsextremen Berlusconi-Koalition 2001 erneut in der Regierung, Fini Vizepremier. 2001 zirka 12 Prozent Wählerstimmen, drittstärkste Parlamentspartei, knapp eine halbe Millionen Mitglieder. Bekräftigte im April 2002 auf ihrem Parteitag erneut ihre Kontinuität als Nachfolger der MSI, ihr Bekenntnis zu Mussolini und zum faschistischen Erbe.

Centro Dèstra, Mitte-Rechts, auch Rechtes Zentrum. Neben Centro Sinistra eine der beiden nach 1945 entstandenen Regierungskoalitionen, deren Zentrum jeweils die DC, nach ihrem Untergang die PPI und andere Zentrumsparteien darstellen, während die rechte Ausrichtung die PLI bildete. Die PRI und Saragats Sozialdemokraten nahmen wechselnd sowohl an linken als auch rechten Zentrumsregierungen teil. Seit Entstehen der rechtsextremen Koalition mit FI, AN und Lega als Kern existiert das klassische Rechte Zentrum nicht mehr. In Verfälschung ihres wahren politischen Charakters wird die Berlusconi-Koalition besonders in den deutschen bürgerlichen Medien gern als Centro Dèstra bezeichnet, wobei FI, CDU und CCD als Zentrum und die AN und Lega als rechter Flügel ausgegeben werden.

Centro Sinistra, Mitte-Links, auch Linkes Zentrum. Nachdem seit 1947 Mitte-Recht-Regierungen bestanden, bildete Aldo Moro 1963 mit ISP, ISDP und PRI die erste Mitte-Links-Regierung, ab 1976 von der IKP durch Stimmenthaltung und 1978/79 durch Eintritt in die Parlamentskoalition gestützt. Es folgten bis 1982 im Wechsel Linke und Rechte Zentrumskabinette, danach bis 1993 große Koalitionen aus DC, ISP, PSDI, PLI, teilweise auch PRI. 1996-2001 Mitte-Links-Regierungen, bis 1998 von PRC parlamentarisch unterstützt. Mai 2002 Wahlniederlage.

Democrazia Cristiana (DC), Christdemokratische Partei. 1943 von Mitgliedern der früheren PPI gegründet, Vertreterin der führenden Kreise des Kapitals mit starker Basis unter den katholischen Volksmassen. Teilnehmerin an der Resistenza, Mitglied der antifaschistischen Einheitsregierung, stellte ab Dezember 1945 mit De Gasperi (bis 1953) den Ministerpräsidenten und besetzte das Amt mit zwei Unterbrechungen bis zum Untergang 1993/94. Aldo Moro, Vertreter ihres linken Flügels, bildete 1964 mit der Wiederaufnahme der Sozialisten die erste Mitte-Links-Regierung, der ab 1978 die Regierungszusammenarbeit mit den Kommunisten folgte (Historischer Kompromiss). Die Verwicklung zahlreicher führender Funktionäre in Korruptionsaffären führte 1993/94 zu ihrem Zusammenbruch und zur Neukonstituierung unter dem alten Namen Partito Popolare.

Democrazia Proletaria (DP), Proletarische Demokratie. Ging aus der 1976 aufgelösten Lotta Continua hervor, sagte sich öffentlich vom bewaffneten Kampf los und beteiligte sich 1976 an Parlamentswahlen, erreichte 1,5 Prozent und zog in die Abgeordnetenkammer ein. Bezog Positionen links von der IKP, trat gegen reformistische Strömungen und den Historischen Kompromiss auf. Nach 1979 mit 0,8 Prozent kein Mandat, 1983 (1,5) und 1987 (1,7) als einzige Partei der revolutionären Linken wieder mit sieben bzw. acht Abgeordneten im Parlament. Seit 1988 gingen einige DP-Mitglieder zu den Grünen über. Nach Umwandlung der IKP in die PDS beteiligte sich die DP aktiv an der Vorbereitung und Gründung der Rifondazione Comunista. Der langjährige DP-Vorsitzende Russo Spena wurde in die Nationale Leitung der PRC gewählt.

Lòtta Continua, Ständiger Kampf. Aus der 68er Studentenbewegung 1969 in Turin entstandene Organisation linksradikaler Tendenz, aktiv im Widerstand gegen die neofaschistische Gefahr, gab die gleichnamige, 14-tägig erscheinende Zeitschrift (ab 1972 bis 1982 Tageszeitung) heraus sowie das Bulletin „Contreinformazione", Unterstützte Basiskampf der Gewerkschaften, enthüllte Terror und Umsturzpläne der Faschisten im Komplott mit CIA und NATO (Anschlag auf Mailänder Landwirtschaftsbank 1969, Staatsstreichplan Borgheses 1970), aktive Solidarität mit unschuldig verfolgten und eingesperrten Anarchisten (Pietro Valpreda). Gegnerin der reformistischen Politik der IKP und des Historischen Kompromisses. Eine Strömung innerhalb der LC trat für bewaffneten Kampf ein, im Wesentlichen agierte die Organisation jedoch gewaltlos. Löste sich 1976 auf, ein Teil gründete die Democrazia Proletaria.

Manifèsto. Linke oppositionelle Gruppierung, die im Sommer 1969 in der IKP unter Pintor und Rossanda gegen die Linie des Historischen Kompromisses entstand und die gleichnamige Zeitung herausgab. Die Manifèsto-Anhänger wurden daraufhin im November aus der IKP ausgeschlossen, woraufhin sie sich als Vereinigung (nicht Partei) organisierten. Der Name wurde als Anknüpfung an das Kommunistische Manifest von Marx und Engels gewählt. Manifèsto grenzte sich politisch von linksradikalen Organisationen wie Potere Operaio und Lotta Continua ab, scheute jedoch keine Kontakte zu ihnen und bezeugte ihren verfolgten Mitgliedern und Anhängern (Anarchistenprozesse) Solidarität. Als Organisation löste sich Manifèsto 1974 auf und schloss sich der PdUP an. Die Zeitung besteht weiter.

Movimento Sociale Italiano (MSI), Italienische Sozialbewegung. Im Dezember 1946 von führenden Faschisten wieder gegründete faschistische Partei. Bekannte sich zu Mussolini, dem 1943 in der Salò-Republik angenommenen Programm von Verona und zum Erbe des Faschismus. Führungszentrale der faschistischen Bewegung. 1972 Zusammenschluss mit Monarchistischer Partei, seitdem MSI-Dèstra Nazionale. 400.000 Mitglieder, zahlreiche Teilorganisationen, darunter paramilitärische Terrorgruppen, über Teilorganisationen an Versuchen zum Sturz der verfassungsmäßigen Ordnung beteiligt. Seit Gründung der Republik 1946 im Parlament vertreten, konstant zwischen fünf und sechs Prozent Wählerstimmen, 1994 über 13, 2001 12 Prozent. 1994/95 Umbenennung in Alleanza Nazionale (AN), Darstellung als moderne Rechtspartei auf Grundlage eines modernen Faschismus. 1994 unter Berlusconi erste Regierungsbeteiligung, nach neuem rechtsextremem Wahlsieg 2001 erneut in Regierung, Parteichef Fini als Vizepremier.

Partito Comunista Italiano, Italienische Kommunistische Partei (IKP). Von den Kommunisten in der ISP nach Verlassen der Partei am 21. Januar 1921 in

Livorno gegründet. Nannte sich bis zur Auflösung der Komintern 1943 Kommunistische Partei Italiens, Sektion der KI. Unter Gramsci als Generalsekretär Ausarbeitung der Strategie eines breiten antifaschistischen Bündnisses unter Einbeziehung katholischer Volksmassen, Ablehnung der Sozialfaschismusthese, 1934 erstes Aktionseinheitsabkommen mit ISP. Unter Togliatti, nach Gramscis Tod 1937 Generalsekretär, im Frühjahr 1944 Ausarbeitung der Konzeption der „Wende von Salerno", die eine breite antifaschistische Einheitsfront und Regierung ermöglichte. Von De Gasperi 1947 aus der Regierung vertrieben. Im Memorandum Togliattis 1964 erste kritische Akzente gegenüber KPdSU. Berlinguer, seit 1972 Generalsekretär, leitete Regierungszusammenarbeit mit der DC (Historischer Kompromiss) ein, seit März 1978 parlamentarische Unterstützung der Regierung. Nach Sabotage durch DC-Rechte im Januar 1979 Austritt und Rückkehr in die Opposition. Nach Berlinguers Tod 1984 stellten Reformisten die parteibeherrschende Strömung dar. Der Parteitag der „Wende" 1988 verkündete einen „tief greifenden Reformismus", der sich nach dem Zusammenbruch der sozialistischen Länder Europas verstärkte und im Januar 1991 mit Zweidrittelmehrheit zur Umwandlung in PDS führte (Heimkehr zur Sozialdemokratie).

Partito d'Azione (PdA), Aktionspartei. Anfang 1943 aus der 1929 in Frankreich gebildeten antifaschistischen Vereinigung Giustizia e Libertà (Gerechtigkeit und Freiheit), die auch in Reihen der Internationalen Brigaden in Spanien kämpfte, hervorgegangen. Radikal-demokratische kleinbürgerliche Organisation, Basis in entsprechenden Kreisen der Mittelschichten, darunter frühere Republikaner, wirkte eng mit IKP und ISP zusammen, aktive Kraft der Resistenza. Führende Vertreter und Gründer waren Emilio Lusso und Ferrucio Parri. Löste sich 1947 auf. Ihre Mitglieder schlossen sich entweder IKP, ISP oder Republikanischer Partei an.

Partito Socialista Italiano di Unità proletaria per il Comunismo (PdUP), Italienische Partei der proletarischen Einheit für den Kommunismus, 1972 von Mitgliedern der PSIUP, die nicht der IKP beitraten, gegründet, schloss sie sich 1974 mit der Manifesto-Gruppe zusammen. Lehnte entschieden den reformistischen Kurs der IKP (Historischer Kompromiss) ab, trat für linke Regierungsalternative ein. Angesichts fehlender Massenbasis löste sich die PdUP 1983 auf. 1991 nahmen frühere PdUP-Mitglieder an der Gründung der PRC teil.

Partito Liberale Italiano (PLI), Italienische Liberale Partei. Vor dem Machtantritt des Faschismus 1922 führende bürgerliche Regierungspartei. Bedeutendster Vertreter und mehrfach Ministerpräsident war Giovanni Giolitti („Die Ära Giolitti" 1900-1913). Die Liberalen begünstigten die faschistische Machtergreifung, traten nach Marsch auf Rom in Mussolinis Regierung ein. Als Teilnehmer an der Resistenza wendete sich die PLI nach Kriegsende gegen eine grundlegende antifaschistisch-demokratische Umgestaltung, trat dafür ein, die vorfaschistischen Zustände wiederherzustellen, und unterstützte den Kurs der Restauration der kapitalistischen Machtverhältnisse. Begünstigte die faschistische Nachkriegs-Bewegung und die Beteiligung der MSI an Regierungen. Mit Zusammenbruch des alten Parteiensystems 1993/94 verschwand die PLI faktisch von der politischen Bühne.

Partito Popolare Italiano (PPI), Italienische Volkspartei. Am 18. Januar 1919 von Priester Don Luigi Sturzo gegründet, um dem politischen Katholizismus eine Verankerung im Parteiensystem zu verschaffen und sowohl unter der katholischen Arbeiterbewegung als auch in kleinbürgerlichen Schichten ein Gegengewicht zur anwachsenden ISP zu bilden. Trat nach dem Marsch auf Rom der Regierung Mussolinis bei, verließ diese 1923. Während die Basis und auch einzelne führende Vertreter (De Gasperi) zur antifaschistischen Bewegung neigten, löste die Führung der PPI sich nach dem Verbot aller Parteien 1926 auf und fügte sich der profaschistischen Haltung des Vatikans. 1942/43 nahmen frühere Mitglieder und Anhänger an der Bildung der DC teil. Nach Zusammenbruch der DC 1993 Neukonstituierung unter dem alten Namen Volkspartei. Ab 1996 an der von Linksdemokraten angeführten Mitte-Links-Regierung beteiligt.

Partito Repùbblicano Italiano (PRI), Italienische Republikanische Partei. 1895 als laizistisch-republikanische Partei gegründet. Vertreterin der so genannten „historischen Linken", forderte in kleinbürgerlich radikal-demokratischem Programm Beseitigung der Monarchie und Errichtung der Republik, trat antiklerikal auf und forderte Trennung von Kirche und Staat. Nach Errichtung der offenen faschistischen Diktatur 1926 verboten, 1927 im Exil in Frankreich als Emigrazione Antifascista wiedergegründet. Erreichte in Italien jedoch keine Basis, beteiligte sich nach dem Sturz Mussolinis 1943 mit Partisanenbrigaden am bewaffneten Widerstand, lehnte aber Eintritt ins CLN als auch in Einheitsregierung wegen Ablehnung jeder Zusammenarbeit mit Monarchisten ab. Bei Wahl zur Verfassungsgebenden Versammlung 4,4 Prozent Stimmen, in folgenden Jahren fast nie über drei Prozent. Befürwortete den Linkskurs Aldo Moros und dessen Historischen Kompromiss mit IKP. Unterstützte Schwangerschaftsunterbrechung und Scheidungsreferendum. Seit 1963 an linken Zentrumsregierungen beteiligt. Mit dem Zusammenbruch des alten Parteiensystems 1993/94 zur politisch bedeutungslosen Splittergruppe abgesunken. Langjähriger führender Vertreter war Ugo La Malfa.

Partito Socialista Italiano (ISP), Italienische Sozialistische Partei. Im August 1882 durch Zusammenschluss mehrerer sozialistischer Organisationen auf marxistischer Grundlage entstanden. Nannte sich zunächst Italienische Arbeiterpartei, seit 1893 ISP. Der beträchtliche reformistische Einfluss ging 1912 nach Ausschluss ihrer rechten Gruppierung (Bisolati) zurück. Die linke Fraktion übernahm die Parteiführung, dies war Grundlage für Antikriegsposition, welche die ISP 1914 als einzige westeuropäische Sektion der II. Internationale mehrheitlich einnahm und durchhielt. 1919 bei Parlamentswahlen stärkste Partei, was Einfluss der Reformisten wieder stärkte. Auf Parteitag in Livorno Januar 1921 verließ von Gramsci angeführte kommunistische Ordine Nuovo die ISP und gründete die IKP. 1934 Aktionseinheitsabkommen mit IKP, 1956 beendet. Neben IKP führende Kraft der Resistenza, mit ihr 1944-1947 in der antifaschistischen Einheitsregierung. Führte in dieser Zeit den Parteinamen PSIUP. 1947 Abspaltung der Saragat-Fraktion, die die ISDP gründete. Seit 1964 Beteiligung an DC-geführten Linken Zentrumsregierungen. 1966 bis 1968 Zusammenschluss mit der ISDP zur PSU. Craxi, seit 1976 Parteichef, wurde der führenden Beteiligung an der Putschistenloge P2 beschuldigt. Die Teilnahme an der Korruptionspraxis führte 1992 zum Zusammenbruch der Partei, 1994 zur Auflösung. Die Neugründung als Italienische Sozialisten (Socialisti Italiani) blieb im Wesentlichen ergebnislos.

Partito Socialista Democratico Italiano, Italienische Sozialistische Demokratische Partei (ISDP). 1947 von Saragat nach Abspaltung von der ISP gegründete Sozialdemokratische Partei. Nannte sich bis 1952 Partito Socialista dei Lavoratori Italiani, betrieb antikommunistische proamerikanische Politik, blieb ohne Basis in der Arbeiterbewegung und eine rein kleinbürgerliche Partei. Nach Rechtswende in der ISP 1966 Zusammenschluss mit dieser unter dem aus den 20er Jahren bekannten Namen Partito Socialista Unitario (PSU). Löste sich nach schwerer Wahlniederlage 1968 wieder in vorherige Parteien auf. Sank von drei Prozent Wählerstimmen 1992 zwei Jahre später auf 0,5 Prozent ab und verschwand mit dem Zusammenbruch des alten Parteiensystems von der Bildfläche.

Partito Socialista Italiano di Unità Proletaria (PSIUP), Italienische Sozialistische Partei der Proletarischen Einheit (PSIUP). Ursprünglich Name, den die ISP während der Resistenza führte. Die neue PSIUP wurde 1964 von linken Sozialisten, die den beginnenden Rechtskurs und den Eintritt in eine DC-geführte Regierung ablehnten, gegründet. Die Mehrheit orientierte sich an der IKP und trat ihr 1972 bei. Die übrigen PSIUP-Mitglieder gründeten die Partei der proletarischen Einheit für den Kommunismus (PdUP), die sich 1974 mit der Manifesto-Gruppe zusammenschloss.

Partito Socialista Unitario (PSU), Sozialistische Einheitspartei. Von den Reformisten, welche die ISP verließen bzw. ausgeschlossen wurden, im Oktober 1922 mit Filippo Turati an der Spitze gegründet. Ihr Generalsekretär Giacomo Matteotti löste 1924 mit seinem mutigen Auftreten gegen den Terror Mussolinis die nach ihm benannte Krise des faschistischen Regimes aus. Wurde danach auf Befehl Mussolinis ermordet. Die verbliebenen Mitglieder der PSU kehrten 1930 im Exil in Frankreich in die ISP zurück. Unter dem Namen PSU bestand von 1966 bis 1968 der Zusammenschluss von ISP und ISDP.

Risorgimento: von 1789 bis 1871 dauernde nationale Befreiungsbewegung zur Beseitigung der Fremdherrschaft der Habsburger, der Bourbonen und des Papstes. Ziel war die Herstellung des einheitlichen Nationalstaates. In Italien ergriff die Bourgeoisie unter dem Druck der Volksbewegung dazu die Initiative. Sie errichtete, wenn auch unter der Monarchie und zunächst im Regierungsbündnis mit dem Adel, ihre politische Herrschaft. Nicht erfüllt wurde die Aufgabe der bürgerlichen Revolution zur Beseitigung des Großgrundbesitzes.

Salò-Republik, Repubblica Sociale Italiano (RSI), von Mussolini im Oktober 1943 unter dem Besatzungsregime der Hitlerwehrmacht installierte Marionettenregierung mit Sitz in Salò am Gardasee.

Verdi, die Grünen. Gingen als zentrale Partei 1990 aus verschiedenen seit Anfang der 80er Jahre entstandenen grünen Organisationen hervor, die auf einer grünen Liste (Liste verdi) die traditionellen Themen Umwelt und Atomenergie besetzten und bereits 1983 mit 15 Abgeordneten ins Parlament einzogen. 1992 mit 2,9 Prozent Anstieg auf 16 Abgeordnete und vier Senatoren. 1996 Koalition mit PDS und Zentrumsparteien (Linke Mitte) und nach Wahlsieg bis zur Niederlage 2001 Beteiligung an der Regierung. 1993 schlug Verdi-Chef Francesco Rutelli als Kandidat der linken Mitte bei der Bürgermeisterwahl in Rom knapp (rund 45 Prozent) den faschistischen Bewerber Fini. Rutelli trat später zu der von Roman Prodi gegründeten Partei der Demokraten über, trat bei den Wahlen

Häufig verwendete Abkürzungen

AN	- Alleanza Nazionale
CLN	- Comitato di Liberazione Nazionale
CIA	- Central Intelligence Agency
DC	- Democrazia Cristiana
CCD	- Centro Cristiani Democratici
CDU	- Cristiani Democratici Uniti
EKKI	- Exekutivkomitee der Komintern
FAZ	- Frankfurter Allgemeine Zeitung
FIAT	- Fabrica Italiana Automobile Turino
FIR	- Fédération Internationale des Résistants
FT	- Financial Times
IAA	- Internationale Arbeiterassoziation, I. Internationale
IKP	- Italienische Kommunistische Partei
IRI	- Istituto per la Ricostruzione industriale
ISP	- Italienische Sozialistische Partei
jW	- junge Welt
KP	- Kommunistische Partei
MSI	- Movimento Sociale Italiano
MBl	- Marxistische Blätter
ND	- Neues Deutschland
OSS	- Office of Strategic Service, Vorläufer der CIA
PdA	- Partito d'azione
P2	- Propaganda due, Geheimloge
PDS	- Partito Democratico della Sinistra
PDS	- Partei des Demokratischen Sozialismus, aus der SED hervorgegangene Partei
PdUP	- Partito di Unita proletaria per il Communismo
PLI	- Partito Liberale Italiano
PRC	- Partito della Rifondazione Comunista
PRI	- Partito Repubblicano Italiano
PSDI	- Partito Socialista Democratico Italiano
PSIUP	- Partito Socialista Italiano di Unita Proletaria
PSU	- Partito socialista Unitario
RAI/TV	- Radio Televisione Italiana
RSI	- Repùbblica Sociale Italiano
SED	- Sozialistische Einheitspartei Deutschlands, KP der DDR
SED-PDS	- Übergangsbezeichnung im Prozess der Umwandlung der SED in die PDS
SEP	- Sozialistische Einheitspartei, s. a. PSU
SI	- Sozialistische Internationale
SID	- Servicio Informazione Difesa
SIFAR	- Servicio Informazione Forze Armate
SISDE	- Servicio Informazione e Sicurezza Militare
SISMI	- Servicio Informazione e Sicurezza militare
UZ	- Unsere Zeit

Anmerkungen

1 Losurdo, Die neuen Hitler, MBl 4/2000, S. 64

2 Für das Movimento Sociale, Deutsch die Sozialbewegung, wird durchgehend der deutsche Artikel benutzt. Auch bei allen anderen italienischen Parteinamen. (z. B. der Partito) wird so verfahren.

3 Locatelli/Martini, S. 117

4 FAZ, 23. April 1994

5 Scheuer, S. 42 ff.

6 Zit. in ebenda, S. 43

7 Die Welt, 25. Nov. 1975

8 Das Liktorenbündel wurde nach Errichtung der faschistischen Diktatur zum Staatsemblem, das auch die Luftwaffe an den Flugzeugen führte.

9 Masini, S. 32

10 Die am 21. Januar 1921 in Livorno gegründete Partei nannte sich Kommunistische Partei Italiens, Sektion der Kommunistischen Internationale. Nach Auflösung der Komintern nahm sie 1943 den Namen Italienische Kommunistische Partei (IKP) an, der durchgängig verwendet wird.

11 Togliatti, 1973, S. 22 ff.

12 Masini, passim

13 Scheuer, S. 25 ff.

14 Alle Wahlergebnisse bis 1996 nach I Giorni della Storia, Novara 1997

15 Lusso, S. 29 f.

16 Carsten, S. 71 f.

17 Togliatti 1973, S. 23

18 Tasca, S. 439. Die Angaben verdeutlichen auch den hohen Grad der politischen und sozialen Organisiertheit, über den die italienische Arbeiterbewegung zu dieser Zeit bereits verfügte.

19 Scheuer, S. 65 ff.

20 Die ISP behauptete 123 Sitze, die katholische Volkspartei kam auf 108. Die IKP gewann erstmals 15 Mandate.

21 Lusso, S. 24 ff.

22 Scheuer, S. 77 ff.

23 Petersen/Schieder, S. 21. Die Herausgeber haben eine Beitragssammlung zusammengestellt, deren Autoren nicht immer und in allen Punkten zuzustimmen ist, die jedoch um Objektivität bemüht sind und viel historisch zutreffende Fakten darlegen. Zu Recht verweisen sie auf eine Reihe in der Erforschung des italienischen Faschismus in Deutschland wenig oder auch gar nicht beachtete Fragen und steuern dazu Erkenntnisse bei. Vgl. auch ebenda, S. 9 ff.

24 Tasca, S. 336 f.
25 Palla, S. 26 ff.
26 Die Welt, 25. Nov. 1975
27 Palla, S. 26 ff.
28 Angenommen auf dem Gründungskongress der Fasci di Combattimento im März 1919, der im Gebäude des Industrie- und Handelsverbandes, dem Vorläufer der Confindustria, auf der Piazza San Sepolcro in Mailand stattfand. Deshalb Programm von San Sepolcro genannt.
29 Togliatti 1967, S. 191
30 Longo/Salarini, S. 120 f.
31 Il Soviet, Mailand ; 15. Mai 1921
32 Neubert 1978, S. 18
33 Petersen/Schieder, S. 21.
34 Tasca, S. 285.
35 Togliatti 1973, S. 10
36 Petersen/Schieder, S. 22
37 Ebenda, S. 28
38 Nenni 1947, S. 121 ff.
39 Masini, S. 17 f. Der Autor führt ein weiteres, allgemein nicht bekanntes Tatmotiv an: dass Matteotti die Verwicklung des Königs in eine Bestechungsaffäre mit der US-amerikanischen Erdölgesellschaft Sinclair kannte und diese vor dem Parlament enthüllen wollte. Wie Masini schreibt, bekam Mussolini, indem er diesen Zeugen beseitigen ließ, ein schwer wiegendes Druckmittel gegenüber Vittorio Emanuele in die Hand, mit dem er diesen zwang, allen Schritten der Errichtung der offenen Diktatur zuzustimmen, mit der auch die letzten Reste seines Einflusses beseitigt wurden.
40 Ebenda, S. 132 ff.
41 Tasca, S. 285 ff.; Togliatti 1954, S. 19 ff.
42 De Bono erklärte später gegenüber Mussolinis Schwiegersohn und Außenminister, Graf Ciano, die Ermordung Matteottis sei über seinen Kopf hinweg durchgeführt worden und er darüber noch nicht einmal informiert gewesen. Zit. nach Masini, S 18 f.
43 Stübler, S. 124 ff.
44 Ebenda, S. 134 ff.
45 Alf, S. 10
46 Neubert 1978, S. 25
47 Problemi di Storia del PCI, Rom 1971; S. 29
48 La formazione del gruppo dirigente del PCI, Rom 1962; S. 468
49 Lenin, Werke, Bd. 32, S. 491 ff. (Diese wie alle weiteren Angaben beziehen sich auf die DDR-Ausgabe.). Zum Historischen Block siehe Neubert 1978, S, 12 ff.

50 Gramsci, Gefängnishefte, passim, bes. S. 369 ff.; Kebir 1980, passim, bes. S. 13 ff.
51 Zitiert in Pinkus, Theo: Gespräche mit Georg Lukacs, Hamburg 1967; S. 71
52 Pieck/Dimitroff/Togliatti, S. 198 ff.
53 Nicht zufällig begann der Feldzug während der Matteotti-Krise, um von ihr abzulenken und mit der kolonialen Eroberung das Regime zu stärken.
54 Badoglio wurde vom König im Juli 1943 nach dem Sturz Mussolinis mit der Bildung einer neuen Regierung. Beauftragt.
55 Pieck, Dimitroff, Togliatti, S. 214
56 Schneider, Gabriele: Mussolini in Afrika. Köln 2000; S. 140 ff.; Stübler, S. 151 f. Schneider, deren Buch vor allem die faschistische Rassenpolitik beinhaltet, schließt in sehr informativer Weise eine Lücke in den Publikationen über den barbarischen Charakter der faschistischen Kolonial-Expansionen Italiens.
57 Bleibt hinzuzufügen, dass sich keine italienische Nachkriegsregierung für diese Verbrechen je entschuldigt hat.
58 FAZ, 23. April 1994
59 Zit. nach Schreiber 1996, S. 13
60 Gossweiler 1984, S. 304.
61 Gossweiler 1986, S. 320 f.
62 I Giorni della Storia, S. 494; Moseley, S. 194 ff.
63 Rintelen, Enno: Mussolini als Bundesgenosse. Stuttgart 1951; S. 220 ff. Bei der Publikation des Militärattachés an der Botschaft Hitlerdeutschlands in Rom (1936-1943) handelt es sich um ein Reinwaschungsbuch, um Italien für die NATO salonfähig zu machen. Es enthält jedoch eine Reihe interessanter Fakten. Masini schreibt, dass seinerseits der Duce geplant habe, den König ermorden zu lassen (S. 18).
64 Feldbauer, Der Sturz Mussolinis, jW-Serie, 25. bis 29. Juli 1998
65 Ders., UZ, 12. Mai 1996
66 Steinberg, S. 60
67 Die IKP hatte, wenn auch sehr zögernd, der These vom sozialfaschistischen Charakter der Sozialdemokratie zunächst zugestimmt, sie aber in der Praxis nicht angewandt. Gramsci lehnte sie von Anfang an ab. Vgl. Fiori, S. 297; s. a. Neubert 2001, S. 13 ff.
68 In verschiedenen Quellen auch Komitee der Nationalen Front genannt.
69 Kleinbürgerliche radikaldemokratische Aktionspartei
70 Negarville, S. 161
71 Sie beseitigte die Fremdherrschaft, stellte den einheitlichen Nationalstaat her, brachte, wenn auch unter der Monarchie, die Bourgeoisie an die Macht und ebnete der kapitalistischen Entwicklung den Weg. Nicht erfüllt wurde die Beseitigung des Großgrundbesitzes (Latifundien). MEW, Bd. 22, S. 439 ff. (Alle Angaben beziehen sich auf die DDR-Ausgabe.)

72   Engelmann, Bernt: Schwarzbuch. Göttingen; 1990; S. 56 f.
73   I Giorni della storia, S. 490
74   Moseley, S. 182 ff.; Life, 14. Dez. 1943
75   Ebenda; s. a. Battaglia/Garritano, S. 20 ff.
76   Goebbels, Joseph: Tagebücher, Zürich 1948; S. 441
77   Schreiber 1996, S. 27 f., 39 ff.
78   Negarville, S. 161 ff.
79   Il Combattente, Rom; Nr. 1, Okt. 1943; Sesschia/Frassati, S. 205
80   Schreiber 1996, S. 20
81   Battaglia/Garritano, S. 31 ff.
82   Ebenda, S. 15 f.
83   Im Rahmen der Einbeziehung des Wehrmachtspotenzials in die NATO wurde er 1952 begnadigt.
84   Schreiber 1996, S. 49 f.
85   Ebenda, S. 45 u. 71 f.
86   Schreiber 1990, passim
87   Almirante/Palmenghi-Crispi, Il MSI, Mailand 1958; S. 12
88   Trotz seiner bekannten verbrecherischen Vergangenheit konnte Savaecke nach 1945 in der Bundesrepublik im BKA eine neue Karriere starten; vgl. UZ, 10. Juli 1998
89   Secchia/Frassati, S. 504 ff.; Battaglia/Garritano, S. 100 ff.
90   Friedmann, passim
91   Ferrera, S. 125
92   Salerno war der Sitz der Badoglio-Regierung.
93   Togliatti 1977, S. 12 ff.
94   La Nostra Lotta, Rom; Nr. 5/6, März 1944
95   I Giorni della Storia, S. 500
96   Secchia/Frassati, S. 860 ff.; Battaglia/Garittano, S. 243 ff.
97   Koppel, S. 80 ff.
98   Secchia/Frassati, passim
99   Ebenda, S. 1022
100 Dem Tag des Waffenstillstands und des Austritts aus der faschistischen Achse.
101 Documenti ufficiali del CLNA, Mailand 1945; S. 37
102 Verso il Governo del Pòpolo, documenti del CLNA, Mailand 1977; S. 323 ff.
103 So auch Hans Woller in „Die Abrechnung mit dem Faschismus in Italien", München 1996

104 Die italienische Justiz wollte später Audisio wegen der Erschießung der Petacci vor Gericht stellen. Da er Abgeordneter war und das Parlament seine Immunität nicht aufhob, kam ein Prozess nicht zustande.

105 Verso il governo, S. 334

106 Zit. in Secchia/Frassati, S. 1016

107 Allerdings wurden im Saragat-Flügel schon bald Stimmen laut, die sich gegen die enge Zusammenarbeit mit der IKP richteten, was im August 1947 zur Abspaltung dieser Gruppe und zur folgenden Gründung der sozialdemokratischen Partei führte.

108 Ricostruiere, Resoconto del Congresso economico del PCI, Rom 1948; passim; ausführlich Koppel, S. 94 ff.

109 Ferrara, S. 71

110 Uòmo Qualunque war bereits im Dezember 1944 angesichts der sich abzeichnenden Niederlage des Faschismus von dem reaktionären Bühnenautor der Salò-Republik Gugliemo Giannini als sich vom Faschismus unabhängig darstellende Organisation und Zeitung gegründet worden.

111 Die im Juni 2001 erneut an die Regierung gekommene Berlusconi-Regierung betreibt die Annullierung dieses Rückkehrverbots, zu dem sie jedoch ein Jahr nach ihrem Amtsantritt noch nicht die erforderliche Zwei Drittel Mehrheit im Parlament erreicht hatte.

112 Zur Entwicklung in Griechenland vgl. Thanassis Georgiou, Mitglied der nationalen Befreiungsfront EAM, in ND 16. Mai 2002

113 Alf, S. 50 ff.

114 Verso il Governo, S. 335; Battaglia/Garritano, S. 264 f.

115 Gasparri, S.43 ff. Die Publikation enthält eine umfangreiche Bibliografie, teilweise mit kurzen Inhaltsangaben.

116 Alf, S. 84

117 Ausgabe vom 8. März

118 Faenza/Fini, S. 261 ff.

119 Gaddi, S. 14

120 Friedenskonferenz in Paris, ND. 9./10. Febr. 2002

121 Italia 1945-1975. Fascismo, Antifascismo. Resistenza. Rinovamento. Mailand 1975; S. 335 ff.

122 Secchia, S. 562 ff.

123 Barbieri, S. 8 f. und 18 f.

124 Italia, S. 427

125 Canossa, S. 142 ff. Der Autor führte zahlreiche Fälle der Freilassung von faschistischen Kriegsverbrechern an.

126 Darunter fiel der Paragraf 113 des faschistischen Gesetzes über die öffentliche Ordnung aus dem Jahre 1931. Der Paragraf ist heute noch in Kraft und war Grundlage des Einsatzes der Berlusconi-Polizei gegen die Proteste wäh-

rend des G8-Gipfels im Juli 2001 in Genua, während der es zu blutigen faschistischen Ausschreitungen kam.

127 Alf, S. 61 ff.
128 Ferrera/Marcella, S. 124 f.
129 Zit. In Italia, S. 340; Feldbauer in MBl 4/1995
130 Giovanni, S. 23 f.
131 Gaddi, S. 14
132 Barbieri, S. 11
133 Giovanni, S. 14 ff.
134 Italiano, Rom; 2/1972
135 La Rivòlta ideale, Rom; Dezember 1946
136 Sècolo d'Italia, Rom; 23. Januar 1972
137 Zit. in Barbieri, S. 24 f.; Costituzione italiana, Turin 1975; S. 101
138 Der gegenwärtige Faschismus, in: Probleme des Friedens und des Sozialismus, Prag; 4/1973, S. 477
139 FIR, S. 9
140 La Legione, Rom; 24. März 1973
141 Die italienische Verwaltungsgliederung umfasst Regionen (den deutschen Bundesländern vergleichbar), Provinzen, Städte und Gemeinden.
142 Vgl. ausführlicher zur MSI-Gründung und ihrem weiteren Werdegang Feldbauer 1996
143 Ferraris u. a., S. 181
144 I Giorni della Storia, passim
145 Ebenda, passim
146 Gaddi, S. 21
147 Graubuch, Berlin (DDR) 1967; S. 355
148 Gaddi, S. 21
149 Feldbauer 2000, S. 112 ff.
150 Legge 20 Giugno 1952, n. 645, Gazetta Ufficiale, Roma; 23. Juni 1952, Nr. 143
151 Zur demagogischen Tarnung benutzte der Gründer und Führer der Organisation, Pino Rauti, ein Theoretiker des so genannten linken Faschismus, den Namen der 1919 von Gramsci gegründeten Ordine Nuovo.
152 Barbieri, S. 120 ff.
153 Locatelli/Martini, S. 117
154 Lenin, Bd. 25, S. 425
155 Hibbert, Christopher, Der gerechte Rebell, Tübingen 1970; S. 345 f.
156 Feldbauer, Der Revolutionär Garibaldi und die Epoche des Risorgimento in Italien, jW, 29. Juli 1999

ANMERKUNGEN

157 MEW, Bd. 17, S. 390 ff.
158 Karin-Kramer-Verlag, Berlin 1995 und 1999
159 MEW, Bd. 19, S. 122
160 Grawitz, Madeleine: Bakunin, Hamburg 1998; S. 477 ff. ; s. a. Feldbauer Zum 125 Todestag Bakunins, eines großen Revolutionäres und Anarchisten; jW, 30. Juni 2001
161 Werke, Bd. 3, Berlin (DDR) 1960; S. 508
162 MEW, Bd. 22, S. 439 ff.
163 Gramsci 1955
164 Stübler, S. 79
165 Silone, S. 241 ff.
166 ND, 10./11. Aug. 1991
167 I Giorni della Storia, S. 282 ff.
168 Kebir in ND, Berlin; 10./11. Okt. 1998
169 Lenin, Bd. 30, S. 75
170 Ders., Bd. 32, S. 489 f.
171 Ders., Bd. 31, S. 196
172 Togliatti 1967, S. 165
173 Ausführlich Feldbauer, Gramcis Kampf gegen den Revisionismus, in: UZ 28. Mai 1999
174 Togliatti 1967, S. 183
175 Longo/Secchia, S. 340 ff.
176 Koppel, S. 103 f.
177 Ferrera, S. 141
178 Ebenda, S. 143
179 Corriere della Será, Mailand; 8. März 1975
180 Sablowski, S. 113 ff.; Stübler, S. 227 ff.
181 I Giorno della Storia, S. 552 ff.
182 Alf; S. 165
183 33′ Congresso, Rom 1959; S. 468 ff.
184 Sablowski, S. 80 ff.; Intini, S. 73 ff. Bei Intini handelt es sich um eine im Wesentlichen Craxi-freundliche Publikation, der jedoch eine Vielzahl Fakten zu entnehmen ist.
185 35′ Congresso, Rom 1963; S. 584 ff.
186 Faenza, S. 310
187 Die Welt, 25. Juni 1964; vgl. ausführlich Feldbauer 2000, S. 25 ff.
188 Spiegel, Nr. 52/1996
189 Zit. In Raith, Werner: In höherem Auftrag, Berlin 1984; S. 190; Flamigni, passim

190 Fasanella/Martini, S. 112 ff.; Liberazione, 20. Januar 2000

191 Intini, S. 114 ff.

192 Ruggeri/Guarino, S. 74, 93, 211 ff.; Feldbauer 1996, S. 128 ff.

193 Zum Mord an Móro vgl. Kap. V,4

194 Galli/Giorgio 1994, S. 21 ff., 217 f.

195 Blondiau, Heribert/Gümpel, Udo : Der Vatikan heiligt die Mittel, Düsseldorf 1999 ; passim

196 Regierungssitz

197 Die italienische Bezeichnung für Ministerpräsident lautet Presidente del Congsilio.

198 Spiegel, Nr. 52/1999

199 Intini, S. 276 ff.

200 PSIUP, 1′ Congresso, Rom 1966; S. 551 ff.

201 PCI. Attraverso i congressi, Rom 1977; S. 293 f.

202 Wenzel, Gisela: Klassenkämpfe und Repression in Italien. Hamburg 1973; passim

203 Die DP existierte bis 1991 und gehörte zu den Mitbegründern der neuen KP Rifondazione Comunista. Vgl. UZ, 25. Jan. 2002

204 I Giorni della Storia, S. 663; Kaeselitz, Hella: Kommunistische Parteien in den Hauptländern des Kapitals. Berlin (DDR); S. 274

205 Die Zeitung existiert noch heute.

206 Congresso del Manifèsto 1974, Documenti n 1, Rom; passim

207 Abgekürzt nur PdUP.

208 1′ Congresso del PdUP, Florenz; passim

209 Gallli,Giorgio 1993, S. 75 ff.

210 Togliatti 1972, S. 59

211 Ders. 1977, S. 252

212 VII′ Congresso del PCI, Rom 1954; S. 13 ff.

213 Beyme, Klaus: Das politische System Italiens, Stuttgart 1970; S. 133 f.

214 Zit. In Fascismo e Antifascismo, Mailand 1971; Bd. 2, S. 643

215 Rinascita, Rom; Nr. 4/ 1947, S. 76 ff.

216 PCI: Attraverso i Congressi, S. 108 ff., 320 ff.

217 Brown, passim. Das Buch des Oxford-Professors und Direktors des Rußland- und Osteuropa-Zentrums des St. Anthony′s College liefert aufschlussreiche Informationen über den Werdegang dieses Renegaten der Neuzeit. S. a. Held, passim; ferner UZ 8. Sept. 2000

218 Gossweiler 1997, S. 323.

219 Ein Beispiel dafür ist die Publikation von Hella Kaeselitz; in der die reformistischen Erscheinungen in der IKP verharmlost und teilweise gar nicht erwähnt werden.

Anmerkungen

220 International Herald Tribune, 5.Nov. 1976

221 Togliatti 1962, S. 101 ff.

222 Gossweiler 1997, passim

223 Chiarante, S. 78 ff. Der Autor leitete als Mitglied der IKP-Führung viele Jahre die theoretischen Zeitschriften „Rinascita" und „Critica marxista", trat 1991 der PDS auf kritischen Positionen bei.

224 Vgl. Neubert in MBl 1/1998

225 Nenni 1954, bes. S. 78 ff.

226 Panorama, Mailand; 2. Dez. 1990

227 Ausführlich dazu Beitrag des Autors in jW 14. April 1999

228 Caprara, passim

229 Unità, 28. Sept. 1948; Liberazione, 28. Sept. 1998

230 Die Kommunistische Partei Italiens, Berlin (DDR) 1952; S.148

231 Rinascita, 28. Sept., 5. u. 12. Okt. 1973; Berlinguer 1975; S. 375 ff.; Berlinguer u. a. 1976; S. 13 ff.

232 La Rocca, passim

233 Repùbblica, Rom; 14. Okt. 1978

234 Chiarante, S. 121 ff.; Leonhard, S. 205 ff.

235 Vgl. für eine komplexe Abhandlung des Themas Feldbauer 2000.

236 Vgl. Beitrag des Autors zum 80. Geburtstag Berlinguers, UZ vom 24. Mai 2002

237 Er fiel einem Herzinfarkt zum Opfer.

238 Repùbblica, 23. März 1989

239 Unità, 24. Dez. 1989; Fasanella/Martini, S. 146 ff.

240 Unità, 8. Jan. 1990; D'Alema, S. 7

241 Panorama, 24. März 1991; Ciofi, S. 80 ff.

242 Documenti del 46' Congresso del PSI, Relazione indrottiva, Rom 1992; S. 43

243 Die PDS hatte sich 1997 nochmals in Democratici di Sinistra, Linksdemokraten (DS) umgetauft und den Kurs einer Partei der liberalen Mitte proklamiert.

244 Vgl. Unità, Liberazione, Repùbblica, 14. bis 20. Jan. 2000

245 D'Alema, S. 17

246 Unità, Liberazione, Manifèsto, 17. bis 20. Nov. 2001

247 Sècolo d'Italia, 28./29. Jan. 1995

248 UZ, 22. Aug. 1997

249 Le Monde diplomatique, Paris ; Okt. 2001

250 Liberazione, 18. Okt. 2001; Costituzione, S. X ff.

251 UZ. 22. Aug. 1997; 13. Febr. 1998.

252 Liberazione, 21. Jan. und 15. Mai 2001; UZ , 9. März und 25. Mai 2001.

253 Ausführliche Informationen zur PRC finden sich in einem Beitrag des Autors in UZ, 25. Jan. 2002

254 Liberazione, 21. Jan. 2001; Bertinotti, passim

255 Liberazione, 15. bis 17. Mai 2001

256 Zur weiteren Entwicklung in der PRC siehe Schlussbetrachtungen

257 Repùbblica, 19. Sept. 1993. Für eine ausführliche Darstellung vgl. Feldbauer 1996, S. 140 ff.

258 Veltri, Elio; Travaglio, Marco: L'Odore dei Soldi. Origini e Misteri delle Fortune di Silvio Berlusconi. Rom 2001; passim, bes. S. 345 ff.

259 FT, 18. Dez. 2001 und 8. Jan. 2002

260 Liberazione, 20. Okt. 2001; UZ, 9. Nov. 2001

261 Corriere, 10. Dez. 2001; Liberazione, 30. Nov., 9. und 12./13. Dez. 2001

262 Ruggeri/Guarino, S. 81 ff.; Veltri/Travaglio, passim

263 Fix, S. 203

264 Siehe Dembrowski/Scheidle, passim, bes. S. 90 ff. Das nicht nur sehr informative, sondern auch spannend geschriebene Buch zeigt die Rolle auf, die Fußball bei der Massenbeeinflussung durch Faschismus und Rassismus spielen.

265 Europeo, Rom; 22. Dez. 1993

266 La Stampa, Turin; 3. Juli 1994

267 Losano, S. 75

268 Ruggeri/Guarino, S. 222 f.

269 Die von Berlusconi verfolgte Durchsetzung zu 100 Prozent wurde durch den vor allem von der PRC dagegen mobilisierten Widerstand verhindert.

270 Losurdo, zit. In Feldbauer 2001; S. 7

271 Liberazione, 17. Mai 1994

272 Losano, S. 148

273 Manifèsto, 15. Mai 1994

274 Esprèsso, Mailand; 7. Nov. 1993

275 Ansätze finden sich bei Renner, der von einer Mediendiktatur spricht, bes. S. 111 ff. Die Fakten betreffend eignet sich in einigen Fragen auch Wallisch, Stefan, Aufstieg und Fall der Telekratie. Wien 1997

276 Esprèsso, 21. Jan. 1994; Renner, S. 152

277 Liberazione, 11. März 2001

278 Ebenda, 28. Juni 2001

279 Locatelli/Martini, passim, bes. S. 199 ff.; Ignazi, passim, bes. S. 113 ff; Espresso, 15. u. 29. April 1994; Secolo d'italia, 20. Mai 1994

280 Locatelli/Martini, S. 116 f.; De Cesare, S. 11 ff.

281 Ebenda, S. 93 f.; Locatelli/Martini, S. 117,
282 De Cesare, S. 93 f.
283 Losano, S. 92, 99
284 Locatelli/Martini, S. 128 f., 135 f.
285 Unità, 18. Mai 1994
286 Das war auch einem Interview zu entnehmen, das Fini in der AN-Auslandszeitung Oltreconfine dem Zeit-Journalisten Ullrich Ladurner gewährte; vgl. Ausgabe Jan./Febr. 2000
287 Die „politischen Thesen", des Parteitages erschienen in Oltreconfine Nr. 11/1996 in Deutsch.
288 Feldbauer 1996, S. 183 f.
289 Repùbblica, 23. April 1995
290 Es fällt auf, dass im gesamten Programm mit keinem Wort auf das Bündnis mit FI und Lega Nord in der von Berlusconi angeführten Allianz Bezug genommen wird.
291 AN: Un progetto per l'Italia del Duemilla. La piatforma programmatica di Verona, 27./28. 2. bis 1. 3. 1998. Rom 1998; AN: Rimetti in cammino la Sperranza. Nell Italia; Atti della conferenza programmatica, Verona 27. 2. bis 1. 3. 1998. Rom 1998
292 Damit geht Fini von der bekannten AN-Position aus, dass für den Holocaust Hitlerdeutschland der Verantwortliche sei.
293 Zur erneuten Bekräftigung der „faschistischen Kontinuität" auf dem AN-Parteitag im April 2002 vgl. Schlussbetrachtungen
294 Das Gremium aus Vertretern der Regierungen und Parlamente der Mitgliedsländer soll die Grundlagen einer europäischen Verfassung ausarbeiten.
295 Corriere, 23. Jan.; Liberazione, 24. Jan. 2002
296 Vgl. für eine ausführliche Darstellung UZ, 8. Febr. 2002
297 Rheinischer Merkur, 5. April 1996. La Repùbblica gab am 19. Jan. 1997 486.911 Mitglieder der AN an.
298 Nicht mit dem eben erwähnten AN-Sportverein gleichen namens zu verwechseln
299 Jeder Tag ist 25. April, Leverkusen 1994; S. 10 ff.
300 Ausführlich Dembrowski/Scheidle, S. 90 ff.
301 Locatelli/Martini, S. 47; UZ, 24. Jan. 1997
302 UZ 13. Nov., 24. Dez. 1998; Le Monde diplomatique; Okt. 2001
303 Bordon, passim. Obwohl die politischen Wertungen oft fragwürdig sind, enthält das Buch umfangreiches Faktenwissen zum Thema.
304 Esprèsso, 27. Dez. 1992; UZ, 27. Sept. 1996
305 International Herald Tribune, 7. Aug. 1995; Corriere, 9. Aug. 1995

306 Renner, S. 118 ff., Berlusconi in seinen Fernsehsendern zur Wahlkampagne 2001, passim

307 Repùbblica, Liberazione, 15., 16. Mai 2001

308 Liberazione, 13. Juni 2001

309 Siehe dazu Schlussbetrachtungen

310 Liberazione, 13. Nov. 2001, 23. u. 30. Mai 2002

311 FT, 18. Juni 2001

312 Die genannten Medien berichteten nach dem Gipfel wochenlang ausführlich. Siehe auch Berichte der UZ vom 27. Juli, 3. und 10. Aug. 2001; Bremer Lehrerzeitung, Nr. 9/2001

313 Le Monde diplomatique, Okt. 2001

314 Siehe Fußnote 312

315 Messaggero, Rom; 5. Sept.; Liberazione, 6. Sept. 2001

316 UZ, 3. Aug. 2001

317 Inzwischen haben Betroffene jedoch 87 neue Anzeigen erstattet. Siehe Schlussbetrachtungen

318 Liberazione, 20. Okt. 2001

319 Vgl. Ausführungen des Autors in UZ v. 24. Mai 2002

320 Christen, S. 44 ff.

321 FT, 18. und 28. Mai 2001

322 Liberazione, 28. Juni, 6. und 7. Sept. 2001; 10. und 21. Mai 2002

323 Ebenda, 30. Mai, 2. Juni 2002

324 Ebenda, 13. und 22. Nov., 15. Dez. 2001

325 Ebenda, 1. Juni 2002

326 UZ, 23. April 1999

327 Hans Heinz Holz, in der Schweiz lebender deutscher Philosoph, führte dazu aus: es dürfte jedenfalls feststehen, dass man die Präzision, mit welcher die Attentäter ihre Anschläge ausführten, nicht in einem Ausbildungslager am Hindukusch erlernt. Abgehen davon, dass sich die alte Frage „cui bono?" stelle. Zit. in RotFuchs, Berlin; Nr. 46/2001. Holz wird bestätigt durch Berichte der Los Angeles Times, 21. Sept.; New York Times, 14. Okt. und Washington Post, 29. Dez. 2001

328 Liberazione, 13. Juni 2001

329 Wall Street Journal, 28. Sept.; Liberazione, 12. Okt.; FAZ, 29. Sept. 2001

330 UZ, 25. April 1997

331 Ausführlich in RotFuchs, Nr. 49/2002

332 UZ; 8. Febr. 2002

333 Ausführlich in UZ 15. März 2002

334 Liberazione, 13. April 2002

ANMERKUNGEN

335 Manifèsto; Liberazione; Repùbblica; 27. u. 28. März; 17./18. April 2002; UZ 26. April 2002

336 Dass der Innenminister sich in die staatsanwaltschaftlichen Ermittlungen einmischt, zeugt erneut von der Absicht, die Justiz der Exekutive unterzuordnen und stellt, da es dazu (noch) keine gesetzlichen Grundlagen gibt, ein verfassungswidriges Vorgehen dar.

337 Liberazione, 28., 30. und 31. Mai 2002; Freitag, Berlin; 31 Mai 2002

338 Interview für jW vom 25. März 2002

339 Vgl. De Lutiis, passim; zur Spannungsstrategie auch Feldbauer 2000, passim

340 Liberazione, 19., 23., 28. Mai 2002

341 Der Parteitag fand vom 4. bis 7. April in Rimini statt.

342 Repùbblica; Liberazion; 15. und 16. Mai 2002

343 Corriere, Repùbblica, 11. u. 12. Juni 2002

344 Repùbblica, 29. Mai 2002

345 Zum Parteitag siehe Liberazione, 4. bis 10. April 2002; ausführlich zu den Parteitagsbeschlüssen RotFuchs Nr 52/2002

346 Bertinotti, passim

347 Liberazione; 9., 15./16. Mai 2002; FT; 15. und 30. Mai 2002; FAZ 13. Mai 2002

348 Vgl. zum Aufbau eines eigenen EU-Satellitensystem UZ vom 12. April 2002

349 Liberazione, 24. Mai 2002; FAZ, 4. Juni 2002

350 Ebenda

351 Repùbblica; 6 April 2002

352 Siehe Benz, Wolfgang (Hg.): Jahrbuch für Antisemitismusforschung, Bd. 4, Frankfurt a. M. 1996; S. 151.

353 UZ 26. Sept. 1997

354 Bezeichnenderweise fand der Parteitag weiterhin unter dem Parteisymbol mit der Flamme statt, welche die Seele Mussolinis verkörpert, auf die Fini anspielte.

355 Repùbblica, 5. bis 7. April 2002; UZ, 19. April 2002

356 Sie kamen von der Lega, PdS, PPI und PRC.

357 Repùbblica, 20. u. 22. Dez. 1994, Losano, S. 190 ff.

Literatur

Alf, Sophie G.: Leitfaden Italien. Vom antifaschistischen Kampf zum Historischen Kompromiss. Berlin 1977.

Barbieri, Daniele: Agenda néra. Trent'anni di Neofascismo in Italia. Rom 1976.

Battaglia, Roberto; Garritano, Giuseppe: Der italienische Widerstandskampf 1943-1945. Berlin (DDR) 1970.

Bellu, Giovanni, Mario; D'Avanzo, Giuseppe: I Giorni di Gladio. Rom 1991.

Berlinguer, Enrico: Für eine demokratische Wende. Ausgewählte Reden und Schriften 1969-1974. Berlin (DDR) 1975.

Ders.; Gramsci, Antonio; Longo, Luigi; Togliatti, Palmiro: Der historische Kompromiss. Berlin 1976.

Bertinotti, Fausto: Le idee che non muoino. Mailand 2000.

Blinkhorn, Martin: Mussolini und das faschistische Italien. Mainz 1994.

Bordon, Frida: Lega Nord im politischen System Italiens. Wiesbaden 1997.

Brown, Archie: Der Gorbatschow-Faktor. Wandel einer Weltmacht. Frankfurt a. M./Leipzig 2000.

Canosa, Romano: Storia dell'eppurazione in Italia. Mailand 1999.

Caprara, Massimo: L'Attentato a Togliatti. Padova 1978.

Carsten, Francis L.: Der Aufstieg des Faschismus in Europa. Frankfurt a. M. 1968

Chiarante, Giuseppe: Da Togliatti a D'Alema. Rom 1997.

Christen, Christian: Italiens Modernisierung von rechts. Berlin 2001.

Cingolani, Stefano: Le grandi Famiglie del Capitalismo italiano. Rom 1990.

Ciofi, Paolo: Passaggo a sinistra. Il PDS tra Occhetto e D'Alema. Messina 1995.

D'Alema, Massimo: Un Paese normale. La Sinistra e il Futuro dell'Italia. Mailand 1995.

De Cesare, Corado: Il Fascista del Duemila. Le radici del Camerata Gianfranco Fini. Mailand 1995.

De Lutiis, Giuseppe: I Servizi segreti in Italia. Rom 1991.

Dembrowski, Gerd; Scheidle, Jürgen: Tatort Stadion. Rassismus, Antisemitismus und Sexismus im Fußball. Köln 2002

Di Nolfo, Ennio: Von Mussolini zu De Gasperi. Paderborn 1993.

Ellwood, David W.: L'alleato nemico. La politica dell'Occupazione anglo-americana in Italia 1943-1946. Mailand 1977.

Faenza, Roberto: Il malaffare. Mailand 1978.

Faenza, Roberto; Fini, Marco: Gli americani in Italia. Mailand 1976.

Fassanella, Giovanni; Martini, Daniela: D'Alema. La prima Biographia del Segretario del PDS. Mailand 1995.

Fasanella, Giovanni; Sestieri, Claudio: Segreto di Staato. La Verità da Gladio al Caso Moro. Turin 2000.

Feldbauer, Gerhard: Von Mussolini bis Fini. Die extreme Rechte in Italien. Berlin 1996.

Ders.: Agenten, Terror, Staatskomplott. Der Mord an Aldo. Moro, Rote Brigaden und CIA. Köln 2000.

Ders.: Kommt mit Berlusconi ein neuer Mussolini? Essen 2001.

Ferrera, Marcella e Maurizio: Cronache di vita Italiana 1944-1958 Rom 1960.

Dies.: Palmiro Togliatti. Berlin (DDR) 1956.

Ferraris, Luigi Vittorio Graf u. a. (Hg.): Italien auf dem Weg zur zweiten Republik? Frankfurt a. M., Berlin 1995.

Fiori, Giuseppe: La vie de Antonio Gramsci. Paris 1970.

Fix, Elisabeth: Italiens Parteiensystem im Wandel. Frankfurt a. M. 1999.

Flamigni, Sergio: Trame atlantiche. Storia della Logia massonica segreta P2. Mailand 1996.

Friedman, Alan: Agnelli. Das Gesicht der Macht. München 1989.

Gaddi, Giuseppe: Neofascismo in Europa. Mailand 1974.

Galli, Giancarlo: Gli Agnelli. Mailand 1997.

Galli, Giorgio: Staatsgeschäfte. Affären. Skandale. Verschwörungen. Hamburg 1994.

Ders.: Storia del PCI. Mailand 1993.

Gasparri, Tamara: La Resistenza in Italia. Florenz 1977.

Germanetto, Giovanni; Robotti, Paolo : Dreißig Jahre Kampf der italienischen Kommunisten. 1921-1951. Berlin (DDR) 1955.

Gerosa, Guido: Il Caso Kappler. Dalle Ardeatine a Soltau. Mailand 1977.

Giovanni, Mario: Le nuove camice nere. Turin 1966.

Gossweiler, Kurt: Kapital, Reichswehr und NSDAP 1919-1924. Berlin (DDR) 1984.

Ders.: Aufsätze zum Faschismus. Berlin (DDR) 1986.

Ders.: Wider den Revisionismus. Berlin 1997.

Gramsci, Antonio: Die süditalienische Frage. Berlin (DDR) 1955.

Ders.: Briefe aus dem Kerker. Berlin (DDR) 1956.

Ders.: Gefängnishefte. Kritische Gesamtausgabe, Bd. 2, Hefte 2.2-3. Hamburg 1991.

Haffner, Sebastian: Im Schatten der Geschichte. Historisch-politische Variationen. Stuttgart 1985

Held, Karl (Hrsg.): Von der Reform des „realen Sozialismus" zur Zerstörung der Sowjetunion. Das Lebenswerk des Michael Gorbatschow. München 1992.

Holz, Hans Heinz; Prestipino; Giuseppe (Hg.): Antonio Gramsci heute. Köln 1992

Ignazi, Piero: Postfascisti? Dal Movimento Sociale Italiano ad Allenaza Nazionale. Bologna 2000.

Intini, Ugo: Craxi. Una Storia socialista. Rom 2000.

Kebir, Sabine: Die Kulturkonzeption Antonio Gramscis. Berlin (DDR) 1980.

Dies.: Antonio Gramscis Zivilgesellschaft, Hamburg 1991

Koppel, Helga: PCI. Die Entwicklung der italienischen KP zur Massenpartei. Berlin 1976.

La Rocca, Felice: L'Eredità perduta. Aldo Moro e la crisi italiana. Catanzaro 2001.

Leonhard, Wolfgang: Eurokommunismus. München 1978.

Locatelli, Gofredo; Martini, Daniele: Duce addio. La Biographia di Gianfranco Fini. Mailand 1994.

Longo, Luigi; Secchia Pietro: Der Kampf des italienischen Volkes für seine nationale Befreiung. 1943-1945. Berlin (DDR) 1959.

Longo, Luigi; Salinari, Carlo: Tra Reazione e Rivoluzione. Mailand 1972.

Losano, Mario G.: Sonne in der Tasche. Italienische Politik. München 1995.

Lusso, Emilio: Marsch auf Rom und Umgebung. Wien, Zürich 1991.

Masini, Pier Carlo: Mussolini. La Maschera del Dittatore. Pisa 1999.

Mosley, Ray: Zwischen Hitler und Mussolini. Das Doppelleben des Grafen Ciano. Berlin 1998.

Negarville, Celeste: Trent'Anni di Storia italiana, Turin 1961.

Nenni, Pietro: Todeskampf der Freiheit. Offenbach 1947.

Ders.: Dal Patto atlantico alla Politica di Distenzione. Rom 1954.

Neubert, Harald (Hg): Antonio Gramsci. Revolutionär und Internationalist. Berlin (DDR) 1978.

Ders.: Antonio Gramsci: Hegemonie - Zivilgesellschaft - Partei. Hamburg 2001.

Novelli, Edoardo.: C'era una volta il PCI. Rom 2000.

Palla, Marco: Mussolini e il Faschismo. Florenz 1993.

Petersen, Jens; Schieder, Wolfgang (Hg): Faschismus und Gesellschaft in Italien. Köln 1998.

Pieck, Wilhelm; Dimitroff, Georgi; Togliatti, Palmiro: Die Offensive des Faschismus. Referate auf dem VII. KI-Kongress. Berlin (DDR) 1960.

Priester, Karin: Der italienische Faschismus. Ökonomische und ideologische Grundfragen. Köln 1972.

Renner, Jens: Der Fall Berlusconi. Göttingen 1994.

Rosenbaum, Petra: Neofaschismus in Italien. Frankfurt a. M. 1975.

Dies.: Italien 1976. Christdemokraten mit Kommunisten? Hamburg 1977.

Ruggeri, Giovanni; Guarino, Mario: Berlusconi. Showmaster der Macht. Berlin 1994.

LITERATUR

Sablowski, Thomas: Italien nach dem Fordismus. Münster 1965.

Scheuer, Georg: Genosse Mussolini. Wien 1985.

Schreiber, Gerhard: Die italienischen Militärinternierten im deutschen Machtbereich 1943-1945. München 1990.

Ders.: Deutsche Kriegsverbrechen in Italien. München 1996

Secchia, Pietro; Frassati, Filippo: Storia della Resistenza. Rom 1965.

Silone, Ignazio: Der Faschismus. Frankfurt a. M. 1984 (Reprint der Erstausgabe von 1934).

Payne, Stanley: Geschichte des Faschismus. München/Berlin 2001.

Steinberg, Jonathan: Deutsche, Italiener und Juden. Göttingen 1992.

Stübler, Dietmar: Geschichte Italiens. Berlin (DDR) 1987.

Tarchi, Marco: Dal MSI ad AN. Bologna 1997.

Tasca, Angelo: Glauben, gehorchen, kämpfen. Der Aufstieg des Faschismus in Italien. Wien, o. J.

Togliatti, Palmiro: Antonio Gramsci. Ein Leben für die italienische Arbeiterklasse. Berlin (DDR) 1954.

Ders.: Problemi del Movimento operaio internazionale, Rom 1962.

Ders.: Reden und Schriften. Eine Auswahl. Frankfurt/Main 1967.

Ders.. La Via italiana al Socialismo. Rom 1972.

Ders.: Lektionen über den Faschismus. Frankfurt/Main 1973.

Personenregister

Adenauer, Konrad 46, 57

Agnelli, Giovanni (Gianni), Großvater und Enkel der Familie 13, 21, 56, 123, 132, 140, 176, 178, 184, 191

Agnoletto, Vittorio 184

Alexander, Harold Rupert 51, 68

Alf, Sophie G. 31, 68

Allemano, Giovanni

Almirante, Assunta 156

Almirante, Giorgio 76 ff., 80, 82, 101, 161, 169

Ambrosio, Vittorio 42

Amendola, Giovanni 29, 31

Anders, Wladyslaw 52

Andreotti, Giulio 129

Angleton, James 70

Ansaldo, Dino 13, 35

Anselmi, Gian Mario 181

Anselmi, Tina 102

Aosta, Emanuele Filiberto, Herzog von 21

Arnim, Hans-Jürgen von 61

Asor Rosa, Alberto 181

Audisio, Walter 63, 73

Badoglio, Pietro 36, 37, 43, 46, 47 ff., 56 ff.

Baghino, Cesare Giulio 156

Bakunin, Michail Alexandrowitsch 85, 86

Balbo, Italo 18

Barbusse, Henri 92

Basso, Lelio 107

Benedetti, Emilio 107

Benni, Alfano 21, 27

Berlinguer, Enrico 103, 111, 121, 126, 129, 130

Berlusconi, Silvio 7 ff., 38, 67, 98, 101, 103, 105, 133 ff., 165, 167 ff.,

Bernini, Carlo 144

Bernstein, Eduard 90

Bertinotti, Fausto 138, 139, 141, 173, 179, 187

Biagi, Marco 183, 184

Bin Laden, Usama 174, 176

Birindelli, Gino 81

Bissolati, Leonida 90, 91

Blair, Tony 133, 135

Bobbio, Norberto 149

Boccacci, Maurizio 163

Bonomi, Ivanoe 59, 64, 91

Bordiga, Amadeo 24, 32, 94

Borrelli, Saverie

Borghese, Junio Valerio Alfredo Ghezzo Marcantonio Maria dei Principi 72, 77, 109

Bossi, Umberto 7, 9, 153, 165, 166, 167, 169, 170, 171, 180, 188, 190

Brandt, Willy 102, 132

Brecht, Bert 169

Brown, Irving 197

Brzezinski, Zbigniew 121

Buontempo, Teodore 163, 171, 189

Bush, George W. 135, 154, 179, 180, 184

Cadorna, Raffaele 95

Cagliari, Gabriele 144

Calvi, Roberto 103, 104, 105

Personenregister

Camilleri, Andrea 183
Carboni, Giacomo 49, 50
Carmona, Oscar Antonio de Fragoso 39
Cassini, Pierferdinando 188
Castaldi, Martelli 55
Castellano, Giuseppe 43, 44, 49
Chruschtschow, Nikita Sergewitsch 99, 119, 121, 122, 128
Churchill, Winston 52, 115
Ciampi, Carlo Azeglio 136, 137
Ciano, Galeazzo, Graf 42, 46, 47
Clark, Mark 101
Clinton, William (Bill) 133
Conti, Ettore 13, 21, 110
Cossiga, Francesco 83, 136, 157
Cossutta, Armando 135, 139, 140
Craxi, Bettino 82, 101 ff., 130, 131, 132, 144, 147

D'Alema, Massimo 132, 134, 135, 136, 140, 164, 168, 171, 178
D'Amato, Antonio 188
D'Ambrosio, Gerard 182
D'Annunzio, Gabriele 14
De Bono, Emilio 29, 37
De Gasperi, Alcide 46, 64, 69, 71, 74, 79, 95, 96, 98, 118, 127
De Lorenzo, Francesco 144
De Lorenzo, Giovanni 101
De Lutiis, Giuseppe 184
De Martino, Francesco 102
De Micheli, Giovanni (Gianni) 144
De Nicola, Enrico 58
Dini, Lamberto 178
Di Pietro, Antonio 143
Donegani, Guido 13, 21, 47
Dulles, Allen 56

Eco, Umberto 181, 184
Einaudi, Giulio 79, 144
Eisenhower, Dwight D. 43, 44, 49, 50, 52
Engels, Friedrich 85 ff.

Facta, Luigi 22
Faenza, Roberto 70
Falck, Enrico 46
Federzoni, Luigi 23
Fenulli, Dardano 55
Ferrara, Gianni 137
Ferrario, Davido 173
Ferri, Enrico 88
Fini, Gianfranco 7, 9 f., 70, 83, 136, 137, 152, 153, 155 ff., 167, 169, 170 ff., 178, 180, 185, 189, 190
Fo, Dario 168, 181
Foa, Vittorio 74
Friedrich I., Kaiser Barbarossa 165

Gaddi, Giuseppe 70, 80
Galli, Giorgio 104, 105
Garavini, Sergio 139, 140
Garibaldi, Giuseppe 46, 60, 61, 68, 85, 116, 136
Gasparri, Maurizio 171, 176, 177
Gasparri, Pietro, Kardinal 21
Gelli, Licio 9, 81, 101, 103, 105, 129, 147, 152, 153
Genscher, Hans-Dieter 167
Gentile, Giovanni 23, 159
Giolitti, Giovanni 29, 90, 124
Giuliani, Carlo 172, 173
Goebbels, Joseph 1, 48, 53, 80
Gobetti, Piero 92
Gorbatschow, Michael Sergewitsch 119, 130, 131

Gorki, Maxim 92
Gossweiler, Kurt 120
Gramsci, Antonio 18, 24, 28, 31, 32, 33, 34, 45, 59, 88, 92, 93, 94, 111, 113, 114, 115, 116, 126, 133, 139, 141, 187
Grandi, Achille 46
Grandi, Dino 42
Gray, Ezio Maria 117
Graziani, Rodolfo 36, 38, 62, 63
Gronchi, Giovanni 46, 99
Guarino, Mario 103, 147, 148, 150
Guido, Guidalberto 176

Haider, Jörg 180
Haile, Selassi 37
Himmler, Heinrich 42
Hitler, Adolf 7, 8, 11, 12, 16, 24, 33 ff., 80, 116, 136, 154, 163, 166, 169, 174, 189
Horstenau, Glaise von 48
Horty, Miklós (Nikolaus H. von Nagy-bánya) 39

Ingrao, Pietro 178
Isegre, Michele 33
Johannes Paul II., Papst, s. a. Wojtyla, Carol 89
Jotti, Nilde 124

Kautsky, Karl 90
Keitel, Wilhelm 48
Kesselring, Albert 52, 53

Labriola, Antonio 87, 88
Landi, Michele 183, 184
Larini, Silvano 106
Lenin, Wladimir Iljitsch 31, 33, 83, 93

Leo XIII., Papst 89
Leone, Giovanni 79, 108
Locatelli, Gofreddo 156
Longo, Luigi 49, 57, 60, 95, 119, 125
Losano, Mario G. 150, 153, 158
Losurdo, Domenico 7, 184, 187
Ludendorff, Erich 40
Lukacs, Georg 33

Malabarba, Gigi 173
Malagugino, Alberto 72
Mantovani, Romano 173
Marfalda, von Savoyen 55
Maroni, Roberto 183
Marshall, George C. 70, 127
Marx, Karl 85, 86, 88
Mattei, Enrico 122, 123
Matteotti, Giacomo 23, 25, 27, 28, 29, 30, 31, 45, 114
Mazzini, Giuseppe 85
Meinhold, Günther 61
Michelini, Arturo 76, 79
Mingarella, Margherita 156
Misiano, Francesco 20
Moffa, Silvano 164
Montanelli, Indro 154, 155, 182
Montezemolo, Giuseppe Cordero Lanza 55, 169
Moro, Aldo 98, 100, 102, 103, 122, 123, 126, 127, 128, 129, 133
Mukhtar, Omar (Sohn des großen Zeltes) 36
Mussolini, Alessandra 161
Mussolini, Benito 7 ff., 35 ff., 54, 56, 57, 60, 61, 62, 63, 70, 73, ff. 82, 84, 89, 94, 95, 98, 101, 102, 109, 114, 116, 118, 136, 143,

148, 153 ff., 164, 169, 174, 176, 180, 189
Mussolini, Vittorio 156

Napolitano, Georgio 132
Natta, Alessandro 130
Nenni, Pietro 20, 64, 99, 100, 102, 107, 115
Neubert, Harald 31

Occhetto, Ahille 130, 131, 132, 134, 135
Olivetti, Gino 27, 97
Orlando, Vittorio Emanuele 29, 38

Pace, Ettore 152
Pajetta, Giancarlo 59
Pallante, Antonio 124
Parri, Ferruccio 59
Paul VI., Papst (Monti, Giovanni Battista) 47
Paulus, Friedrich 50
Pecchioli, Ugo 136
Pella, Giuseppe 79
Perón, Juan Domingo 154
Pertini, Alessandro (Sandro) 82, 95
Petacci, Claretta (Clara) 63, 73
Piccini, Antonio 27
Pinochet, Augusto 109, 126
Pintor, Luigi 110
Pirelli, Alberto 13
Pius XI., Papst 21, 30, 38, 89
Pius XII., Papst 65
Poletti, Charles 63
Poletti, Ugo, Kardinal 104
Previti, Cesare 152
Prodi, Roman 140, 164

Rauti, Pino 77, 155, 159, 162, 164, 165
Roatta, Mario 43
Rolland, Romain 92
Romiti, Cesare 188
Rommel, Erwin 43, 49, 51, 52, 53
Romualdi, Pino 76
Roosevelt, Franklin Delano 52
Rossanda, Rossana 110
Rossi, Cesare 29
Ruggeri, Giovanni 103, 147, 148, 150
Ruggiero, Renato 10, 11, 170, 171
Ruini, Camillo, Kardinal 169

Salandra, Antonio 29
Salvati, Michele 132
Saragat, Giuseppe 69, 70, 95, 100, 108, 115
Savaecke, Theodor 55
Scajola, Claudio 11, 174, 183
Scalfaro, Eugenio
Scalfaro, Oscar Luigi 137, 159, 164, 190
Scappini, Remo 61
Scelba, Mario 82
Schuster, Alfredo Ildefonso, Kardinal 62
Scoccimarro, Mauro 64
Segni, Antonio 79
Silone, Ignazio 89
Simoni, Simone 55
Skorzeny, Otto 48
Smith, Walter Bedel 43
Spellmann, Kardinal 96
Spena, Russo
Stalin, Josef Wissarionowitsch 44, 46, 51, 62, 99, 121, 168

Stinnes, Hugo 40
Stoiber, Edmund 11, 180
Strasser, Gregor 189
Sturzo, Luigi Don 79

Tabucchi, Antonio 181
Tambroni, Fernando 79
Tartarella, Giuseppe 159
Tasca, Angelo 18, 19, 25, 28, 92, 94
Terracini, Umberto 18, 69, 92, 94
Thyssen, Fritz 40
Tito, Josip (Broz) 51, 124
Togliatti, Palmiro 14, 18, 19, 24, 25, 33, 34, 37, 56, 57, 58, 59, 60, 72, 92, 95, 113, 114, 115, 116, 117, 118, 119, 120, 121, 122, 123, 124, 125
Tortorella, Aldo 178
Tremaglia, Mirko 159, 161, 171
Turati, Filippo 87, 88, 90, 91

Umberto I. (1844-1900) 85
Umberto II. (1904-1983) 65

Valletta, Vittorio 56, 73
Valori, Dario 108
Vecchietti, Tullio 107, 108
Veltroni, Walter 132
Violante, Luciano 136
Volpi, Giuseppe 47

Walters, Vernon Anthony 101
Whitman, Walt 92
Wilson, Maitland 59

Wojtyla, Carol

Zankow, Alexander 39
Zeuner, Bodo 174
Zingari, Gigi 189
Zogu, Ahmed 35